Peter Borowsky · Barbara Vogel · Heide Wunder
Einführung in die Geschichtswissenschaft I:
Grundprobleme, Arbeitsorganisation, Hilfsmittel

Studienbücher Moderne Geschichte   Band 1

Herausgegeben von
Peter Borowsky, Barbara Vogel und Heide Wunder

Peter Borowsky · Barbara Vogel · Heide Wunder

Einführung in die Geschichtswissenschaft I: Grundprobleme, Arbeitsorganisation, Hilfsmittel

5., überarbeitete und aktualisierte Auflage

Westdeutscher Verlag

5., überarbeitete und aktualisierte Auflage, 1989

Der Westdeutsche Verlag ist ein Unternehmen der Verlagsgruppe
Bertelsmann International.

Umschlaggestaltung: studio für visuelle kommunikation, Düsseldorf
Druck und buchbinderische Verarbeitung: W. Langelüddecke, Braunschweig
Printed in Germany

ISBN 3-531-21310-4

Inhalt

Vorbemerkung zur 5. Auflage

Wir freuen uns darüber, daß sich die „Einführung" nun schon seit vielen Jahren als nützlich erweist. Der Arbeitsprozeß historischen Forschens, an dem sie sich orientiert, hat sich in der Tat trotz neuer Erkenntnisinteressen und Forschungsrichtungen nicht grundsätzlich verändert, so daß unsere Ratschläge und Erörterungen immer noch den Einstieg in das Geschichtsstudium erleichtern und darüber hinaus anregen können, über praktische, methodische und theoretische Fragen des Geschichtsstudiums nachzudenken. Verändert hat sich seit 1975, als die „Einführung" zum ersten Mal erschien, allerdings die Situation der Geschichtswissenschaft in der Bundesrepublik: Die stimulierende, manchmal aber auch Gräben aufreißende Konkurrenz von Geschichts- und Sozialwissenschaft hat ihre damalige Aktualität verloren, wenngleich keineswegs die Fragen nach Kooperation und Abgrenzung endgültig gelöst sind. Die damals als Herausforderung verstandene These von der „Theoriebedürftigkeit" der Geschichte ist von der Historikerschaft aufgegriffen worden[1], hat der Geschichtsforschung neue Arbeitsfelder und Fragestellungen eröffnet und der Geschichtsschreibung ihre Darstellungsformen problematisch gemacht, hat auch neuartige Kontroversen über Möglichkeiten und Aufgaben historischen Forschens ausgelöst, so daß sich die Geschichtswissenschaft heute vielgestaltiger denn je darbietet.

Die Bereiche sozialgeschichtlichen Forschens haben sich — herausgefordert durch zwei Impulse — in ungeahntem Ausmaß ausgeweitet und diversifiziert[2]. Zum ersten fanden Forschungsansätze und Konzepte der Ethnologie, die zunächst in der französischen, englischen und nordamerikanischen Geschichtsforschung rezipiert worden waren[3], mehr und mehr Eingang auch in der Bundesrepu-

---

1 Jörn Rüsen: Historische Vernunft. Grundzüge einer Historik I: Die Grundlagen der Geschichtswissenschaft, Göttingen 1983; ders.: Rekonstruktion der Vergangenheit. Grundzüge einer Historik II: Die Prinzipien der historischen Forschung, Göttingen 1986.
2 Reinhard Rürup (Hg.): Historische Sozialwissenschaft, Göttingen 1977; Wolfgang Schieder und Volker Sellin (Hg.): Sozialgeschichte in Deutschland. Entwicklungen und Perspektiven im internationalen Zusammenhang, 4 Bde, Göttingen 1986/1987.
3 Ulrich Raulff: Vom Umschreiben der Geschichte. Neue historische Perspektiven, Berlin 1986.

3

blik[4], zum zweiten ist eine neue „Geschichtsbewegung" entstanden, die nicht nur von jungen FachhistorikerInnen, sondern genausc vom neu erwachten historischen Interesse von Gemeinden, Regionen, Gewerkschaften und Parteien an „ihrer" Geschichte im Zusammenhang der „großen Geschichte" getragen wird[5]. Beiden neuen Richtungen gemeinsam ist die Historisierung fast aller Aspekte menschlichen und gesellschaftlichen Lebens; nicht zuletzt verdankt die durchaus traditionsreiche Erforschung der Beziehung von Mensc und Natur ihre Neuformulierung als „Historische Ökologie" ethnologischen wie aktuellen gesellschaftlichen Erfahrungen. Eine weitere Gemeinsamkeit und sicher ein Grund für die Anziehungskraft der beiden neuen Forschungsrichtungen besteht darin, die ungezählten einzelnen Menschen als historische Akteure zu postulieren und nich mehr aufgrund ihrer Subjektivität aus der Objektivität von Geschich te auszuschließen. Die Bedingung der Möglichkeit, die vielen einzelnen sichtbar und identifizierbar zu machen, nämlich über Selbstzeugnisse ihres Lebens und ihrer Vorstellungen zu verfügen, erklärt, weshalb sich Forschungen mit diesem Erkenntnisinteresse vor allem auf das 20. Jahrhundert konzentrieren, denn noch lassen sich Menschen über ihre „subjektive" Sicht auf ihr Leben mit den inzwischer verfeinerten Methoden der „Oral History"[6] befragen. Gleichwohl sin die Arbeitsmöglichkeiten dieser Neuansätze für die Erforschung des Mittelalters und der Frühen Neuzeit fruchtbar zu machen, allerdings erfordert dies noch mehr Spürsinn und methodisches Raffinement[7]. Am deutlichsten lassen sich die Erträge dieser neuen Sichtweisen au Geschichte an der „Historischen Frauenforschung" ablesen, die es unvermeidlich machen, wesentliche Passagen von Geschichte, soweit sie als Gesellschaftsgeschichte verstanden werden soll, umzuschreiben[8].

4 Ein etwas knapper Überblick bei Hans Süssmuth (Hg.): Historische Anthropologie. Der Mensch in der Geschichte, Göttingen 1984.

5 Hannes Heer und Volker Ullrich (Hg.): Geschichte entdecken. Erfahrungen und Projekte der neuen Geschichtsbewegung, Reinbek bei Hamburg 1985.

6 Lutz Niethammer (Hg.), Lebenserfahrung und kollektives Gedächtnis. Die Praxis der „Oral History", Frankfurt/Main 1980.

7 Exemplarisch David Warren Sabean: Power in the blood. Popular culture and village discourse in early modern Germany, Cambridge 1984 (deutsch: Das zweischneidige Schwert. Herrschaft und Widerspruch im Württemberg der frühen Neuzeit, Berlin 1987).

8 Gisela Bock: Historische Frauenforschung: Fragestellungen und Perspektiven, in: Karin Hausen (Hg.): Frauen suchen ihre Geschichte, München 1983, S. 22–60; Ute Frevert: Bewegung und Disziplin in der Frauengeschichte. Ein Forschungsbericht, in: Geschichte und Gesellschaft, 14. Jg. (1988), Heft 2, S. 240–262.

Nicht nur die Frage nach der Rolle der Frauen in „Preußen zwischen Reform und Revolution" haben wir vor vierzehn Jahren nicht gestellt, eine Frage, die wir heute z. B. unter dem Aspekt der Ordnung der Geschlechterverhältnisse im Allgemeinen Preußischen Landrecht oder im Hinblick auf Frauenarbeit aufnehmen würden. Ebensowenig hatten wir uns mit dem Konzept der „Protoindustrialisierung" auseinandergesetzt, der „gewerblichen Durchdringung des Landes" vor allem seit dem 17. Jahrhundert, das die Frage nach den Voraussetzungen der „Industriellen Revolution"/Industrialisierung neu stellt und die Begrenztheit damaliger Vorstellungen von „Modernisierung" als eines wesentlich urbanen Prozesses problematisiert[9].

Obwohl die deutsche Geschichtswissenschaft gerade durch die Sozialgeschichte den Anschluß an die internationale Forschung gefunden hat, ist die Politikgeschichte dennoch nicht ins Abseits gedrängt worden. Im Gegenteil hat die Sozialgeschichte weiterhin um ihre Anerkennung kämpfen müssen. In den letzten Jahren wurde ihre Relevanz unter dem Aspekt bestritten, die politische Kultur der Bundesrepublik könne sinnerfüllt nur werden, wenn unser Bewußtsein für nationale Identität gestärkt würde. Nicht aus der sozialen, sondern nur aus der politischen Geschichte würden die deutschen Schicksalsfragen heute gelöst werden können[10]. Dieser Wunsch, in der Geschichte zugleich ein verläßliches Erbe und eine Antriebskraft für politisches Handeln zu finden, gibt der jüngsten Kontroverse, dem „Historikerstreit", der sich an einer dreisten Apologie nationalsozialistischer Verbrechen, insbesondere des Genozids an den Juden, entzündete, seine über die Geschichtswissenschaft hinausreichende Brisanz[11].

Die Konkurrenz zwischen Sozial- und Politikgeschichte schlägt sich auch auf dem Markt für Gesamtdarstellungen nieder. Das bei wachsender Spezialisierung der Geschichtswissenschaft zunehmende Bedürfnis nach Überblick und Zusammenschau versuchen mehrere Verlage zu erfüllen. Beispiel für eine solche an der Nation orientierte Reihe ist die auf sechs Bände geplante Neuere Deutsche Geschichte des Siedler Verlages unter dem Titel „Die Deutschen

9 Peter Kriedte, Hans Medick und Jürgen Schlumbohm: Industrialisierung vor der Industrialisierung. Gewerbliche Warenproduktion auf dem Land in der Formationsperiode des Kapitalismus, Göttingen 1977.
10 Michael Stürmer: Die Erforderlichkeit des Unmöglichen: Aus der Geschichte lernen, in: Ders.: Dissonanzen des Fortschritts. Essays über Geschichte und Politik in Deutschland, München, Zürich 1986, S. 10–17.
11 Vgl. Hans-Ulrich Wehler: Entsorgung der deutschen Vergangenheit? Ein polemischer Essay zum „Historikerstreit", München 1988.

und ihre Nation". Zusammenfassende Darstellungen und Auseinandersetzungen zum breiten Feld sozialgeschichtlicher Forschung bieten die bei Suhrkamp erscheinenden Bände der „Neuen Historischen Bibliothek", herausgegeben von Hans-Ulrich Wehler.

Wir standen vor der Frage, ob wir die nicht mehr „zeitgemäßen" Sichtweisen und Anspielungen (z. B. auf die Studentenbewegung) herausnehmen sollen, und haben sie nach einigem Überlegen verneint: Modernisierungsversuche hätten nur ein Zwitterwesen erzeugt, und eine völlige Umarbeitung lag nicht im Bereich des Machbaren, vielleicht auch nicht des Wünschbaren. Gerade für angehende Historikerinnen und Historiker kann es reizvoll sein, die Geschichtlichkeit ihres Studienfaches auf diese Weise indirekt kennenzulernen. Zum Beispiel haben wir darauf verzichtet, die ständige Bezugnahme auf die Schule als zukünftiges Berufsfeld zu korrigieren, obwohl heute der Studienabschluß „Magister" häufiger vorkommt als der des Staatsexamens. Ebenfalls nicht konsequent sind wir bei dem Bemühen gewesen, die Anrede an „den Studenten" und „den Leser" durch geschlechtsneutrale Formulierungen zu ersetzen. Es bedurfte zehnjährigen Wirkens der Neuen Frauenbewegung, um uns gegenüber dem sprachlichen Ausschluß von Frauen zu sensibilisieren.

Aktualisiert haben wir alle praktischen Hinweise und Hilfsmittel: die Literaturlisten, oft auch die in Beispielen genannten Buch- und Aufsatztitel. Der Forschungsstand zur Geschichte der Preußischen Reformen hat sich seit Mitte der siebziger Jahre entschieden weiterentwickelt und differenziert. Wir können hier nicht über die neuen Schwerpunkte und Ergebnisse diskutieren, wollen durch die Literaturangaben aber darauf hinweisen.

Die 1975 entwickelte Konzeption der Reihe „Studienbücher Moderne Geschichte" erscheint uns nach wie vor attraktiv. Aus praktischen und forschungsorganisatorischen Gründen besteht die Reihe bisher nur aus drei Bänden. Band 3 führt in einen Bereich der Berufspraxis ein. Er enthält Originalbeiträge von Autoren, die Geschichte in Presse, Funk und Fernsehen verarbeiten, er dokumentiert das Selbstverständnis der Autoren und gibt Hinweise auf das Berufsfeld von Historikern im Medienbereich.

Vorbemerkung:
Zur Konzeption der Reihe „Studienbücher Moderne Geschichte" [1975]

Der Anstoß für die Konzeption der „Studienbücher Moderne Geschichte" ging von den Erfahrungen der Verfasser als Veranstalter von einführenden und als Assistenten bei weiterführenden Lehrveranstaltungen aus. Der Hochschulunterricht der letzten Jahre ist geprägt von den Forderungen der Studentenbewegung nach einer Demokratisierung von Lehrformen und Lehrinhalten sowie von der mangelhaften Verwirklichung dieser Forderungen. Die allgemeine Studienreform auf der Grundlage von gleichberechtigter Zusammenarbeit von Studenten und Dozenten wird zwar in vereinzelten Studienreformexperimenten vorangetrieben, aber der Universitätsalltag entspricht nicht den Vorstellungen von einer Reformuniversität.

Forderungen und Folgen der Studentenbewegung haben Studenten und Dozenten vor eine neuartige Situation gestellt, die allgemein durch eine Verunsicherung bei der Vermittlung und Erarbeitung traditioneller wie neuer Lehrinhalte gekennzeichnet ist. Dem Dozenten fällt es nicht ohne weiteres zu, Lehrformen zu finden, die seinen „theoretischen" Einsichten entsprechen, d. h. beispielsweise für die einführenden Veranstaltungen in das Studium der Geschichte eine befriedigende Verbindung von thematischer und methodischer Arbeit zu erreichen. Es mangelt zwar nicht an „Einführungen" in die Geschichtswissenschaft oder in das Studium der Geschichte, die dem Studienanfänger Grundkenntnisse des Faches vermitteln wollen, doch legen sie das Schwergewicht meist auf die systematische Darstellung des historischen Materials („Quellenkunde") und der historischen Hilfswissenschaften. Den „Grundfragen" der Geschichte wird in den letzten Jahren auch in den Einführungen größere Aufmerksamkeit gewidmet — eine Folge der Studentenbewegung und der durch sie ausgelösten Marx-Rezeption. Die Anleitung zur praktischen Arbeit des Historikers tritt demgegenüber zurück, sie wird in den meisten Einführungen auf wenigen Seiten abgehandelt und beschränkt sich auf Ratschläge zur Arbeitstechnik. Die Bedeutung von „Grundfragen" und Hilfswissenschaften für die historische Arbeit an *Sachproblemen* wird nicht vermittelt, da die Grundfragen über den praktischen Problemen schweben, die Hilfswissenschaften nur zur Aufbereitung des Materials beitragen. Diese Isoliertheit von Grundfragen, Sachproblemen und Hilfswissenschaften, die nicht in einem sinnvollen Arbeitsprozeß zur Behandlung der Sachprobleme integriert werden können, trägt dazu bei, daß vielfach die Unsicherheit – wozu überhaupt Geschichte? – bis zum Examen bestehen bleibt und sich notwendigerweise hemmend auf das Studium und besonders auf die spätere Berufspraxis auswirkt. Vor allem die Berufspraxis des Lehrers fordert, daß er sein Fach überzeugend vertreten kann, und zwar nicht nur gegenüber seinen Schülern, sondern auch in der Konkurrenzsituation des Faches Geschichte zu dem Fach Sozialkunde/ Gemeinschaftskunde.

Der Student, der ein Geschichtsstudium beginnt, bedarf zwar der handwerklichen Anleitung, vor allem aber muß er den Übergang von der Schule zur Universität erfolgreich bewältigen, d. h. den grundlegenden Unterschied zwischen einem Schulfach und einer wissenschaftlichen Disziplin realisieren, um sich auf die neue Lernsituation einstellen zu können, die von ihm Selbständigkeit und Eigeninitiative bei der Planung und Durchführung seiner Arbeit fordert.

Die Probleme des Studenten, unter den Bedingungen der „Massenuniversität" zu studieren, zusammen mit den Schwierigkeiten der Dozenten, die einleuchtenden Forderungen der Studienreform in eine befriedigende Praxis umzusetzen, führen nicht selten zu Resignation und zur Rückkehr zu gesicherten Lehrformen: für die einführenden Lehrveranstaltungen zur „Wissenschaftspropädeutik" (= Vorbereitung auf die Wissenschaft durch Aneignung von „Handwerkszeug" und Arbeitstechnik), für die weiterführenden Seminare zum ermüdenden Verlesen von „Referaten". Beides provoziert studentische Forderungen nach thematischen Proseminaren und nach „Theorieseminaren", die – wenn sich ein Veranstalter findet – meist enttäuschend verlaufen, da beide Elemente der Wissenschaftlichkeit, „Empirie" und „Theorie", unzureichend beherrscht werden.

Noch gibt es keinen Konsens über einen neuen Kanon von Lehrinhalten und ihre Umsetzung in einen praktikablen Studiengang. Die Reihe „Studienbücher Moderne Geschichte" versucht, auf Möglichkeiten hinzuweisen, wie die verschiedenen Studienelemente miteinander verbunden werden können, um damit ein sinnvolles Studium zu entwerfen.

Die Reihe ist nicht nur für „Fachhistoriker" gedacht, sondern für alle Studiengänge, zu denen „Moderne Geschichte" gehört oder gehören sollte: Politologen, Soziologen, Sozialkundelehrer, Juristen und Ökonomen. „Moderne Geschichte" wird hier verstanden im herkömmlichen Sinn als Geschichte der europäisch-nordamerikanischen Staatenwelt und der Staaten und Völker, die seit dem 16. Jahrhundert in die „Weltgeschichte" mit einbezogen worden sind.

Der erste Band „Einführung in die Geschichtswissenschaft: Grundprobleme, Arbeitsorganisation, Hilfsmittel" orientiert sich an den praktischen Bedürfnissen des Studienanfängers, will sich jedoch weder auf eine handwerkliche Einführung noch auf eine Erörterung der Geschichtswissenschaft in „kritischer Absicht" beschränken. Er skizziert vielmehr die Probleme einer einführenden Veranstaltung und die Arbeitsschritte, die die Teilnehmer eines Proseminars tun, um sich in einen Themenbereich einzuarbeiten. Diese Arbeitsschritte entsprechen den Stufen jeder wissenschaftlichen Erarbeitung eines historischen Problems. Als Beispiel wurde das Thema „Preußen zwischen Reform und Revolution" gewählt, das von den Verfassern mehrfach erprobt worden ist. Es scheint von seiner zeitlichen Stellung besonders gut geeignet, in die moderne Geschichte in ihrer Bandbreite vom 16. bis zum 20. Jahrhundert einzuführen. – Ein *Register* am Ende dieses Bandes soll die Suche nach wichtigen Begriffen der Geschichtswissenschaft, der Geschichtsphilosophie und der Historischen Methode erleichtern. Die *Anmerkungen* dienen nicht primär als „gelehrter" Apparat, um wörtliche und gedankliche Zitate zu belegen, sondern haben die Funktion, weiterführende Informationen für die inhaltliche, methodische und theoretische Arbeit zu geben. Wichtige *Handbücher* und *Hilfsmittel* finden sich auf besonders gekennzeichneten Listen in den entsprechenden Kapiteln.

Band 2 der „Studienbücher Moderne Geschichte" steht in enger Beziehung zum einführenden Band. Er enthält Textbeispiele für die verschiedenen Materialien, die aus dem Bereich des Themas „Preußen zwischen Reform und Revolution" stammen. Die Auswahl wurde so getroffen, daß diese Texte nicht nur „Informationen" zum Thema liefern, sondern als vorbildlich für bestimmte Arbeitsweisen des Historikers allgemein und der Sozial- und Wirtschaftsgeschichte im besonderen angesehen werden können. Zudem sollen sie aufzeigen, wie die Beschäftigung mit diesem Thema auf Grundfragen der deutschen wie der modernen Geschichte überhaupt aufmerksam machen kann. Die Textbeispiele erstrecken sich auf Quellen, Untersuchungen und Rezensionen.

Die weiteren Bände der Reihe „Studienbücher Moderne Geschichte" wollen einen Beitrag zur Konzeption der Geschichtswissenschaft als „historisch-kritischer Sozialwissenschaft" leisten. Dafür bietet sich der Themenbereich „Industrielle Revolution – Industriegesellschaft – Strukturprobleme der Dritten Welt" an, der als bevorzugtes Arbeitsfeld der Sozialwissenschaften gelten kann und zu dem aus den Bereichen Ökonomie, Soziologie, Politologie und Geschichtswissenschaft bereits zahlreiche Untersuchungen vorliegen. Der Schwerpunkt der

Beiträge soll in dem Versuch bestehen, die Erkenntnismöglichkeiten und -grenzen unterschiedlicher methodischer und theoretischer Ansätze von Geschichtswissenschaft und systematischen Sozialwissenschaften für die Arbeit des Historikers zu prüfen. Einen zweiten Schwerpunkt wird die Erörterung von Problemen der Berufspraxis des Historikers darstellen. Dabei wird es darum gehen, die Probleme der Umsetzung von Ergebnissen der Geschichtswissenschaft in Geschichtsunterricht auf der Schule und in informative und unterhaltende Beiträge für die Massenmedien an konkreten Beispielen aufzuzeigen sowie die verschiedenen Formen der Abhängigkeit zwischen Wissenschaft und Wissensvermittlung (als Information und Bewußtseinsbildung) einerseits und ihrer aller Abhängigkeit von den Anforderungen und Bedürfnisse der jeweiligen Gesellschaft andererseits sichtbar zu machen.

I. Grundprobleme der Geschichtswissenschaft und des Geschichtsstudiums

Es ist heute nicht mehr selbstverständlich, sich für die Geschichtswissenschaft zu entscheiden, wenn man sich das Studium der gesellschaftlichen Verhältnisse und ihrer Entwicklung zur Aufgabe setzt. Als häufig gewählte Alternative bieten sich Soziologie und Politologie an. Der Konkurrenz dieser drei sozialwissenschaftlichen Fächer an der Universität entspricht auf der Schule die Konkurrenz des Faches Geschichte mit dem Fach Sozialkunde („Politik", „Gesellschaftslehre" o. ä.). Das Vordringen dieses neuen Schulfaches auf Kosten des Geschichtsunterrichts läßt auf Unzulänglichkeiten des Geschichtsunterrichts, d. h. zugleich der Geschichtslehrerausbildung (Geschichts*studium*) und damit der Geschichtswissenschaft schließen. Diese Unzulänglichkeiten werden vor allem darin gesehen, daß die Geschichtswissenschaft kein Orientierungswissen und keine Orientierungshilfen für politisches Handeln in einer demokratisch verfaßten Gesellschaft geboten hat. Dies gilt insbesondere für die deutsche Geschichtswissenschaft: wegen ihrer Ablehnung der Weimarer Republik und ihres passiven Verhaltens gegenüber dem Nationalsozialismus habe sie sich disqualifiziert und ihren Monopolanspruch auf politische Bildung verloren. Das Fach Geschichte mit seinen traditionellen Lehrinhalten blieb zwar bestehen, aber gleichzeitig wurden Forderungen nach seiner Revision erhoben. In der Bundesrepublik schien die an den westlichen Demokratien orientierte Politikwissenschaft am ehesten geeignet, die Aufgabe der politischen Bildung („Staatsbürgerkunde") zu übernehmen. Die Analyse der sozialen und politischen Probleme und das Aufzeigen von Möglichkeiten zu ihrer Bewältigung war jedoch damit noch keineswegs zu leisten. Die Einbeziehung weiterer Sozialwissenschaften, vor allem von Soziologie und Volkswirtschaftslehre erwies sich als unerläßlich. Die Integration dieser Elemente ist auf der Schule relativ fortgeschritten und hat im Fach Sozialkunde einen organisatorischen Rahmen erhalten, für dessen inhaltliche Füllung es bereits konkrete Vorschläge gibt (s. Rahmenrichtlinien der verschiedenen Bundesländer).

Dagegen stehen die an der Universität institutionalisierten Disziplinen Geschichtswissenschaft, Soziologie und Politologie immer noch mehr oder weniger unverbunden nebeneinander, verteidigen ihre Autonomie und vertiefen damit die Trennung, eine Trennung, die von vornherein gegeben war, da die Geschichtswissenschaft sich traditionell als Geisteswissenschaft, nicht als *Gesellschafts*wissenschaft oder *Sozial*wissenschaft verstanden hat. Gleichwohl hat sie in ihrer praktischen Arbeit wichtige Beiträge zur Erforschung der „Gesellschaft" geliefert. Die übertriebene Betonung der Eigenständigkeit erschwert die wissenschaftliche Kommunikation der Disziplinen sowie den Austausch von Forschungsmethoden und -ergebnissen. Die Geschichtswissenschaft empfindet die Einschränkung ihres Wirkungsfeldes durch die gesellschaftlich höher bewerteten Wissenschaften Soziologie, Politologie und Volkswirtschaftslehre als Bedrohung, die in einer jahrelangen Diskussion zur „Krise der Geschichtswissenschaft" stilisiert worden ist. Die Reaktion der Geschichtswissenschaft auf diese Herausforderung ist zwiespältig: einerseits wird in der Tradition der Kulturkritik „Geschichtslosigkeit" und der Verlust des historischen Bewußtseins als Kennzeichen von Massendemokratie und Konsumgesellschaft beklagt, andererseits ist durchaus erkannt worden, daß die Ursachen für die sog. Krise der Geschichtswissenschaft in der Geschichtswissenschaft selbst liegen, nämlich in der Vernachlässigung der Reflexion ihrer Grundlagen, was mit dem Schlagwort „Theoriebedürftigkeit" zusammengefaßt wird.

Damit hat auch die Geschichtswissenschaft Folgerungen für ihr Selbstverständnis als Wissenschaft gezogen und die prägende Bindung an einen gesellschaftlichen Kontext und ihre Verantwortung gegenüber dieser Gesellschaft erkannt. Diese Folgerungen der Geschichtswissenschaft erstrecken sich auf eine Erweiterung ihrer Aufgaben über den traditionellen und weiterhin konstitutiven Kernbereich hinaus:

1. Geschichtswissenschaft arbeitet daran, eine gesicherte Wissensbasis über die Vergangenheit herzustellen („Tatsachenerforschung") Mit Hilfe eines bestimmten Instrumentariums, der Historischen Methode, ermittelt sie aus den Zeugnissen der Vergangenheit politische Ereignisse, gesellschaftliche und wirtschaftliche Verhältnisse in einer bestimmten Region und für einen bestimmten Zeitraum.
2. Die Geschichtswissenschaft verknüpft Einzelereignisse unter gezielten Fragestellungen zu fortlaufenden Darstellungen der Vergangenheit oder untersucht komplexe Verhältnisse mit dem Ziel, ihre „Struktur" zu erkennen.
3. Die Geschichtswissenschaft fragt nach den Prinzipien, die der jeweiligen Verknüpfung von Einzeltatsachen zugrunde liegen und nach den Kriterien, mit deren Hilfe der Historiker einige von vielen Einzeltatsachen auswählt. Diese lassen sich ableiten

aus der Fragestellung des Historikers: Sie wird bestimmt von der Erfahrung des Historikers, von seiner „Weltanschauung" in Form von Geschichtsphilosophien oder Geschichtstheorien (Welterklärungsversuche) und dem jeweiligen Stand der Erforschung eines historischen Gegenstandes. Es ist also die Reflexion des Historikers über sein eigenes Tun, die als ein grundlegendes Element der Wissenschaftlichkeit in seine Arbeit einbezogen wird. Diese Aufgabe wird heute meist als „Ideologiekritik" bezeichnet.

Damit werden Grenzen der Erkenntnismöglichkeiten des Historikers nicht mehr nur in der Beschaffenheit seines (vergangenen) Gegenstandes und dem unvollständigen und ausschnitthaften Charakter der ihn überliefernden Zeugnisse („Quellen") gesehen, sondern ebenso in der Person des Historikers, dem erkennenden Subjekt. Die Geschichtswissenschaft beginnt daher verstärkt zu fragen, (1) nach der *Relevanz* ihrer Themen und (2) nach den *Erkenntnismöglichkeiten* des Historikers im Rahmen der Sozialwissenschaften. Die Aufarbeitung dieser beiden Theoriebereiche schafft die Voraussetzung dafür, die Geschichtswissenschaft nicht nur von ihrem Gegenstandsbereich „Gesellschaft", sondern auch von Aufgabenstellung und Arbeitsweisen her den Sozialwissenschaften zuzuordnen, und zwar als „historisch-kritische Sozialwissenschaft" (Wehler).

1. Das Relevanzproblem

Der Begriff *Relevanz* ist heute ein Modewort geworden, was seiner begrifflichen Klarheit nicht eben zuträglich ist. Da er in der innerwissenschaftlichen Auseinandersetzung häufig einen polemischen Unterton zur Abwehr bestimmter Themen und Ergebnisse oder bestimmter Traditionen der Geschichtswissenschaft bekommt, ist er obendrein emotional aufgeladen, so daß eine sachliche Verständigung noch schwieriger wird.

Die Forderung nach Relevanz enthält zwei Elemente: Zum einen steckt darin die selbstkritische Frage nach dem Sinn und Zweck des eigenen Tuns. Warum und wozu beschäftige ich mich mit diesem oder jenem Thema, mit historischer Forschung überhaupt? Welche Auswirkungen haben die Forschungsergebnisse auf die gegenwärtige Gesellschaft? Zum zweiten impliziert die Forderung nach Relevanz die Behauptung, historische Forschung oder einzelne ihrer Ergebnisse könnten irrelevant sein, d. h. Antworten auf Fragen geben, die niemanden interessieren. Als relevant gilt demnach die Geschichte, soweit sie in Beziehung zu aktuellen, offenen Fragen der Gegenwart gesetzt werden kann und zur Aufhellung der heutigen gesellschaftlichen und politischen Probleme beiträgt.

Gerade die Betonung des *Gegenwartsbezugs* gibt oft Anlaß zu Kontroversen, da auch dieser Begriff unterschiedliche Interpretationen zuläßt. Einerseits erscheint unter der Prämisse des Gegenwartsbezugs die Vergangenheit relevant nur als die unmittelbare Vorgeschichte der Gegenwart, ältere Zeiten − vor 1917 oder zumindest vor 1789 − und fremde Kulturen erwecken kein Interesse. Andererseits wird der Sinn der Beschäftigung mit im Verhältnis zu unserer Gegenwart fremden gesellschaftlichen, politischen und wirtschaftlichen Organisationsformen darin erblickt, daß sie den Bezugsrahmen zur Wahrnehmung, zum Verständnis und zur Bewältigung der Gegenwartsprobleme erweitert[1].

Die Kontroverse über Relevanz ist unauflösbar, da sie sich nicht wissenschaftsimmanent klären läßt. Der Grund, sich für die Erforschung eines bestimmten Themas zu entscheiden, ist nicht verbindlich in einer verschieden wichtigen Rolle der Ereignisse und Probleme in der historischen Vergangenheit selbst zu suchen, sondern darin, daß den Historiker bestimmte Fragen besonders interessieren, andere dagegen weniger oder überhaupt nicht. Das *erkenntnisleitende Interesse*[2] des Historikers bildet das Selektionsprinzip für die Bevorzugung bestimmter Themen und Aspekte. Das erkenntnisleitende Interesse ist infolge der Standortgebundenheit des Historikers bestimmt durch die Gegenwart, durch den „Zeitgeist", da der Historiker selbst ein geschichtliches Wesen, ein „Kind seiner Zeit" ist. „Gegenwart" ist als Horizont des Forschers zu verstehen; sie ist bestimmt durch eine Mischung aus Erfahrungen der Vergangenheit und Erwartungen an die Zukunft, aus der das erkenntnisleitende Interesse des Historikers stammt. Gegenwartsbezug ist insofern nicht nur eine Forderung an die Wissenschaft, sondern sie ist notwendige Bedingung der historischen Erkenntnismöglichkeit, unabhängig davon, ob der Historiker sich dessen bewußt ist oder nicht.

1   Wolfgang J. Mommsen, Die Geschichtswissenschaft in der modernen Industriegesellschaft, in: VfZG 22 (1974), S. 1−17.
2   Dazu grundlegend Jürgen Habermas, Erkenntnis und Interesse, Frankfurt 1968.

Relevanz ist also abhängig von der jeweiligen Beziehung, die der Historiker zu seinem Thema herstellt, d. h. konstituierend sind letztlich vor- und außerwissenschaftliche Komponenten. Die kritische Reflexion seines eigenen Standorts und seines erkenntnisleitenden Interesses ist eine wichtige Aufgabe des Historikers, weil sie das Wechselverhältnis zwischen Fragestellung, Gegenstand und Forschungsergebnis durchschaubarer macht und Fehlerquellen, die sich aus einem schiefen oder zu engen Blickwinkel (Voreingenommenheit) ergeben könnten, aufdeckt. Der Gefahr, Relevanz zu einer Frage reiner Willkür oder subjektiver Beliebigkeit zu machen, steht entgegen, daß der Historiker die Entscheidung für bestimmte Themen und Gegenstandsbereiche nicht isoliert, im luftleeren Raum, sondern als Angehöriger einer bestimmten Gesellschaft trifft, und daß er anknüpft an den Entwicklungsstand seiner Wissenschaft und die vorliegenden Forschungsergebnisse. In dem Maße allerdings, in dem die Gegenwart unterschiedlich erfahren und interpretiert wird, wird auch Relevanz unterschiedlich bestimmt.

Innerhalb dieser Grenzen läßt sich für jede Epoche der Geschichtswissenschaft ein Konsens über relevante Themen und Aspekte historischer Forschung feststellen. Die Nationalstaatsbildung mit der Frage nach der Rolle des Staates und der ihn tragenden, hervorragenden Individuen oder der „Dualismus von Staat und Gesellschaft" mit der Frage nach einer verfassungsmäßigen Begrenzung staatlicher Macht waren z. B. zwei Schwerpunkte der Geschichtswissenschaft im 19. Jahrhundert: Sie waren relevant. Eine unter verschiedenen Ursachen dafür, daß heute die Relevanz historischer Themen oder der Beschäftigung mit Geschichte überhaupt angezweifelt wird, ist darauf zurückzuführen, daß die Geschichtswissenschaft allzu lange die Tradition des 19. Jahrhunderts fortgesetzt hat, ohne zu fragen, ob Staat, Nation und Verfassung heute unter anderen Gesichtspunkten betrachtet oder durch neue Fragestellungen ergänzt werden sollten. Nicht zuletzt die geschichtliche Erfahrung hat heute die allein-entscheidende Bedeutung der Einzelpersönlichkeit für politische Entwicklungen in Frage gestellt und stattdessen auf die überindividuellen Bedingungen für politisches Handeln verwiesen. Herrschaft wird nicht mehr allein als dem Staat zugehörig erkannt, da die Probleme wirtschaftlicher Macht und die Herrschaftsverhältnisse im Industriebetrieb den Begriff Herrschaft erweitert haben. Die „ewige" Geltung von Rechtsinstitutionen kann nicht mehr ungefragt angenommen werden, da ihre Abhängigkeit von sozialen, wirtschaftlichen und politischen Bedingungen überall sichtbar wird.

Das Interesse der Geschichtswissenschaft richtet sich daher immer stärker auf die wechselseitigen Beziehungen von Wirtschaft, Gesellschaft und Herrschaft[3], um auf diese Weise zum Verständnis der Gegenwartsprobleme im nationalen wie internationalen Rahmen beizutragen. Die Relevanz historischer Forschung wird heute in dem Maße gewährleistet, wie sie sich als *Sozialgeschichte* versteht – Sozialgeschichte nicht als ein Gegenstandsbereich (Geschichte der Gesellschaft wie Geschichte der Wirtschaft, des Rechts, der Kultur), sondern als eine Betrachtungsweise, die historische Prozesse durch die Analyse des Wechselverhältnisses von Wirtschaft, Gesellschaft und Herrschaft zu klären versucht. Ein solches Selbstverständnis der modernen Geschichtswissenschaft schließt nicht ganze Bereiche und Epochen aus der historischen Betrachtung aus, wie manche Kritiker der Forderung nach gesellschaftlicher Relevanz argwöhnen[4]; vielmehr stellen sich für grundsätzlich alle Epochen und Komplexe der Vergangenheit spezifische Fragen, die Einfluß auf die Formulierung des Themas haben.

Die Entwicklung neuer Fragestellungen macht eine Erweiterung und Ergänzung des methodischen Instrumentariums der traditionellen Geschichtswissenschaft erforderlich. Einen bedeutsamen Fortschritt in dieser Richtung hat die Geschichtswissenschaft durch die Zusammenarbeit mit den systematischen Sozialwissenschaften, bzw. durch eine Rezeption oder Integration ihrer Methoden erlebt.

Die Fruchtbarkeit interdisziplinärer Zusammenarbeit läßt sich an dem Thema „Preußen zwischen Reform und Revolution", das in dieser Einführung in die Geschichtswissenschaft und das Geschichtsstudium als Beispiel zugrunde gelegt wird, aufzeigen. Soziologen und Ökonomen, geleitet von den aktuellen Problemen wirtschaftlicher und gesellschaftlicher Rückständigkeit in den Staaten der Dritten Welt, haben Theorien des *sozialen Wandels* und des *wirtschaftlichen Wachstums* entwickelt, die sie aus der europäischen Geschichte des 18. und 19. Jahrhunderts gewonnen haben und die deshalb die Geschichtswissenschaft zur Stellungnahme herausfordern. Unter dieser Perspektive erscheinen die preußischen Reformen nicht mehr aus-

---

3 Hans-Ulrich Wehler, Theorieprobleme der modernen deutschen Wirtschaftsgeschichte, in: Entstehung und Wandel der modernen Gesellschaft. Festschrift für Hans Rosenberg zum 65. Geburtstag, hg. v. G. A. Ritter, Berlin 1970, S. 66–107.
4 Thomas Nipperdey, Über Relevanz, in: Aus Theorie und Praxis der Geschichtswissenschaft. Festschrift für Hans Herzfeld zum 80. Geburtstag, Berlin 1972, S. 1–16.

schließlich als ein nationales preußisches Ereignis, als preußische Reaktion auf die politisch-militärische Niederlage gegen das napoleonische Frankreich, das durch die Beschreibung von Trägern und Gegnern der Reform bereits angemessen dargestellt ist. Vielmehr werden sie als eine partielle Verwirklichung sich langfristig anbahnender wirtschaftlicher und sozialer Modernisierung gesehen und in einen Zusammenhang mit einer epochalen gemeineuropäischen Entwicklung gestellt, die mit den Stichworten „Französische Revolution" und „Industrielle Revolution" umschrieben werden kann. Damit ist hier freilich ein Rahmen abgesteckt, dessen Ausfüllung in einer Einführung nicht gelingen wird. Er begründet jedoch die Relevanz des Themas.

2. Erkenntnismöglichkeiten des Historikers im Rahmen der Sozialwissenschaften

Die Abhängigkeit der Relevanz historischer Forschung von der Gegenwart und ihren gesellschaftlichen und politischen Problemen drückt sich in der Redewendung aus, jede Zeit schreibe ihre Geschichte selbst. Durch diese Zeit- und Standortgebundenheit wird die Frage nach der *Objektivität*, d. h. der Allgemeingültigkeit der Geschichtswissenschaft aufgeworfen. Besteht für den Historiker die Möglichkeit zu objektiver Erkenntnis?

Die Eigenart des Gegenstandes der Geschichtswissenschaft, der nicht mehr existent, sondern nur noch in bruchstückhafter Überlieferung vorhanden ist, sowie die wechselseitige Beziehung zwischen der Fragestellung des Historikers (dem Subjekt der Erkenntnis) und seinem Gegenstand (dem Objekt der Erkenntnis) schließen eine strenge Objektivität im erkenntnistheoretischen Sinne aus. Dieser Mangel oder diese Grenze der Objektivierbarkeit ihres Gegenstandes hat in der Vergangenheit häufig zu schwerwiegenden Kontroversen über den Wissenschaftscharakter der Geschichtswissenschaft geführt. Aus dem Versuch, die Wissenschaftlichkeit der Beschäftigung mit Geschichte in Abgrenzung zu den „exakten" Naturwissenschaften zu begründen, ist ein eigener Wissenschaftsbegriff hervorgegangen: Geisteswissenschaften gegenüber den Naturwissenschaften, historische Wissenschaften gegenüber den Erfahrungswissenschaften (Wilhelm Dilthey). Da heute der an den Naturwissenschaften orientierte Objektivitätsbegriff für diese selbst nur noch eingeschränkte Bedeutung besitzt, indem auch die Gültigkeit naturwissenschaftlicher Aussagen als an bestimmte Prämissen geknüpft und historischem Wandel unterworfen erkannt worden ist[5], hat diese alte Kontroverse ihre Aktualität verloren.

Der Begriff Objektivität wird heute weniger streng benutzt. Wissenschaft setzt voraus, daß ein Konsens über die *Richtigkeit* der Ergebnisse erzielt werden kann. Dazu hat die Geschichtswissenschaft, wie jede Wissenschaft, eine ihr eigene Methodik entwickelt, die Regeln über das systematische Sammeln von Material, dessen Kritik und Auswertung aufstellt und die durch wissenschaftliche Kommunikation und durch intersubjektive Nachprüfbarkeit aller Teilergebnisse zu gesicherten, allgemein anerkannten Aussagen über die Vergangenheit führt.

Objektiv ist der Historiker, der der Forderung nach systematischem, methodischem Vorgehen genügt, der seine Prämissen offenlegt und dessen Beweisführung und Ergebnisse einer Prüfung vor dem Hintergrund des Forschungsstandes standhalten. Der Vorwurf der Subjektivität dagegen wird erhoben, wenn aus bewußter oder unbewußter Voreingenommenheit alle die Aussagen der Quellen und der Fachliteratur vernachlässigt werden, die der eigenen Interpretation widersprechen, oder wenn infolge einer dem Gegenstand nicht angemessenen, weil anachronistischen, Fragestellung als sicher geltende Tatsachen verdreht werden.

Dieser an überwiegend formalen Kriterien orientierte Objektivitätsbegriff steht nicht im Widerspruch zu der als notwendig nachgewiesenen Standortgebundenheit des Historikers. Vielmehr ist das erkenntnisleitende Interesse als ein Forschung überhaupt erst konstituierendes Element in die Definition wissenschaftlicher Objektivität einbezogen.

Die Reichweite historischer Erkenntnismöglichkeit nach dieser Definition ist allerdings in dreifacher Hinsicht begrenzt: 1. Der Historiker kann niemals die *ganze* Vergangenheit, sondern nur unter einer von ihm herangetragenen Fragestellung bestimmte Ausschnitte oder Aspekte der Vergangenheit rekonstruieren. 2. Die geschichtliche Überlieferung (Quellen historischer Erkenntnis) ist nicht mit der Vergangenheit identisch, sondern enthält nur Bruchstücke, z. B. das Resultat eines historischen Prozesses. 3. Daraus folgt, daß in jede Tatsachenerforschung immer schon Elemente der Deutung eingehen.

Diese Eingrenzung der Erkenntnismöglichkeiten teilt die Geschichtswissenschaft mit den systematischen Sozialwissenschaften.

5   Thomas S. Kuhn, Die Struktur wissenschaftlicher Revolutionen (1962), Frankfurt 1973 (suhrkamp taschenbuch wissenschaft 25).

Auch der Soziologe isoliert gemäß seinen Fragestellungen einzelne Ausschnitte und Aspekte der Gesellschaft; er steht seinem „Gegenstand", der Gesellschaft, nicht „objektiv" im Sinne völliger Unabhängigkeit und Neutralität gegenüber. Bei empirischen Untersuchungen ist er ebenfalls angewiesen auf „Quellen" (Fragebögen, Statistiken), die er entsprechend seiner Fragestellung erst selbst herstellen muß, und schließlich enthält auch die Tatsachenerforschung der Soziologie immer Elemente der Deutung[6].

Die Aufteilung der Sozialwissenschaften in verschiedene Disziplinen wie Ökonomie, Soziologie, Politologie und Geschichtswissenschaft läßt sich nicht logisch begründen, sondern geht zurück auf praktische Erfordernisse, auf die Wissenschaftsgeschichte und -organisation. Im Zuge der wissenschaftlichen Arbeitsteilung haben die einzelnen Sozialwissenschaften ein fachspezifisches Instrumentarium entwickelt, das auf die Wahl ihrer Untersuchungsobjekte zurückwirkt. Sie können das gleiche *erkenntnisleitende Interesse* haben, doch wird es sich je nach fachspezifischer Ausbildung auf andere Forschungsobjekte richten und einen anderen Zugang und eine andere Methode wählen, um das Forschungsziel zu erreichen. So können Ökonom und Historiker gemeinsam vom erkenntnisleitenden Interesse an Bedingungen und Möglichkeiten sozialer Reformen ausgehen. Der Ökonom wird vielleicht die Möglichkeiten sozialer Reformen durch Steuergesetzgebung untersuchen, während der Historiker auf die „Soziale Frage" im 19. Jahrhundert stößt. Das erkenntnisleitende Interesse ist in beiden Fällen an gesellschaftlichen Problemen der Gegenwart orientiert, durch die fachspezifische Ausbildung zugleich aber so „gebrochen", daß es sich auf zwei verschiedene Forschungsobjekte — Steuerreform hier, „Soziale Frage" dort — richtet.

Welches ist nun der spezifische Beitrag des Historikers im Rahmen der Erkenntnismöglichkeiten der Sozialwissenschaften? Hinsichtlich der wissenschaftlichen Arbeitsteilung zwischen Historikern und Soziologen lautet die am weitesten verbreitete und akzeptierte Beschreibung der Aufgabenstellung: das Arbeitsfeld des Historikers ist die *Vergangenheit,* das Arbeitsfeld des Soziologen ist die *Gegenwart.* Diese Feststellung oder Behauptung ist nur scheinbar eine Trivialität. Denn was heißt „Vergangenheit", was heißt „Gegenwart"? Beginnt die Gegenwart 1980? oder 1949? oder 1945? oder noch eher? — Auch der Soziologe muß für seine Gegenwarts-Analysen immer ver-

---

6 Dazu: Stanisław Ossowski, Die Besonderheiten der Sozialwissenschaften. Frankfurt 1973 (edition suhrkamp 612).

gangene Jahre oder Jahrzehnte einbeziehen, auch er beschäftigt sich also mit Vergangenheit, oft sogar mit derselben Vergangenheit, die der Historiker untersucht. Der Soziologe geht in der Regel davon aus, daß es so etwas wie Gegenwart wirklich gibt. Für den Historiker dagegen existieren streng genommen nur Vergangenheit und Zukunft; „die Gegenwart hat allenfalls die Breite eines Rasiermessers, dessen Klinge unaufhörlich Teilstücke der Zukunft abschneidet und der Vergangenheit zuweist"[7].

„Vergangenheit" und „Gegenwart" sind also nicht zwei unterschiedliche Zeitbereiche, sondern verschiedene *Aspekte,* unter denen derselbe Zeitraum betrachtet werden kann. Gegenwart, verstanden als Aspekt, ist dann der „Horizont" der Zeitgenossen, das, was im Selbstverständnis der Zeitgenossen als vertraut, als zur eigenen Gesellschaft oder Epoche gehörig angesehen wird. Je nach Bezugspunkt reicht diese Gegenwart zeitlich unterschiedlich weit zurück. Die subjektive Erfahrung eines Individuums wäre beispielsweise der engste, d. h. zeitlich kürzeste Bereich. Vergangenheit ist dementsprechend das im Vergleich zum eigenen Horizont ganz Fremde, Andere. Vergangenheit kann daher 500 oder auch nur 50 Jahre zurückliegen.

Die empirische Soziologie ist geneigt, die Gegenwart als etwas Statisches zu betrachten, da es ihr auf die Analyse der funktionalen Beziehungen (Strukturen) verschiedener gesellschaftlicher Faktoren ankommt. Die Vergangenheit als das Andere und Fremde interessiert den Soziologen nicht; sie wird nur soweit in seine Arbeit einbezogen, als sie zur Erklärung der Gegenwart beitragen kann. So ist z. B. der Westfälische Friede von 1648 für Soziologen und Politologen als Ereignis völlig uninteressant; bei der Ausarbeitung und Überprüfung von Konfliktlösungsmodellen, wie sie in der Friedens- und Konfliktforschung eine Rolle spielen, stoßen sie jedoch auf diesen und andere Versuche, eine internationale Friedensordnung zu schaffen, und versuchen nun die Vergangenheit für die Lösung eines Gegenwarts-Problems nutzbar zu machen. — Indem der Politologe den Westfälischen Frieden zur Konstruktion oder Überprüfung seiner auf Lösung von Gegenwartsproblemen angelegten Erklärungsmodelle heranzieht, macht er ihn — etwas überspitzt ausgedrückt — zu einem Element der „Gegenwart".

Gegen dieses Vorgehen haben Historiker oft eingewandt, daß hier die Geschichte zu einer Beispielsammlung, einem „Steinbruch" degradiert werde. — Anders als der Politologe betont der Historiker bei

---

7 Hans Ulrich Wehler, Einleitung zu „Geschichte und Soziologie", hg. v. H. U. Wehler, Köln 1972, S. 15 (Neue Wissenschaftliche Bibliothek 53).

der Behandlung des Westfälischen Friedens nicht so sehr den Aspekt der „Gegenwart", sondern den Aspekt der „Vergangenheit" und betrachtet den Westfälischen Frieden als den Endpunkt einer Entwicklung, die in Deutschland zur Souveränität der Territorialfürsten führte, oder als Ausgangspunkt einer Entwicklung, die zur Herausbildung des „Europäischen Konzerts" der fünf Großmächte England, Frankreich, Preußen, Österreich, Rußland (sog. Pentarchie) führte.

Beschäftigt sich der Historiker mit derselben Zeit, die den Soziologen oder Politologen normalerweise interessiert, d. h. mit der im Erfahrungshorizont der Zeitgenossen als „Gegenwart" erscheinenden Zeit, so faßt er sie nicht wie der Soziologe statisch als „Gegenwart", sondern dynamisch als „Zeitgeschichte". Ihn interessiert nicht nur, was ist, sondern auch, *wie es geworden ist.* Es ist denkbar, daß sowohl Soziologen wie Historiker die Diskrepanz zwischen der vom Grundgesetz geforderten Sozialbindung des Eigentums und den gesellschaftlichen Realitäten in der Bundesrepublik zum Gegenstand einer wissenschaftlichen Untersuchung machen. Dabei wird der Soziologe die *Existenz* der Bundesrepublik Deutschland und des Grundgesetzes als Grundgegebenheiten annehmen und sich auf eine *systematische* Untersuchung der Eigentums- und Machtverhältnisse in der Bundesrepublik konzentrieren. Der Historiker wird die *Entstehungsgeschichte* des Grundgesetzes untersuchen, auf den Kompromißcharakter der Artikel 14 und 15 GG hinweisen, die Geschichte der Bundesrepublik verfolgen und so mit Hilfe einer *historischen* Analyse die Diskrepanz zwischen gesellschaftlicher Realität und Verfassungsgebot zu erklären versuchen.

In diesem und dem vorhergehenden Beispiel über den Westfälischen Frieden sind die unterschiedlichen Interessen und Vorgehensweisen von Historikern und Soziologen bzw. Politologen einseitig herausgearbeitet worden. Damit illustrieren diese Beispiele zugleich, wie prekär sich die Arbeitsteilung zwischen Soziologie, Politologie und Geschichtswissenschaft auswirken kann. Um zu relevanten Ergebnissen zu kommen, muß der Historiker, der von der Wissenschaftsorganisation her in erster Linie für den Westfälischen Frieden „zuständig" ist, Modelle, wie sie die Friedens- und Konfliktforscher in der Politologie erarbeitet haben, in seine Untersuchung einbeziehen. Umgekehrt kann der Soziologe oder Politologe, der die Ursachen für die Eigentums- und Machtverteilung in der Bundesrepublik Deutschland untersucht, nicht die Entstehungs- und Wirkungsgeschichte des Grundgesetzes ignorieren. Um als *historischer Sozialwissenschaftler* arbeiten zu können, muß der Soziologe bzw. Politologe die Methoden des Historikers und der Historiker das Instrumentarium der systematischen Sozialwissenschaften verwenden.

Die Feststellung, daß das Arbeitsfeld des Historikers in der Vergangenheit liegt, schließt den *Gegenwartsbezug* seiner Arbeit nicht aus. Beim Gegenwartsbezug geht es um die Begründung der Themenauswahl, nicht jedoch um die Eingrenzung des Arbeitsfeldes.

Der Historiker beschreibt und untersucht den *Prozeß* gesellschaftlicher Veränderungen in der Zeit. Er bemüht sich, die Interdependenz verschiedener gesellschaftlicher Faktoren im Zeitablauf aufzuweisen. Bei dieser Tätigkeit isoliert die Geschichtswissenschaft wie jede Wissenschaft einzelne Ausschnitte, Aspekte und Faktoren gesellschaftlicher Realität, sie abstrahiert jedoch nie vom Zeitfaktor. Durch ständige Berücksichtigung des Zeitfaktors ist der Historiker in der Lage, sowohl die Entwicklung einzelner gesellschaftlicher Faktoren wie die Veränderung des Verhältnisses verschiedener gesellschaftlicher Faktoren zueinander als Prozeß gesellschaftlicher Entwicklung zu verfolgen. Dieses Interesse an der Prozeßhaftigkeit gesellschaftlichen Geschehens spielt bei den systematischen Sozialwissenschaften eine weniger wichtige Rolle. Der Soziologe etwa sieht vom Zeitfaktor weitgehend ab, indem er Zeitpunkt- oder Querschnittanalysen macht und sie miteinander vergleicht (sog. Vorher-Nachher-Modelle), ohne aber die Entwicklung von einem zum anderen zu verfolgen.

Dieses Interesse des Historikers an der Entwicklung von Gesellschaft ist eng verbunden mit dem Interesse an den *Ursprüngen* oder Ursachen einer bestimmten Entwicklung. Die Erforschung der Ursprünge hat Rückwirkungen auf die Erforschung der Ergebnisse, die eine bestimmte Entwicklung zeitigte. Umgekehrt wirkt die Beurteilung der Ergebnisse zurück auf die Erforschung der Ursprünge. So fällt etwa die Beurteilung des deutschen Nationalsozialismus anders aus, je nachdem ob man seine Ursachen in der „schicksalshaften" Kombination von Weltwirtschaftskrise, Versailler Vertrag und dämonischer Führerpersönlichkeit sieht, oder ob man die Ursprünge des Nationalsozialismus auf gewisse gesellschaftliche Fehlentwicklungen im Kaiserreich zurückführt, auf den preußischen Absolutismus und Militarismus oder auf herrschaftsstabilisierende Elemente eines obrigkeitsfixierten Luthertums. Umgekehrt hat die Erkenntnis, daß der Nationalsozialismus kein „Betriebsunfall" der deutschen Geschichte gewesen ist, die Geschichtswissenschaft veranlaßt, die Entwicklung des Kaiserreichs kritisch zu überprüfen und Fragen zu stellen, wie sie den Historikern nie in den Sinn gekommen wären, die die Reichsgründung als Gipfel Bismarckscher Staatskunst priesen.

Das Interesse an den Ursprüngen und der Prozeßhaftigkeit gesellschaftlichen Geschehens führt auf die Frage nach *Kontinuität* oder

Diskontinuität historischer Entwicklungen. Das Problem der Kontinuität tritt einmal auf, wenn es darum geht, Probleme der Gegenwart
auf ihre historischen Ursprünge zurückzuführen. Dabei ist es notwendig, die Entwicklungslinien herauszuarbeiten, die einen zeitlichen Ablauf in ganz spezifischer Weise markieren. Darüber hinaus aber ist der
Kontinuitätsbegriff grundsätzlich eine Erklärungshilfe, um über mehr
oder minder lange Zeiträume Zusammenhänge herzustellen. Das
kann auf verschiedenen Ebenen geschehen:

1. Ein spezieller Bereich gesellschaftlichen Geschehens wird isoliert
   und seine Entwicklung in der Zeit als Kontinuität interpretiert,
   beispielsweise die Kontinuität der deutschen Kriegsziele im Ersten Weltkrieg trotz sich ständig verändernder Kriegslage. Der
   Nachweis einer solchen Kontinuität unter eingeschränktem Aspekt ist für die Geschichtswissenschaft insbesondere dann von
   Bedeutung, wenn die bisherige historische Forschung die Diskontinuität dieser speziellen Entwicklung behauptet hat.

2. Kontinuität begründet die Einheit einer historischen Epoche. Dabei können durchaus unterschiedliche Kontinuitätslinien als konstituierendes Merkmal einer Epoche angesehen werden. Die die
   Epoche des Absolutismus oder die Epoche des Liberalismus kon-
   stituierenden Kontinuitätslinien wurden ursprünglich im Bereich
   der Verfassungsentwicklung gesehen. Dagegen orientiert sich die
   Epochenbildung Feudalismus oder Kapitalismus an der sozio-ökonomischen Entwicklung. Obwohl sich die Begriffsbildung zur Bezeichnung der Epochen an einem gesellschaftlichen Bereich orientiert, charakterisieren die Epochenbegriffe nicht nur diesen be-
   griffsbildenden Ausschnitt der Gesellschaft, sondern die gesamtgesellschaftliche Entwicklung in einem bestimmten Zeitraum.

3. Schließlich kennt der Historiker Kontinuitätslinien, die über eine
   Epoche hinausgehen. Sie tragen Kennzeichen und Probleme einer
   vorhergehenden Epoche in eine von anderen „epochalen" Kontinuitätslinien geprägte nachfolgende Epoche hinein und beeinflus-
   sen damit deren Entwicklung. Ein Beispiel für die Kontinuität auf
   dieser Ebene ist die Fortdauer feudaler Agrarstrukturen über die
   Epoche des Feudalismus hinaus in die Epoche des Kapitalismus —
   eine Kontinuität, die die politische Entwicklung in Deutschland
   vom Kaiserreich bis zum Dritten Reich sehr stark beeinflußt hat[8].

8 Als Beispiel hierfür s. Hans Rosenberg, Die Pseudodemokratisierung der
   Rittergutsbesitzerklasse, in: ders., Probleme der deutschen Sozialgeschichte, Frankfurt 1969, S. 7—49 (edition suhrkamp 340).

Ebenso wie der Begriff der Kontinuität ist auch der Begriff der *Diskontinuität* eine theoretische Konstruktion, eine Erklärungshilfe, die der Historiker benutzt, um Einschnitte in der historischen Entwicklung zu bezeichnen. Diskontinuität wird vor allem dann angenommen, wenn Einschnitte in der Entwicklung durch exogene Einwirkungen, z. B. Kriege, Eroberungen, Annexionen verursacht werden. Für die Bezeichnung von endogenen Veränderungen einer Gesellschaft scheint der Begriff der Diskontinuität nicht so hilfreich zu sein, da er hier leicht eine ideologische Funktion zur Abwehr „negativer" Kontinuitäten gewinnt. Ein Beispiel hierfür ist die nach 1945 in der westdeutschen Geschichtsschreibung sehr verbreitete Behauptung, die deutsche Geschichte habe 1933 einen Bruch erfahren und sei erst 1945 wieder zu ihrer alten Kontinuität zurückgekehrt.

Da der Begriff der Diskontinuität, zumindest was endogene Veränderungen angeht, in einer gewissen Spannung, wenn nicht gar im Widerspruch zum Entwicklungsgedanken steht, betrachtet ihn der Historiker mit Mißtrauen und empfindet die Behauptung von Diskontinuität als Herausforderung, gerade in diesem Falle nach der Kontinuität oder doch nach Elementen von Kontinuität einer Entwicklung zu forschen (s. das Beispiel der deutschen Kriegsziele im Ersten Weltkrieg!). So ist der Historiker selbst bei der Untersuchung von Revolutionen nicht nur am Aspekt der Diskontinuität, sondern auch am Aspekt der Kontinuität interessiert. Er sieht in Revolutionen nicht den abrupten Umbruch einer Gesellschaft, sondern fragt, wodurch der Umbruch vorbereitet wurde, welche Auswirkungen er hatte, was an vorrevolutionären Elementen auch nach der Revolution erhalten blieb und welche Elemente neu hinzukamen.

Wie der systematische Sozialwissenschaftler untersucht der Historiker die *Strukturen* gesellschaftlicher Verhältnisse. Doch faßt der historische Strukturbegriff Struktur nicht als statische Gegebenheit, sondern als dynamischen Prozeß, in dem sowohl „Verhältnisse" als auch zielgerichtetes menschliches Handeln konstituierende Elemente darstellen. Eine spezifische Aufgabe und Leistung des Historikers besteht also darin, Intentionen und Entscheidungen von Individuen, gesellschaftlichen Gruppen und Klassen zu erforschen und die Verantwortlichkeit für politische Entscheidungen festzustellen. Er zeigt auf, welchen *Handlungs-* und *Entscheidungsspielraum* Personen, Gruppen und Klassen hatten, wie er genutzt wurde und welche Auswirkungen diese Handlungen und Entscheidungen hatten. In diesen Bereich gehört sowohl das generative Verhalten sozialer Gruppen wie die Entscheidung eines Politikers, dem Botschafter eines anderen Staates eine Kriegserklärung zu überreichen. Der als Sozialwissenschaftler arbeitende Historiker analysiert Entscheidungen nicht allein aus den biographischen und psychischen Bedingungen der Akteure. Er untersucht sie im Rahmen des jeweiligen Handlungs- und Entscheidungshorizonts, der durch die natürlichen und gesellschaftlichen Verhältnisse begrenzt ist. Sie sind ebenfalls der wissenschaftlichen Analyse zugänglich. Auf die Einsicht, daß Geschichte von Menschen „gemacht" und daher auch heute „machbar" ist, gründet sich der emanzipatorische Anspruch einer Geschichtswissenschaft, die sich als kritische Sozialwissenschaft begreift.

3. Grundprobleme des Geschichtsstudiums

Am Beginn eines Geschichtsstudiums stehen im allgemeinen Erwartungshaltungen, die entscheidend von den Erfahrungen der Schulzeit geprägt worden sind. Das Universitätsfach Geschichte wird meist als kontinuierliche Fortsetzung der Beschäftigung mit Geschichte auf der Schule verstanden, die Hauptveränderung beim Übergang von der Schule zur Universität in einer (positiv) veränderten Lernsituation gesehen. Im Gegensatz zur Schule, die unter dem Aspekt der „Fremdbestimmung" und des Qualifikationszwanges für den Hochschulzugang betrachtet wird, erhofft man sich im Studium der selbst gewählten Fächer unter den Bedingungen der „akademischen Freiheit" ein repressionsfreieres und stärker motiviertes Arbeiten.

Bereits die ersten Eindrücke in den Lehrveranstaltungen der Universität machen jedoch klar, daß grundsätzliche Unterschiede zwischen dem Schulfach Geschichte und dem gleichnamigen Universitätsfach bestehen, und zwar sowohl im Hinblick auf die Lehrinhalte wie auf die Lernformen.

In der Schule geht es um Wissensvermittlung historischen Stoffes mit dem Ziel, ein Problembewußtsein gegenüber der gegenwärtigen Gesellschaft und ihren Wurzeln in der Vergangenheit zu wecken. Diese Aufgaben bilden nur einen Teil des Universitätsfaches, aber keineswegs seinen Kern. Es ist sicher kennzeichnend, daß sich für das Universitätsfach immer mehr die Benennung „Geschichtswissenschaft" durchsetzt, die den Charakter der Wissenschaftlichkeit betont und ihn dadurch von anderen Formen, sich mit Geschichte zu beschäftigen, absetzt. Der Begriff *Wissenschaft* bezieht sich weniger auf das Wissen selbst als vielmehr auf das Verfahren, mit dem Wissen ermittelt, gesammelt und systematisiert wird, und auf die Reflexion des Historikers über sein Tun und seine Erkenntnismöglichkeiten.

Diese Aufgaben der Geschichtswissenschaft bedeuten für das Geschichtsstudium, daß bestimmte Fähigkeiten erlernt werden müssen: das sogenannte Handwerkszeug für die praktische Arbeit (Hilfswissenschaften und Arbeitstechniken), Grundkenntnisse in Geschichtsphilosophie und Geschichtstheorie, gegebenenfalls Fremdsprachen. Die Erfahrung zeigt, daß diese — meist unerwarteten Anforderungen — als ein Problem des Studiums erfahren werden, da sie von der „eigentlichen" Arbeit an historischen Problemen abhalten, *Pflicht*elemente in das Studium bringen, die mit der „akademischen Freiheit" nicht vereinbar scheinen und daher als *Leistungsdruck* empfunden werden.

Die daraus resultierende Abneigung, sich systematische Kenntnisse anzueignen, findet meist Argumentationshilfen bei denjenigen Studenten, Hochschullehrern und Bildungspolitikern, die die Auffassung vertreten, eine wissenschaftliche Ausbildung dieser Art sei zwar für den zukünftigen wissenschaftlichen Nachwuchs erforderlich, aber nicht für die Mehrzahl der Geschichtsstudenten, die Lehrer werden wollten. Die Erfordernisse dieser Berufspraxis seien Stoffbeherrschung (Aufgabe der Fachwissenschaft), Fähigkeiten der Stoffvermittlung (Aufgabe der Fachdidaktik) und Kenntnisse von Sozialisations- und Lernprozessen (Aufgabe der allgemeinen Erziehungswissenschaft). Die Wissenschaftlichkeit der Ausbildung wird hier als dysfunktional für den späteren Beruf gewertet, ihr wird die Forderung nach stärkerem „Praxisbezug" des Studiums entgegengesetzt, und zwar nicht nur in der berechtigten Forderung, allgemeine Erziehungswissenschaft und Fachdidaktik als gleichberechtigte Studienelemente neben dem wissenschaftlichen Fach anzuerkennen, sondern auch als „Praxisbezug" der Fachwissenschaft. Dieser Praxisbezug der *Fachwissenschaft* wird meist so verstanden, daß die Universität den zukünftigen Lehrern vor allem die Lehrinhalte anbieten soll, die sie später an die Schüler weitergeben oder die für die aktuelle politische Situation von besonderem Interesse zu sein scheinen. Die Aneignung dieser Stoffe soll durch die vorhandene Fachliteratur und ihre ideologiekritische Durchleuchtung geleistet werden. Eine Beteiligung der Studenten am Forschungsprozeß wird als unnötige Verschwendung von Zeit und Energie angesehen. Praxisbezug bedeutet in diesem Zusammenhang zum einen Vorbereitung auf die Berufspraxis des Geschichtsunterrichts, zum anderen die Bereitstellung von Handlungsanweisungen für die Lösung von gegenwärtigen gesellschaftlichen Problemen.

Diese Argumentation führt in der Tat auf das Grundproblem eines Universitätsstudiums für den zukünftigen Geschichtslehrer: das

Studium des *wissenschaftlichen* Faches soll zugleich eine *Ausbildung* für den späteren *praktischen* Beruf darstellen. Diese Situation wird vielfach als Spannungsfeld konkurrierender Ansprüche von Fachwissenschaft und Beruf erfahren: die berufsqualifizierende Funktion des Fachstudiums mit den Folgen für die eigene Arbeit kann zunächst nur verkürzt wahrgenommen werden, da

— die Probleme der Geschichtswissenschaft erst im Laufe des Studiums voll erfaßt werden können,

— die Probleme der späteren Lehrertätigkeit nur aus der Schülerperspektive bekannt sind,

— das Studium zunächst als Raum „akademischer Freiheit" ohne gesellschaftliche Anbindung (Verantwortung gegenüber der Gesellschaft) verstanden wird.

Erschwerend kommt hinzu, daß es die Vertreter der Fachwissenschaft auf der Universität vielfach ablehnen, mit ihren Lehrveranstaltungen einen Beitrag zur Berufsausbildung zu leisten. Ebenso geben die staatlichen Prüfungsordnungen für die berufsqualifizierenden Examina nur einen Katalog von thematischen Anforderungen und ein Mindestmaß von Lehrveranstaltungen an, aber sie enthalten keine Hilfen, wie diese Anforderungen in einem sinnvollen Studiengang umgesetzt werden können.

Die Gegner eines vollen wissenschaftlichen Studiums begründen ihre ablehnende Haltung mit dem Verweis auf die spätere Berufspraxis und auf die oben beschriebene Haltung eines Teils der Fachvertreter. Aber auch die Verfechter einer wissenschaftlichen Ausbildung — zu ihnen rechnen sich die Verfasser — gewinnen ihre Argumente aus der Analyse der beruflichen Situation des Geschichtslehrers: Ein guter Fachmann (= methodische Sicherheit im Umgang mit dem zu vermittelnden Unterrichtsstoff) besitzt die besten Voraussetzungen, als Lehrer den Anforderungen der Schüler gerecht zu werden. Sachautorität wird immer anerkannt und gewährt dem Lehrer Freiraum, die schulische Situation (vor allem die Initiierung von Lernprozessen, Probleme der Disziplin) zu reflektieren und zu bewältigen. Von einer wissenschaftlichen Ausbildung wird zudem erwartet, daß sie den Lehrer befähigt, den stets neuen Anforderungen des Unterrichts auf Grund der sich verändernden gesellschaftlichen Realität durch größere geistige Beweglichkeit (nicht Anpassung!) Rechnung zu tragen. Der Gegensatz Universitätsfach — Berufsausbildung erweist sich unter dieser Perspektive als eine „Scheinkontroverse"[9], da als Berufsqualifikation nicht nur histori-

9 Für das „Studium der Sozialwissenschaft — demonstriert an der Politikwissenschaft" vertreten Rolf Richard Grauhan und Wolf-Dieter Narr eine ähnliche Positon, in: Leviathan 1 (1973), S. 90—134.

sches Wissen, sondern auch methodische und analytische Fähigkeiten angesehen werden, wie sie zur *Praxis* einer wissenschaftlichen Disziplin gehören. Analytische Fähigkeiten lassen sich jedoch im Studium erst dann erlernen, wenn man nicht nur mit den Ergebnissen der Fachwissenschaft hantiert, sondern am gesamten wissenschaftlichen Prozeß einschließlich der Forschung – in der Form des „forschenden Lernens" – teilgenommen hat. Für das Geschichtsstudium bedeutet dies, auch die Probleme der Tatsachenerforschung aus eigener Erfahrung zu kennen.

Die dieser Argumentation wichtigen Fähigkeiten lassen sich um den zentralen Begriff der „Selbständigkeit" gruppieren. Dieser Begriff ist auch ein entscheidendes Kriterium für die Beurteilung der Kandidaten in der neuen Hamburger Stufenlehrerprüfungsordnung:

„In der Prüfung soll festgestellt werden, ob der Bewerber Gegenstände und Fragen aus seinen Fächern selbständig zu bearbeiten und zu beurteilen sowie angemessen darzustellen vermag und ob er die wissenschaftliche ... Befähigung als Voraussetzung für die schulpraktische Ausbildung zu dem von ihm gewählten Lehramt besitzt."[10]

Der Kernbegriff „Selbständigkeit" hat eine weitere Dimension in der alltäglichen Situation des Lehrers: er steht allein vor einer Klasse und ist für seine Schüler verantwortlich. Auch diese Aufgabe bedarf der Vorbereitung im Studium, sie stellt nicht das kleinste Studienproblem dar; denn sie bezieht sich zunächst einmal darauf, gegenüber dem stark angeleiteten Arbeitsgang auf der Schule unter den Bedingungen der „akademischen Freiheit" einen Weg zur selbstverantwortlichen Planung und Verteilung der eigenen Arbeit zu finden. Gerade die Fächer der Philosophischen Fakultät oder der ehemaligen Philosophischen Fakultät, zu denen auch die Geschichtswissenschaft gehört, gewähren dem Studenten Freiräume in der Arbeitsorganisation und den Lernformen, die ungewohnt sind und die Fähigkeit zur Selbstbestimmung voraussetzen, die auf der Schule kaum eingeübt worden ist.

Die Anforderungen der Berufspraxis an die Ausbildung bewegen sich also auf mehreren Lernebenen, die im Rahmen des *Fachstudiums* in den folgenden Lernzielkatalog umgesetzt werden kann:

10 § 2 (1) der „Verordnung über die Erste Staatsprüfung für Lehrämter an Hamburger Schulen" vom 18. Mai 1982, in: Hamburgisches Gesetz- und Verordnungsblatt Nr. 26 vom 28. Mai 1982.

1. *Arbeitsökonomie* im Sammeln von Informationen und in der Aneignung des Forschungsstandes zu einem Themenbereich, Kenntnis der wichtigsten Hilfsmittel und der geeigneten Speicherungsmethoden;

2. *Rationelle Problemorientierung* mit Hilfe von Handbuchvergleich und Literaturberichten/Rezensionen;

3. Auseinandersetzung mit den wichtigsten *geschichtsphilosophischen* und *geschichtstheoretischen* Positionen;

4. Schulung der *Kritikfähigkeit:* Literaturanalyse: Fragestellung, Durchführung, Argumentationsgang, Argumentationsabsicherung, exemplarische Überprüfung anhand ausgewählter Quellen;

5. Selbständige *Quellenarbeit* in der Form des „forschenden Lernens";

6. Angemessene *mündliche* und *schriftliche Darstellung* historischer Probleme;

7. Kennenlernen unterschiedlicher *Arbeitsformen* und ihrer Leistungsfähigkeit;

8. Bewußte Auseinandersetzung mit der Stellung des Studenten zwischen Schüler- und Lehrerrolle.[11]

---

11 Zum Zusammenhang zwischen Geschichtsforschung und Geschichtsdidaktik s. Handbuch der Geschichtsdidaktik, hg. v. K. Bergmann u. a., Düsseldorf 1979 u. Jörn Rüsen, Historik und Didaktik. Ort und Funktion der Geschichtstheorie im Zusammenhang von Geschichtsforschung und historischer Bildung, in: E. Kosthorst (Hg.), Geschichtswissenschaft. Didaktik – Forschung – Theorie, Göttingen 1977, S. 48–64.

II. Lehrangebot und Studienplanung

Das Lehrangebot an den Universitäten spiegelt die Probleme der Auseinandersetzung mit den wissenschaftstheoretischen und berufsbezogenen Anforderungen des Geschichtsstudium wider.

Es wäre sicher reizvoll, anhand einer vergleichenden Zusammenstellung von Vorlesungsverzeichnissen der letzten hundert oder auch nur fünfzig Jahre den Wandel des historischen Interesses und das Selbstverständnis der Geschichtswissenschaft zu verfolgen. Dabei ließen sich auf den ersten Blick nicht nur die Verbreiterung des Spektrums an Themen, an Fragestellungen und an Aspekten der angebotenen Lehrveranstaltungen feststellen, sondern vor allem auch die auffällige Zunahme an einführenden Lehrveranstaltungen (Proseminare, Grundkurse, Übungen).

Traditionell erhebt die Universität den Anspruch auf Einheit von Forschung und Lehre, was in zu enger Auslegung darauf hinausläuft, daß jeder Hochschullehrer nur Themen aus seinem eigenen, durch Forschungsleistungen ausgewiesenen Gebiet zu unterrichten habe, weil nur dadurch die Gewähr gegeben sei, daß die Studenten an die Forschung herangeführt werden. Der so verstandene Anspruc kollidiert seit langem mit der Aufgabe der Universität, den Studenten nicht ausschließlich für die Wissenschaft, sondern vor allem auf seinen späteren Beruf hin auszubilden. Maßgeblich für die Zusammenstellung des Lehrangebots sind heute hauptsächlich drei Gesichtspunkte:

1. Forschungsschwerpunkte und Interessengebiete der Hochschullehrer,
2. Themenwünsche und Interessengebiete der Studenten, die allerdings zunächst weniger von der Beschäftigung mit dem Studienfach Geschichte geprägt sind, als z. B. von schulischen Erfahrungen oder der Mitarbeit in politischen Parteien und Jugendorganisationen,
3. die Verpflichtung, das Lehrangebot so breit zu fächern, daß eine wirkliche Auswahlmöglichkeit entsprechend den verschiedenen Studienzielen und entsprechend den wissenschaftstheoretischen und gesellschaftlichen Erfordernissen des Faches gewährleistet ist.

Die damit sich andeutenden Gefahren eines perfektionistischen Vollständigkeitswahns sind in der Realität insofern nicht zu befürchten, als die knappe Personalausstattung der Universitäten etwaigen enzyklopädischen Bestrebungen enge Grenzen zieht. Überlegungen und Experimente, diesen Zwang zur Bescheidung durch die Konzentration einzelner Forschungsrichtungen jeweils an einer Universität der Bundesrepublik auszugleichen, mögen als Organisationsprinzip der *Forschung* noch Chancen haben, für die Gewährleistung eines optimalen *Lehrangebots* haben sie sich angesichts der wachsenden Behinderung eines Studienortswechsels und angesichts des sich ausbreitenden ,,Numerus clausus" als Illusion entpuppt.

Die große Zunahme an einführenden Lehrveranstaltungen ist ein Indiz dafür, daß die Universitätsausbildung sich verstärkt auf die Vermittlungsprobleme ihres Faches in Inhalt und Methode besinnt und deshalb gerade dem Studienanfänger nicht nur Kenntnis der Methoden und Arbeitstechnik, sondern auch die Orientierung innerhalb der breit gefächerten Forschungsrichtungen zu ermöglichen sucht.

Auch wenn die ausgesparten Bereiche im Veranstaltungsverzeichnis eines jeden Semesters zahlreicher sind als die tatsächlich angekündigten, steht der Student, und zwar nicht nur der Anfänger, mit jedem neuen Semester vor der Schwierigkeit, sich aus dem mehr oder weniger vielseitigen Angebot die geeigneten Veranstaltungen herauszusuchen. Es gilt (1) die zur Verfügung stehende Arbeitszeit sinnvoll zu planen, (2) den auf jeder Stufe des Studiengangs richtigen Veranstaltungstyp zu wählen und (3) eine richtige Auswahl unter dem Themenangebot zu treffen.

(1) Viele Studenten, vor allem in den Anfangssemestern, haben ihren Stundenplan mit allzu vielen Lehrveranstaltungen beladen. Sie lassen sich oft noch von dem ihnen gewohnten schulischen Stundenplan leiten, ohne zu bedenken, daß pro Schulstunde ein weit geringerer Zeitaufwand an individueller Vorbereitung gerechnet werden kann als für eine Lehrveranstaltung an der Universität, wenn auch die Vorbereitungszeit bei verschiedenen Veranstaltungstypen unterschiedlich ist. Der Besuch einer Vorlesung kostet in der Regel nicht so viel individuelle Arbeit wie ein Seminar, in dem eine schriftliche Arbeit angefertigt werden soll. Deshalb sollte bei der Zusammenstellung des Stundenplans eine realistische Kalkulation des Zeitaufwands für jede Veranstaltung durchgeführt werden. Zu der im Vorlesungsverzeichnis angekündigten Zeit (z. B. 2 Std.) müssen die Stunden für eventuelle Gruppenarbeit und für die individuelle Vorbereitung auf die

Sitzungen zugerechnet werden. Für Veranstaltungen, in denen eine schriftliche Arbeit angefertigt werden muß, sollte von vornherein die dazu erforderliche Zeit eingeplant werden. Als Durchschnittswert, der nach den eigenen Erfahrungen modifiziert werden muß, sollte man je fertig formulierter Seite zehn Arbeitsstunden — darin sind Materialsammeln, Lektüre, Gliederungsentwürfe, Text formulieren etc. enthalten — ansetzen, d. h. für ein 8 Seiten umfassendes Referat 10 volle Arbeitstage à 8 Stunden! Diese Angaben können freilich nur zu einer ersten Orientierung dienen. Der tatsächliche Arbeitsaufwand kann je nach Thema, Art der schriftlichen Arbeit und persönlichem Arbeitsstil und -tempo stark differieren (vgl. dazu die Aufstellung auf der folgenden Seite). Der Sinn einer fiktiven, weil auf Durchschnittszahlen beruhenden Berechnung des Zeitaufwandes liegt darin, die eigene Arbeitskraft rationell einzusetzen; eine Aufgabe, zu der der Student im herkömmlichen Studienbetrieb selten angehalten wird. Die meisten Studenten leben deshalb vom Improvisieren und fühlen sich infolge einer Arbeitsüberlastung, die aus mangelnder Planung resultiert, ständig überfordert. Die daraus zwangsläufig folgende unzureichende Vorbereitung auf die in den einzelnen Seminarsitzungen anstehenden Themen ist nicht selten ein Grund für den fehlenden Mut, sich im Seminar zu Wort zu melden.

(2) In der Regel beginnt das Studium mit dem Besuch eines Proseminars. Die Spezialisierung und Differenzierung von Inhalten und Methoden haben es seit langem zum Brauch werden lassen, daß der Student mehrere Proseminare besuchen muß zur Einführung in die Neuere Geschichte, in die Geschichte des Mittelalters und — je nach Universität und Studienrichtung verschieden — in die Alte Geschichte. (Vgl. das auf Seite 34—35 abgedruckte Beispiel eines Semester-Lehrangebots der Hamburger Universität.) In dem hier abgedruckten Beispiel stellt das *Proseminar Neuzeit* die erste einführende Veranstaltung für den Geschichtsstudenten dar. Dahinter stehen u. a. didaktische Überlegungen: das „Interesse an der Geschichte" des Studienanfängers und von der Schule mitgebrachte Kenntnisse beziehen sich meistens auf die moderne Geschichte; die innerhalb der Geschichtswissenschaft geführte Diskussion um wissenschaftstheoretische und geschichtsphilosophische Grundfragen der Geschichte schließt sich vorrangig an die fachspezifischen Probleme der modernen Geschichte an. Jedoch bildet an anderen Universitäten mit durchaus einleuchtender Begründung das Proseminar zur Mittleren Geschichte die erste einführende Veranstaltung.

Empfehlungen zur Berechnung des Zeitaufwands für einen Semesterstundenplan.

Sommersemester   vom 1.4. bis 15.7. abzüglich eine Woche Pfingstferien
= 14 Wochen à 5 Arbeitstage à 8 Arbeitsstunden
= 560 Arbeitsstunden

Davon können auf das Fach Geschichte verwandt werden je nach Studienziel und Fächerkombination ein Drittel bis zur Hälfte der Zeit.
= 190–280 Arbeitsstunden
Der Zeitaufwand für Mitarbeit in politischen Hochschulgruppen und der universitären Selbstverwaltung muß hier außerdem berücksichtigt werden.

		Plenum	Gruppen-sitzung	indiv. Arbeit		
1. Sem.	Proseminar NZ I	28 Std.	28	56	=	112 Std.
	Vorlesung	28 Std.				28 Std.
	Sprachkurs	28 Std.		28	=	56 Std.
						196 Std.
2. Sem.	Proseminar NZ II	28 Std.	28	56	=	112 Std.
	Proseminar MA	28 Std.	28	56	=	112 Std.
	Sprachkurs	28 Std.		28	=	56 Std.
						280 Std.
4. Sem.	Hauptseminar	28 Std.	28	28	=	84 Std.
		+ 20 Seiten Referat			=	200 Std.
	Vorlesung	28 Std.			=	28 Std.
	Übung	28 Std.		28	=	56 Std.
		+ 10 Seiten Kurzreferat			=	100 Std.
						468 Std.

Aus dieser Aufstellung wird ersichtlich, daß spätestens von dem Augenblick an, in dem Referate und schriftliche Arbeiten auf dem Programm stehen, die *Vorlesungszeit* allein nicht ausreicht, sondern die sog. *Semesterferien* mit eingeplant werden müssen. Dabei kollidieren dann oft Studienaufgaben mit der Absicht oder der Notwendigkeit, zu „jobben". In seine Kalkulation sollte jeder genau und nüchtern einbeziehen, ob und wie lange er in den Semesterferien Geld verdienen muß, da jede Woche Job einen Verlust für sein Studium (und damit auch für den Spaß am Studium!) bedeutet.

Auszug aus dem Vorlesungsverzeichnis der Universität Hamburg

Vorlesungen (jeweils zweistündig)

Geschichte und Theorie der Geschichtswissenschaft (Ringvorlesung)
Probleme der Reichsgeschichte der Neuzeit: Das Reich 1495–1806
Die europäische Aufklärung: Die Suche nach der Glückseligkeit als Prinzip
    des sozialen, wirtschaftlichen und politischen Denkens
Geschichte Rußlands im 18. und 19. Jahrhundert
Deutschland und die Vereinigten Staaten vom 18. bis zum 20. Jh.
Geschichte Westafrikas II: Das Zeitalter der neuen Reiche und der islami-
    schen Revolutionen im 18./19. Jh.
Die lateinamerikanische Unabhängigkeitsbewegung
Das Bismarckreich 1870/71 bis 1890
Grundprobleme der europäischen Geschichte 1948 bis 1970
Die Politik und das Öl im Nahen Osten, Teil 3: Rohstoffsicherung und Nahost-
    konflikt im Zeichen des kalten Krieges
Quantitative Methoden für Historiker

Proseminare Neuzeit

Teil 1: Einführung in das Studium der Neueren Geschichte (7 Parallelveran-
    staltungen; 2 Std. Plenum plus 2 Std. Gruppenarbeit)
Teil 2 (Jeweils 2 Std. Plenum plus 2 Std. Gruppenarbeit:
Die Stadt in der frühen Neuzeit
Die Revolution von 1848 als europäisches Phänomen
Die englische Gewerkschaftsbewegung 1800 bis 1875
Der Berliner Kongreß
Staat und Arbeiterbewegung im Deutschen Kaiserreich
Die Ziele der sowjetischen Deutschlandpolitik 1945 bis 1949
Einführung in das Studium der afrikanischen Geschichte: Das Königreich
    Banum (Kamerun)
Europäische Reaktionen auf die lateinamerikanische Unabhängigkeit

Übungen Neuzeit (jeweils zweistündig)

Das deutsche Rußlandbild im 17. Jahrhundert
Sozialgeschichte der englischen Industrialisierung
Hamburg, das ist der Hafen! Projekte und Probleme im 19. und 20. Jh.
Zur Sozialgeschichte der Frauenemanzipation in Deutschland vom 18. Jahr-
    hundert bis 1850
Umweltprobleme in Hamburg im 19. und 20. Jahrhundert. Möglichkeiten
    und Grenzen von Umweltgeschichte
Vom „Neuen" zum „Alten" Medium: Rundfunk und Rundfunkpolitik in
    Deutschland
Sozialgeschichte deutscher Universitäten und Studenten III: Weimarer
    Republik und „Drittes Reich" (1918–1945)
Die Juden in Deutschland zur Zeit der Weimarer Republik
1933 in der Provinz
Jugend in den fünfziger Jahren
Übungen zur Geschichte des Kalten Krieges unter Einbeziehung audiovisuel-
    ler Medien
Griechenland 1945 bis 1988
Die amerikanische Außenpolitik, Teil 2: 1958 bis 1984
Schrift- und archivkundliche Übung zur hamburgischen Geschichte des 14.
    bis 19. Jahrhunderts

Einführung in die Datenverarbeitung für Historiker

Hauptseminare (jeweils zweistündig)

Stadt und Reformation
Die Reise nach Utopia (Cook, La Perouse etc.)
Probleme der Staatsbildung in Lateinamerika 1760 bis 1840
Der Einfluß der französischen Revolution auf die Entwicklung in Deutschland (1789 bis 1806)
Nationale Frage, Nation-Building und Nationalismus. Zur Entstehung des Nationalstaates in Deutschland und Skandinavien im 19. Jahrhundert
Rußland als Vormacht Europas: Vom Wiener Kongreß bis zum Krimkrieg
Bismarcks konservative Wende 1878/79 im Schatten der „Großen Depression"
Die neue Herausforderung oder der hilflose Sozialstaat: Massenarbeitslosigkeit in der Weimarer Republik
Der Einfluß der Vereinigten Staaten auf das Regierungssystem vom Weimar und Bonn
Die arabische Nationalbewegung zwischen positivem Nationalismus und Bagdadpakt 1945 bis 1955
Weltmacht im Übergang: Die Sowjetunion in der Ära Chruschtschow 1953 bis 1964
Städte in Afrika

In diesem Beispiel erstreckt sich das Proseminar Neuzeit über zwei Semester. Der erste Teil ist eher systematisch, der zweite Teil vornehmlich thematisch orientiert. Der erste Teil soll Einblick in die Grundprobleme und in die Erkenntnismöglichkeiten der Geschichtswissenschaft geben und ihr Verhältnis zu den benachbarten Fachwissenschaften erörtern. Es sollen unterschiedliche wissenschaftstheoretische Ansätze und verschiedene Methoden der Geschichtswissenschaft diskutiert sowie die Einführung in die Historiographie gegeben werden. Hilfsmittel und Handwerkszeug historischer Arbeit sollen vorgestellt und der Umgang mit ihnen geübt werden. Die Isolierung der verschiedenen Lehrinhalte soll dadurch verhindert werden, daß in der Form „exemplarischen Lernens" bereits hier ein Bezug zu einem konkreten historischen Beispiel hergestellt wird. Im zweiten Teil des Proseminars sollen die im ersten Teil erworbenen Fähigkeiten und Fertigkeiten an einem bestimmten Thema geübt werden. Rechnet man zu den zweistündigen Plenumsitzungen wöchentlich noch zwei Stunden für Gruppenarbeit und zwei bis vier Stunden zur individuellen Vorbereitung und zur Durchführung von Arbeitsaufträgen dazu, so fordert das Proseminar einen Zeitaufwand von sechs bis acht Stunden pro Woche als Minimum, da sich in bestimmten Phasen des Semesters die zeitliche Belastung erheblich erhöhen kann, z. B. durch intensivere Gruppenarbeit oder durch verstärkte individuelle Arbeit (Lektüre und Quellenstudium!).

Außer dem Proseminar müssen im ersten Semester womöglich noch *Sprachkurse* besucht werden, da das Geschichtsstudium die Kenntnis moderner Fremdsprachen und meistens auch noch lateinische Sprachkenntnisse voraussetzt. Für die Neuere Geschichte sind, um die Quellen zur Entstehung und Entwicklung der modernen Staatenwelt lesen und um in den Stand der heutigen Geschichts-forschung Einblick gewinnen zu können, Englisch und Französisch unerläßlich — wenn auch viele Studiengänge entweder auf Französischkenntnisse verzichten oder sie durch eine andere moderne Fremdsprache ersetzbar machen. Mit der Kenntnis weiterer Sprachen, etwa Russisch oder Spanisch, bietet sich die Möglichkeit, sein Forschungs- und Studiengebiet außerhalb des gängigen Kanons der deutschen oder „abendländischen" Geschichte zu suchen und Gesellschaften mit einzubeziehen, die für unsere Gegenwart immer größere Bedeutung erlangen bzw. erlangt haben (z. B. Osteuropa, Lateinamerika).

Als Einstieg in das Geschichtsstudium ist neben dem Proseminar oft auch der Besuch einer *Vorlesung* geeignet. Sinn und Zweck von Vorlesungen, dem traditionsreichsten Lehrveranstaltungstyp an der Universität, sind in den letzten Jahren oft stark angezweifelt worden. Kritikpunkte bilden die Lehrform (der Student verharre in ausschließlich rezeptiver Haltung) und der Lehrinhalt (es werde überwiegend oder ausschließlich „Handbuchwissen" vermittelt). Unser Beispiel weist dennoch ein weit gefächertes Angebot an Vorlesungen auf. Es entspricht damit der gewachsenen Nachfrage der Studierenden nach Vermittlung eines breiten historischen Wissens, das als Basis und Hintergrund für die vertiefte Beschäftigung mit Einzelthemen und Spezialproblemen dienen kann. Gerade durch die berechtigte Kritik an dem historischen Positivismus der Geschichtswissenschaft wird betont, wie wichtig ein Rahmen zur Einordnung der historischen Arbeitsergebnisse ist. Einen solchen Rahmen herzustellen, ist eine wesentliche Funktion der Vorlesung, etwa in Form eines Erklärungsversuchs größerer historischer Zusammenhänge, wobei die sog. „Ereignisgeschichte" in eine „Strukturgeschichte" gesellschaftlichen, ökonomischen und kulturellen Wandels einbezogen wird.

Die *Überblicksvorlesung* legt den Akzent auf die Darstellung einer zeitlich und regional eingegrenzten Epoche (z. B. Das Zeitalter der Entdeckungen, Geschichte der französischen Revolution, Das Wilhelminische Deutschland, Der Zweite Weltkrieg). Die *Problemvorlesung* analysiert einzelne, für eine Zeit oder eine Region wichtige Sektoren oder Probleme. Dabei werden Grundkenntnisse historischer Abläufe häufig schon als gegeben vorausgesetzt. In Problemvorlesungen spielt außerdem der Vergleich, sei es verschiedener Regionen oder Zeitstufen, eine wichtige Rolle (z. B. Judenemanzipation und Antisemitismus in Deutschland im 19. Jahrhundert, Die soziale Frage am Vorabend der Industriellen Revolution in England und Deutschland, Probleme des Militarismus in Deutschland).

Das starke Bedürfnis nach Überblicksdarstellungen, die in Längs- oder Querschnitten, chronologisch oder problemorientiert, größere historische Zusammenhänge herstellen, drückt sich auch in dem wachsenden Markt für historische Taschenbücher aus. Im Vergleich zur Lektüre von Büchern erfüllt die Vorlesung noch eine weitere Funktion. Sie stellt Anforderungen an die Zuhörbereitschaft. Eine mündlich vorgetragene Argumentation zu verstehen, bildet zusammen mit der Fähigkeit, eigene Diskussionsbeiträge zu leisten, eine wichtige Voraussetzung für eine gute Zusammenarbeit im Seminar, in einer Arbeitsgruppe, ebenso aber auch im späteren Beruf. Das Hören von Vorlesungen sollte deshalb auch dazu benutzt werden, sich selbst darin zu kontrollieren, ob man die wesentlichen Gesichtspunkte, Fakten und Gedankengänge aufgenommen hat. Das ist am besten dadurch zu erreichen, daß man während der Vorlesung regelmäßig das Wichtige mitzuschreiben versucht. Nach einer gewissen Anlaufzeit werden diese Mitschriften die Form präziser Notizen annehmen, die ein fundiertes Grundwissen für das Studium und das Examen darstellen können.

Im Vergleich zu Vorlesungen stellen Seminare und Übungen arbeitsintensive Lehrveranstaltungen dar. Sie bauen auf Beiträgen der teilnehmenden Studenten auf, die als „Referate", „Diskussionspapier" oder „Protokoll" geleistet werden (s. u., S. 178—193). Die *Seminare* (Haupt-, Mittel- oder Oberseminar — der Sprachgebrauch wechselt von Universität zu Universität) sind in der Regel den Studenten höherer Semester vorbehalten. Sie setzen den erfolgreichen Abschluß der Eingangsphase des Studiums, der meistens in einer *Zwischenprüfung* nachgewiesen werden muß, voraus. Je nach dem Studienziel liegt der Termin für die Zwischenprüfung im 3. bis 5. Semester. Der Besuch eines oder mehrerer Hauptseminare — unterschiedlich nach dem Studienziel — ist in den Prüfungsordnungen vorgeschrieben. Die Seminare geben Anleitung zur selbständigen wissenschaftlichen Arbeit und verpflichten die Teilnehmer in der Regel zur Anfertigung einer umfangreichen schriftlichen Hausarbeit (s. u., S. 181—191), die im Seminar zur Kritik und Diskussion gestellt wird. Der Leiter des Seminars wird in der Regel Ratschläge für die Vorbereitung der Arbeit geben und das vorliegende Resultat mit den Studenten gründlich besprechen, um sie auf Schwächen und methodische oder inhaltliche Fehler hinzuweisen. Insofern dienen die Seminare direkt der Vorbereitung auf das Abschlußexamen.

Auch die Funktion der *Übungen*, die in der Regel Studenten jeden Semesters zugänglich sind, besteht in der Einübung wissenschaftlicher Arbeitsweise, jedoch häufig anhand begrenzterer Themen. Übungen dienen sowohl der Vorbereitung auf die Hauptphase des Studiums, die Seminare, als auch der Vertiefung und Verbreiterung des historischen Wissens im Hinblick auf das Examen. In der Regel enthalten die Prüfungsordnungen keine Vorschriften über die Zahl der zu besuchenden Übungen, so daß es den Empfehlungen der universitären Studienpläne und den Studenten selbst überlassen bleibt, wieviele Übungen sie besuchen. In Übungen entfällt meistens die große schriftliche Hausarbeit. Diskussionsgrundlage in den Sitzungen sind dann kürzere Arbeits- und Diskussionspapiere oder auch mündliche Vorträge.

(3) Nach der Orientierung über die verschiedenen Veranstaltungstypen ist es wichtig, sich einen Überblick über die angebotenen Themen zu verschaffen, um die ,,richtige" Wahl zu treffen. An manchen Universitäten ist es üblich, daß die Dozenten kurze Erläuterungen zu dem von ihnen angekündigten Thema geben, entweder schriftlich am ,,Schwarzen Brett" oder in einem kommentierten Vorlesungsverzeichnis oder mündlich in einer *Vorbesprechung.* Da jedoch solche Informationen häufig zu spät für die Aufstellung des Stundenplans kommen oder sogar völlig fehlen, ist der Student darauf angewiesen, sich auf eigene Faust ein Bild zu machen, z. B. durch die Lektüre eines Handbuchartikels. Auf jeden Fall ist es empfehlenswert, sich auch über Themen zu informieren, mit denen man zunächst keine Vorstellung verbindet und die man deshalb geneigt ist, ,,langweilig" zu finden. Sonst ist die Auswahl zu sehr auf den zufälligen augenblicklichen eigenen Kenntnisstand begrenzt.

In dem hier abgedruckten Beispiel sind die regionalen Bereiche der Themen relativ breit gestreut: Afrika, der Nahe Osten, Nord- und Südamerika, Deutschland, Osteuropa, wobei die Themen zur deutschen Geschichte stark überwiegen. Auch chronologisch sind alle Jahrhunderte seit der frühen Neuzeit vertreten; das Schwergewicht liegt auf dem 19. und 20. Jahrhundert und auf der Zeitgeschichte nach 1945. Die Themen lassen sich jedoch nicht nur nach Ort und Zeit der Handlung, sondern auch nach den Schwerpunkten der

Untersuchung, nach der Fragestellung und nach der Betrachtungsweise des Gegenstands charakterisieren: Außenpolitik, Verfassungsgeschichte, soziale Geschichte, Wirtschaftsgeschichte oder Kulturgeschichte können im Zentrum stehen. Nicht immer lassen sich die
Schwerpunkte des Gegenstandes und der Fragestellung aus dem Titel
der Veranstaltung erschließen. Die Übung „zur amerikanischen
Außenpolitik 1958 bis 1984" zum Beispiel könnte überwiegend di-
plomatiegeschichtlich, auch biographisch oder aber sozialgeschichtlich
orientiert sein. Wenn der Dozent keine Vorbesprechung durchführt,
sollte man ihn in der Sprechstunde nach seinem Veranstaltungskon-
zept fragen. Wichtig für die eigene Entscheidung und eine mögliche
Vorbereitung auf die Veranstaltung sind genauere Informationen
über das Thema selbst und über seine Durchführung: Welche Literatur ist zur Einführung geeignet? Welche Arbeitsschritte sind vor-
gesehen? Ist vorrangig die Aufarbeitung des Forschungsstandes geplant oder stehen Quellenlektüre und -interpretation im Mittelpunkt? Welche Arbeitsformen sollen in der Veranstaltung vorherr-
schen? Ist die Einrichtung von studentischen Arbeitsgruppen geplant? – Über die Informationsaufgabe hinaus schaffen die Vorbesprechungen die Voraussetzung dafür, anhand der empfohlenen
Literatur einen Überblick über das Thema zu gewinnen und sich
eventuell bereits ein Spezialthema für die eigene Arbeit im Rahmen
der Veranstaltung auszuwählen.

Die Chancen für eine richtige Auswahl der Lehrveranstaltungen
eines Semesters wie für einen rational geplanten Aufbau des Studiums insgesamt entscheiden über die Qualifikation des Studenten
während seines Studiums und in seinem späteren Beruf. Es ist deshalb eine der wichtigsten Aufgaben studentischer Hochschulpolitik,
an diesem Punkt eine Reform des herkömmlichen Lehrbetriebs
durchzusetzen. In den Universitätsgesetzen einiger Bundesländer
ist die Mitbestimmung von Studenten bei der Aufstellung des Lehr-
plans institutionalisiert. Doch nicht schon die gesetzlich vorgesehe-
ne Möglichkeit eines Lehrplanausschusses z. B. garantiert die Berücksichtigung begründeter studentischer Interessen, sondern erst
die aktive Wahrnehmung des Rechts, Themenvorschläge auszuar-
beiten, Prioritäten im Lehrangebot zu setzen und das Interesse der
Lernenden bei Berufungsverhandlungen zu vertreten. Die Mitarbeit
in den die Lehre betreffenden Selbstverwaltungsgremien bedarf unbedingt der Ergänzung durch den Ausbau der Einflußnahmen auf
die Gestaltung der einzelnen Lehrveranstaltungen. Die schon mehrfach erwähnten Vorbesprechungen der Dozenten zu ihren Semina-
ren oder Übungen dienen bisher meistens nur zur Orientierung und

Informierung der Studenten. Eine ebenso wichtige Funktion könnten sie gewinnen, wenn sie Möglichkeiten inhaltlicher wie didaktischer Planung im Zusammenwirken von Dozent und Studenten erproben würden. Themenschwerpunkte und Arbeitsformen sollten gemeinsam erarbeitet und beschlossen werden. Während der Durchführung eines Seminars kommt es darauf an, daß die Studenten am Entscheidungsprozeß über die nächsten jeweils notwendigen Arbeitsschritte beteiligt werden. Damit sind Bedingungen nicht nur für die „Demokratie an der Hochschule", sondern auch für die Verwirklichung des wissenschaftstheoretischen Anspruchs auf Rationalität und Selbständigkeit gesetzt.

III. Orientierungsphase

Wie erarbeitet sich der einzelne Teilnehmer eines Seminars oder eine studentische Arbeitsgruppe oder auch das Plenum gemeinsam ein Thema, z. B. im Rahmen eines vierstündigen Proseminars „Preußen zwischen Reform und Revolution 1786−1812"?

In der Regel wird man davon ausgehen, daß die Teilnehmer wenig oder gar nichts über das Thema wissen. Eine erste Information ist also nötig. Hier nun setzt eine besondere Problematik historischer und überhaupt sozialwissenschaftlicher Arbeit ein: Man kann eine Teilinformation in ihrer Bedeutung erst einschätzen, wenn man sie in den Zusammenhang einordnen kann, zu dem sie gehört. Doch dieses Ganze kennt man erst, wenn man seine Teile, also die Einzelinformationen hat (sog. Hermeneutischer Zirkel). Irgendwo muß man in diesen Kreis einsteigen. In diesem Fall soll die erste, vorläufige Übersicht über den Gesamtzusammenhang durch die Lektüre eines Artikels in einem Handbuch oder in einem Sachwörterbuch erreicht werden. Der Vergleich zweier unterschiedlicher Handbücher gibt dann womöglich bereits Aufschluß über wichtige Akzentuierungen der Fragen und Probleme.

1. Handbücher

Handbücher schildern in relativ konzentrierter Form große Geschichtsabläufe („Von den Anfängen bis zur Gegenwart") der „Menschheit" (Weltgeschichte), bestimmter Regionen (Europäische Geschichte, Deutsche Geschichte) oder einzelner gesellschaftlicher Bereiche (Geschichte der Internationalen Beziehungen, Wirtschaftsgeschichte, Kulturgeschichte). Ihre chronologische Ordnung betont die historische Entwicklung im Zusammenhang der gesellschaftlichen Bereiche. Diese chronologische Ordnung unterscheidet Handbücher vor allem von den Artikeln der ausführlichen Sachwörterbücher (s. u., S. 46−51). Bei der Abfassung eines Handbuches steht heute weniger eine einheitliche Sicht der Geschichte im Vordergrund als vielmehr das Bemühen, möglichst kompetente Fachwissenschaftler für einzelne Bereiche der Geschichte zu gewinnen. Die umfangreichen Handbücher sind daher fast immer Gemeinschaftswerke. Schon allein von ihrem Umfang her sind sie nicht zur kontinuierlichen Lektüre sondern als Nachschlagewerke gedacht. Anmerkungen und Literaturverzeichnisse geben durch Hinweise auf Spezialliteratur Anregungen zu selbständiger Weiterarbeit.

Um dieses Hilfsmittel generell kennenzulernen, empfiehlt es sich, in den ersten Semestern des Studiums die einzelnen Handbücher daraufhin anzusehen, wo ihre Stärken und Schwächen liegen, über welche Gebiete sie besonders gut oder weniger gut informieren (eine Liste von Handbüchern, s. S. 60 f.). Für die Benutzung der Handbücher in praktischer Absicht, hier also zur ersten Information über Preußen zwischen 1786 und 1812, ist es nun nicht notwendig, jedesmal sämtliche Handbücher, die man erreichen kann, durchzulesen. Andererseits sollte man nicht schon am Anfang seinen Gesichtskreis allzu sehr eingrenzen, indem man etwa lediglich ein Handbuch zur deutschen Geschichte benutzt. Zur Erweiterung der Perspektive ist vielmehr die Benutzung einer Weltgeschichte anzuraten, da hier die Einordnung des speziellen Themas Preußen zwischen 1786 und 1812 in den größeren Zusammenhang der Französischen Revolution und ihrer Auswirkungen oder in die Industrielle Revolution deutlicher hervortreten wird als in einem Handbuch zur deutschen Geschichte. Dieses wiederum hat gegenüber einem Handbuch zur Weltgeschichte den Vorteil, daß es die Vorgänge in Deutschland bzw. in Preußen detaillierter vorstellt als dies in einer Weltgeschichte möglich ist.

Allgemein gelten Handbücher als „objektive" Informationsträger. Ihre geschlossene Darstellung führt leicht dazu, daß der Benutzer offene Fragen, kontroverse Interpretationen oder Lücken in der Darstellung gar nicht wahrnimmt. Vor und während der Benutzung eine Handbuches sollte man daher auf folgendes achten:

a) Welche Stellung hat das speziell interessierende Thema in dem größeren Zusammenhang des Handbuches, also: wie umfangreich wird es im Vergleich zu anderen Themen dargestellt? Handelt es sich um ein besonderes Kapitel oder nur um den Unterabschnitt eines größeren Kapitels oder wird es über mehrere Kapitel verstreut behandelt? In welchen Bezugsrahmen wird das Thema durch diese Gliederung des Handbuches gestellt? Wo werden Kapitel- oder Abschnittszäsuren gesetzt (z. B. beim Tode Friedrichs II. oder beim Ausbruch der Französischen Revolution)? Ist die Darstellung wirtschafts- und sozialgeschichtlicher Zusammenhänge in die übrige chronologische Darstellung integriert oder wird sie im Anhang oder als Sonderkapitel behandelt?

b) Welchen Zweck soll das Handbuch erfüllen? Dazu müßte das Vorwort etwas sagen. — Welchen geschichtstheoretischen Ausgangspunkt vertritt der jeweilige Autor oder vertreten die Autoren eines Handbuches insgesamt? Wird darüber — z. B. im Vorwort? — ausdrücklich etwas gesagt? — Welches Gewicht haben in der Darstellung einzelne gesellschaftliche Bereiche wie: Außenpolitik, Verfassungsprobleme, Wirtschaft, Kultur? Schlägt sich darin vielleicht das spezifische Forschungsinteresse eines Autors nieder? (Hierüber lassen sich Vermutungen aufgrund des Handbuchtextes selbst anstellen. Zusätzliche Informationen erhält man, wenn man sich über andere Werke des betreffenden Autors anhand ihrer Titel und Inhaltsverzeichnisse kurz informiert.)

Ein Beispiel hierzu: In dem Beitrag „Vom Deutschen Bund zum Deutschen Reich" im Handbuch der deutschen Geschichte von Bruno Gebhardt[1] dominiert eindeutig das Interesse des Historikers Theodor Schieder an verfassungsgeschichtlichen Problemen. Außenpolitische Probleme treten dahinter zurück; die Wirtschafts- und Sozialgeschichte Deutschlands in dieser Zeit wird in einem Extrakapitel am Schluß des Bandes von dem Wirtschaftshistoriker Wilhelm Treue behandelt[2].

Berücksichtigt man diese Punkte, so wird schon bei der Benutzung auch nur *eines* Handbuches klar, daß auch Handbücher Schwerpunkte setzen und eine bestimmte Auswahl vornehmen. Beides aber stellt eine bestimmte Interpretation des historischen Prozesses dar. Noch deutlicher aber wird die besondere Position eines beliebigen Handbuches und die Notwendigkeit zur kritischen Benutzung von Handbüchern, wenn man dieses Handbuch konfrontiert mit einem anderen, von dem eine unterschiedliche Position erwartet wird. Das kann einmal darin bestehen, daß man eine vermutete marxistische Position mit einer vermutlich nichtmarxistischen Position konfrontiert, indem man etwa ein Handbuch zur deutschen Geschichte aus der DDR mit einem Handbuch der deutschen Geschichte aus der Bundesrepublik vergleicht. Das kann aber auch so aussehen, daß man zwei Positionen konfrontiert, die zwar von einer vermutlich gleichen oder ähnlichen theoretischen Grundlage ausgehen, aber von unterschiedlichen nationalen Traditionen geprägt sind und eine

1 Theodor Schieder, Vom Deutschen Bund zum Deutschen Reich, in: Handbuch der deutschen Geschichte, begründet v. Bruno Gebhardt, 9. Aufl., hg. v. Herbert Grundmann, Bd. 3, Stuttgart 1970, S. 97—220.
2 Wilhelm Treue, Wirtschafts- und Sozialgeschichte Deutschlands im 19. Jh., ebd., S. 376—541.

andere Perspektive haben, indem man etwa ein westdeutsches Handbuch zur deutschen Geschichte vergleicht mit einem französischen oder englischen Handbuch zur Weltgeschichte oder zur europäischen Geschichte.

Eine Möglichkeit, in das Thema „Preußen zwischen Reform und Revolution 1786−1812" einzusteigen, bietet der Vergleich zwischen den Darstellungen von Max Braubach im „Gebhardt" und von Joachim Streisand in dem DDR-Handbuch „Deutsche Geschichte in 3 Bänden"[3]. Schon in der Periodisierung und im ganzen Bezugsrahmen lassen sich zwischen beiden Unterschiede feststellen:

Braubach behandelt die preußischen Reformen in einem selbständigen Paragraphen unter dem Titel „Der Freiherr vom Stein und die inneren Reformen in Preußen", bei Streisand werden die preußischen Reformen als Unterpunkt subsumiert unter das Kapitel „Deutschland unter französischer Fremdherrschaft 1807−1808". Aber auch Gemeinsamkeiten fallen auf: beide betonen die große Bedeutung der Reformedikte für die weitere Entwicklung Preußens und Deutschlands, beide preisen Stein als den „bedeutendsten deutschen Staatsmann der ersten Hälfte des 19. Jh." (Streisand) bzw. den „besten Staatsmann, über den Deutschland damals verfügte" (Braubach) und kritisieren Hardenberg mit moralisierenden Untertönen, beide legen auch einen Schwerpunkt ihrer Darstellung auf die Agrarreform. Größer freilich als dieser Minimalkonsens ist die Zahl der unterschiedlichen und kontroversen Interpretationen: Streisand geht ausführlich auf den Einfluß der französischen Revolution auf Deutschland, insbesondere auf die Unterschichten der Bevölkerung ein, er schildert Bauernunruhen, ihren Zusammenhang mit den Ideen und Vorgängen der Französischen Revolution und die Wirkung dieser Unruhen auf den grundbesitzenden Adel. Bei Braubach findet man nichts davon. Der Einfluß der französischen Revolution wird vorwiegend im Hinblick auf das gebildete Bürgertum erörtert. Offenbar betont Streisand mehr die Bewegung von „unten", Braubach mehr die Bewegung von „oben". Die Darstellung der preußischen Reformen ist bei Braubach auf die planenden und handelnden Staatsmänner, bei Streisand auf Klassen und gesellschaftliche Gruppen (Bauern, Bürgertum, Adel; Reformer, Patrioten, konservative Opposition) und ihr Verhältnis zueinander bezogen.

---

3 Max Braubach, Von der Französischen Revolution bis zum Wiener Kongreß, ebd., S. 1−96 und Joachim Streisand, Deutschland von 1789 bis 1815, in: Deutsche Geschichte in 3 Bänden, Bd. 2, Berlin 1967, S. 3−143.

Auch da, wo die beiden Autoren unerwartet übereinstimmen wie in der positiven Beurteilung Steins, erweist sich diese Übereinstimmung bei näherem Zusehen als vordergründig, lassen sich tiefgreifende Unterschiede ausmachen: Braubach arbeitet die individuellen Charaktereigenschaften Steins („Unbeugsamkeit seines Charakters", „Energie seines Willens") und die auf ihn einwirkenden Bildungseinflüsse heraus, während es Streisand um die gesellschaftliche Bedeutung von Steins politischen Anschauungen und um die Funktion seiner Politik für die gesellschaftliche Entwicklung geht.

Diese Beispiele ließen sich beliebig fortsetzen; wichtig ist die Herausarbeitung solcher Unterschiede zwischen zwei (oder auch mehreren) Handbuchdarstellungen in zweierlei Hinsicht:

a) Die große prinzipielle Bedeutung eines solchen Vergleichs ergibt sich daraus, daß der Benutzer nach den Gründen für diese unterschiedliche Darstellung desselben Zeitraums oder Zusammenhangs fragt. Dabei stößt er zunächst auf die Tatsache, daß die Verfasser der Handbücher unterschiedliche Fachliteratur benutzt haben. Streisand z. B. zieht Berichte über Bauernunruhen heran, Braubach tut das nicht. Offenbar hält er sie für seinen Zweck nicht für wichtig. Daraus wiederum wird deutlich, daß hinter dieser unterschiedlichen Materialauswahl offenbar eine unterschiedliche Auffassung davon steht, welche Kräfte die Geschichte bestimmen. Die Verfasser haben also ein unterschiedliches Interpretationssystem, das auf ein unterschiedliches Wertsystem und unterschiedliche geschichtstheoretische Grundlagen zurückgeht. In diesem Falle handelt es sich einmal um eine Darstellung, die den Traditionen des deutschen *Historismus* verpflichtet ist (Braubach) und zum anderen um eine Darstellung, die sich ausdrücklich auf den *historischen Materialismus* beruft (Streisand). Diese schon bei der Benutzung von Handbüchern auftauchende Problematik verweist den Leser von Anfang an auf die Beschäftigung mit grundlegenden Fragen der Geschichtstheorie und -philosophie, die bei der geschichtswissenschaftlichen Arbeit ständig gegenwärtig und zur Klärung des eigenen erkenntnistheoretischen Standorts außerordentlich wichtig sind.

b) Im Rahmen der wissenschaftlichen Arbeit und Ausbildung ist der Handbuchvergleich wichtig, weil er es einem einzelnen Teilnehmer, einer studentischen Arbeitsgruppe und einem Seminar erleichtert oder überhaupt erst ermöglicht, selbst Schwerpunkte für die eigene Weiterarbeit zu setzen. Solche Schwerpunkte ergeben sich einmal aus den Kontroversen, die sich beim Vergleich der Handbücher eröffnen, weiterhin aus offenen Fragen der Forschung, die sich im Handbuchvergleich eher enthüllen als bei der Lektüre nur eines Handbuches, da der jeweilige Handbuchautor nur selten auf solche offenen Fragen ausdrücklich hinweist, und schließlich auch aus Übereinstimmungen im Einzelfall zwischen sonst sehr unterschiedlichen Handbüchern, denn hier muß sich jeder Benutzer fragen, ob eine solche Übereinstimmung wirklich vorhanden oder nur scheinbar ist, und wird versuchen, die im unterschiedlichen Bezugssystem vermuteten tieferen Unterschiede herauszufinden.

2. Nachschlagewerke

Eine andere Möglichkeit, sich erste Informationen über einen historischen Zusammenhang zu verschaffen, bieten die Nachschlagewerke. Hier ist zu unterscheiden zwischen solchen, die zu komplexen Begriffen längere Abhandlungen enthalten, und solchen, die lediglich eine kurze Wort- oder Begriffserklärung bieten. Die Titelbezeichnung „Sachwörterbuch", „Lexikon" oder „Enzyklopädie" sagt über diesen Unterschied nichts aus; der Benutzer muß sich von Informationsstärke und Umfang selbst überzeugen.

So bezeichnet sich sowohl das kleine, von Erich Bayer herausgegebene Taschenbuch wie das von Hellmuth Rössler und Günther Franz herausgegebene Nachschlagewerk als „Wörterbuch" bzw. „Sachwörterbuch" der Geschichte (s. die Liste der wichtigsten Nachschlagewerke auf S. 61–64). Doch der Artikel „Absolutismus" z. B. umfaßt bei Rössler-Franz 5 Seiten, bei Bayer nur 1 Seite. Andererseits muß das umfangreichere Nachschlagewerk nicht unbedingt auch einen ausführlicheren Artikel zu einem bestimmten Begriff enthalten als das kleinere. So nimmt der Begriff „Feudalismus" bei Bayer zwar nur eine halbe Seite ein, in dem viel umfangreicheren Wörterbuch von Rössler-Franz kommt er aber gar nicht vor. In dem „Sachwörterbuch zur Geschichte Deutschlands und der deutschen Arbeiterbewegung", das dem Umfang nach Rössler-Franz entspricht, nimmt der Artikel „Feudalismus" gut 4 Seiten ein.

Sachwörterbücher mit ausführlichen Abhandlungen – sie finden sich unter den allgemeinen Konversationslexika ebenso wie unter den eigentlichen Sachwörterbüchern einzelner Fachdisziplinen (s. Liste!) – entsprechen oder übertreffen manchmal die Handbücher an Informationswert. Allerdings sind hier die Artikel nicht chronologisch, sondern systematisch oder alphabetisch angeordnet. Statt also wie in einem Handbuch das Kapitel über die Entwicklung Deutschlands bzw. Preußens von der Französischen Revolution bis zur Revolution von 1848 aufzuschlagen, wird man in einem Sachwörterbuch bestimmte Begriffe wie „Absolutismus", „Feudalismus", „Liberalismus", „Revolution" oder auch „Agrarreform", „Freihandel", „Gewerbefreiheit", „Physiokraten" nachschlagen (wobei einem diese Begriffe wahrscheinlich zuerst in einem vorher konsultierten Handbuch aufgefallen sind). Dabei darf der Historiker sich nicht auf Sachwörterbücher zur Geschichte beschränken, sondern muß die oft viel ausführlicheren Sachwörterbücher der benachbarten Sozialwissenschaften heranziehen. Den bei Rössler-Franz vermißten Artikel über „Feudalismus" wird man dann beispielsweise im „Staatslexikon" unter dem Stichwort „Feudale Gesellschaft" und „Feudaler Staat" finden. Bei der Konsultierung von Nachschlagewerken aus verschiedenen Disziplinen werden auch die unterschiedlichen Aspekte deutlich, die ein Begriff je nach fachspezifischer Blickrichtung haben kann. Schließlich verhilft die Benutzung von Sachwörterbüchern aus benachbarten Disziplinen zum Verständnis der dort gebräuchlichen Termini. — Sachwörterbücher zur Philosophie bieten nicht nur eine erste Möglichkeit zur Information über die Bedeutung wichtiger Begriffe aus der Erkenntnistheorie und Geschichtsphilosophie wie „Objektivität", „Gesetzmäßigkeit", „Historismus" oder überhaupt „Geschichte", sie erläutern auch politisch-ideologische Begriffe wie „Liberalismus" oder „Sozialismus".

Konservationslexika kann man unter vielfältigen Gesichtspunkten benutzen, indem man sowohl politische, wirtschaftliche, ideologische Begriffe wie Namen von historischen Persönlichkeiten oder Staaten nachschlägt. Der Historiker sollte dabei gerade auf ältere Konversationslexika und Enzyklopädien aus dem 18. und 19. Jh. achten. Während heutige Lexika angesichts der ungeheuer angeschwollenen Informationsfülle oft nur einen ersten Einstieg in ein Problem liefern können, enthalten die alten Konversationslexika noch eine breite Information aus allen Bereichen des zu ihrer Zeit bekannten Wissens. Sie bieten daher nicht nur für historische Persönlichkeiten und Ereignisse ausführlichere Informationen als neuere Lexika, man erhält hier auch Aufklärung z. B. über Produktionsweisen, die inzwischen überholt sind, über die man sich aber informieren muß, um wirtschaftliche und soziale Fragen des 18. und 19. Jh. erörtern zu können (z. B. Zuckergewinnung, Bierbrauerei, Verlagswesen, Kohlebergbau, Stahlerzeugung, Garnverarbeitung als Kammgarn oder Streichgarn).

Darüber hinaus können alte Konversationslexika und Sachwörterbücher dem heutigen Benutzer ein Bild von der zu einer bestimmten

Sachwörterbuch der Geschichte Deutschlands und der deutschen Arbeiterbewegung, Bd. 2, S. 33: *„Liberalismus"*.

Liberalismus: bürgerliche Bewegung und politische Doktrin, die im Kampf gegen den → Feudalismus und seine Herrschaftsformen entstand und das Streben der → Bourgeoisie nach ökonomischer und politischer Macht zum Ausdruck brachte. Entsprechend den Existenz- und Kampfbedingungen des aufstrebenden → Kapitalismus wurde die These vom „freien Spiel der Kräfte", mit der die Forderungen nach freier Konkurrenz (→ Freihandelspolitik), nach Handels- und Gewerbefreiheit umschrieben wurden, zur ökonomischen Doktrin des L. Politisch wurden dementsprechend solche Forderungen wie individuelle Freiheit, Rechtssicherheit der Person, allgemeines Wahlrecht, Presse- und Versammlungsfreiheit, Glaubens- und Gewissensfreiheit zu den Hauptzielen des L. Der L. strebte einen Staat an – bürgerliche Republik (→ Republik) oder konstitutionelle Monarchie (→ Monarchie) –, der die „Interessen des Individuums" garantiert und schützt. Mit fortschreitender Durchsetzung des Kapitalismus in der Gesellschaft traten die fortschrittlichen Züge des L. immer mehr zurück; er wurde in seiner Grundhaltung zunehmend antirevolutionär und gegenüber Volksbewegungen ablehnend. In Dtschl. verkümmerte der L. infolge des nach der → Revolution von 1848/1849 in Deutschland sich immer mehr entwickelnden → Klassenkompromisses der Bourgeoisie mit dem Junkertum (→ Junker). Nur ein Teil der Bourgeoisie hielt an einigen früheren Forderungen des L. fest (→ Linksliberalismus), geriet jedoch mit der Entwicklung des Kapitalismus zum → Imperialismus ebenfalls in eine Krise. (→ Deutsche Fortschrittspartei, → Liberale Vereinigung, → Deutschfreisinnige Partei, → Nationalliberale Partei)

Bayer, Erich: Wörterbuch zur Geschichte, S. 312—313:
„Liberalismus".

Liberalismus, seit dem 19. Jh. umfassende Bezeichnung für die aus dem
→ Naturrecht und den → politischen Forderungen der → Aufklärung, aus
→ Physiokratentum und klassischer Nationalökonomie erwachsene frei-
heitlich-fortschrittliche Bewegung des Bürgertums, v. a. in Ländern, in denen (anders als in den USA und Frankreich) die freiheitlichen Grundlagen
des nz. Staates nicht sofort zur vollen Entfaltung kamen; philosophisch
fußt der L. auf → Naturrecht und → Menschenrechten, gewinnt dadurch
eine stark individualistische Prägung (vgl. die zahlreichen Spaltungen in
der Geschichte der liberalen Parteien) und wahrt die optimistische Grundhaltung der Aufklärung; dem Religiösen gegenüber von unbedingter → To-
leranz, hatte der L. im 19. Jh. eine starke Position in der prot. Theologie,
während ihn die kath. Kirche — unter gleichzeitiger Anerkennung seiner
politischen Forderungen — abwehrte; politisch fußt der L. auf den Grundlagen der modernen → Demokratie, vertritt darüber hinaus ein grundsätz-
liches Mißtrauen gegenüber dem Staat und seinen Einrichtungen; wirtschaftlich kämpft er v. a. für Unternehmerfreiheit (auch gegen monopoli-
stische Tendenzen) und Freihandel, sozialpolitisch vertritt er den → Ge-
nossenschaftsgedanken. — In seiner Geschichte hat der L., der seinem
Wesen nach anpassungsfähig, doch ohne die Stoßkraft eines geschlossenen Systems und einer straffen Organisation ist, im 19. Jh. v. a. den
Kampf um den → Konstitutionalismus und eine freikapitalistische Wirt-
schaftordnung getragen, im 20. Jh. jedoch gegenüber den konservativen
Bindungen und gegenüber den aus → Marxismus und → Totalitarismus
erwachsenen organisierten Kräften sowie angesichts der allgem. Abwen-
dung vom Risiko der Freiheit an Boden verloren, während gleichzeitig
liberales Gedankengut auch in Parteien christlicher oder sozialistischer
Prägung einströmte.

J. Bentham (1748—1832), Introd. to the Principles of Morals and Legisla-
tion, 1789; G. de Ruggiero, Gesch. d. L. in Europa, dt. 1930, it. 1946;
W. Röpke, L., 1950; F. C. Sell, Die Tragödie des dt. L., 1953; F. Federici,
Der dt. L., 1953.

Zeit geltenden oder angestrebten Gesellschaftsordnung vermitteln. Das gilt besonders für solche programmatischen Werke wie die Große Enzyklopädie von Diderot und d'Alembert[4], die die Ideologie des aufgeklärten französischen Bürgertums gegen Monarchie, Adel und Kirche propagierte, oder das „Staatslexikon" von Rotteck und Welcker[5], das zur Zeit der Metternichschen Restauration das Programm des bürgerlichen Liberalismus vertrat. — Freilich wird man in diesem Falle das Lexikon schon nicht mehr als Hilfsmittel, sondern als Quelle benutzen (zum Quellenbegriff s. unten, S. 120—124).

Alle Sachwörterbücher oder Lexika versprechen „reine" Informationen; sie erwecken noch stärker als die Handbücher den Eindruck, als handle es sich um allgemein anerkannte, „objektive", „reine Wahrheiten". Aber für ausführliche Artikel der Sachwörterbücher gilt das gleiche wie für die Handbücher: Auch hier handelt es sich um bestimmte Interpretationen gesellschaftlicher Zusammenhänge, die auf unterschiedliche theoretische Grundlagen zurückgehen. Wie wenig auch die Wörterbuch-Artikel, zumal wenn sie komplexen gesellschaftlichen Phänomenen gewidmet sind, unbestrittene und gesicherte Erkenntnisse der Forschung vermitteln, zeigt ein Vergleich z. B. zwischen dem Artikel „Liberalismus" im Sachwörterbuch zur Geschichte Deutschlands und der deutschen Arbeiterbewegung und dem gleichen Stichwort im Wörterbuch zur Geschichte (Erich Bayer) (s. S. 48 und 49).

Ähnliche Beobachtungen kann man machen bei der unterschiedlichen Definition des Begriffs „Objektivität" im Philosophischen Wörterbuch von Apel und Ludz und im Philosophischen Wörterbuch von Klaus und Buhr (s. Liste S. 62). — Auch bei der Benutzung von Sachwörterbüchern zur Information über komplexe Begriffe empfiehlt es sich daher, mehr als nur ein Wörterbuch heranzuziehen, um so über eine gewisse elementare Information hinaus auch eine Einführung in die Problematik und wissenschaftliche Kontroverse über den Begriff und die damit bezeichneten Sachverhalte zu bekommen.

In den hier wiedergegebenen „Liberalismus"-Artikeln oder in Artikeln aus anderen Sachwörterbüchern oder Handbüchern tauchen komplexe Begriffe wie „Freihandelspolitik", „Bourgeoisie"

---

4 Encyclopédie ou dictionnaire raisonné des sciences, des arts et des métiers, hg. v. D. Diderot u. J. B. d'Alembert, 17 Bde., 4 Erg.-Bde., 2 Reg.-Bde., 11 Bde. Bildtafeln u. 1 Erg.-Bd., Paris 1751—1780 (Nachdruck Stuttgart-Bad Cannstatt 1966).

5 Das Staatslexikon, hg. v. C. v. Rotteck u. C. Welcker, 15 Bde., Altona 1834—1844 (2. Aufl., 12 Bde., Altona 1845—1848; 3. Aufl., 14 Bde., Leipzig 1856—1866).

und „Physiokraten" auf, die im gleichen Wörterbuch in ausführlichen Artikeln erläutert werden, aber auch „einfache" Begriffe wie „Census", „Akzise", „Generaldirektorium" oder „Kabinettsordre", die dem Benutzer z. T. ebenfalls unklar oder völlig unbekannt sind. Werden diese Begriffe nicht an Ort und Stelle erklärt, oder ergibt sich ihr Sinn nicht aus dem Zusammenhang, so wird man zunächst über das Sachregister des betreffenden Nachschlagewerks oder Handbuchs die Stelle zu finden suchen, an der dieser Begriff eingeführt und erklärt wird. Bleibt diese Suche erfolglos oder befriedigt das Ergebnis nicht, so ist man wieder auf die Sachwörterbücher verwiesen. Bei kleineren Nachschlagewerken, die lediglich knappe Begriffserklärungen oder -definitionen bieten, ist das relativ einfach; bei Sachwörterbüchern mit ausführlicheren, übergreifenden Artikeln (die insgesamt durchaus nur Taschenbuchformat zu haben brauchen) sind die Erläuterungen „einfacher" Begriffe in den übergreifenden Artikeln zu komplexen Begriffen enthalten. Hier hilft wieder das Register weiter. So findet sich z. B. im *Fischer Lexikon* „Geschichte" die Erklärung des Begriffs „Kabinettsorder" innerhalb des Artikels „Quellen, Neuzeit" (Fischer Lexikon Geschichte, S. 292).

3. Aufbau einer Sachkartei

Die aus Handbüchern und Nachschlagewerken gewonnenen Informationen über historische Ereignisse, Persönlichkeiten, Institutionen und Begriffe sowie die Definitionen und Erläuterungen von Begriffen aus dem wirtschaftlichen, sozialen, politischen und philosophischen Bereich müssen so notiert und gespeichert werden, daß sie möglichst schnell zur Verfügung stehen und ständig ergänzt werden können. Denn es ist ja nicht so, daß man sich mit der einmal in einem Nachschlagewerk oder einem Handbuch gefundenen Information zum Begriff „Feudalismus" oder zu den Grundzügen der preußischen Agrarreform zufrieden geben kann. Aus der Benutzung weiterer Nachschlagewerke und vor allem dem Studium der Fachliteratur werden sich weitere Informationen zu diesen Begriffen und historischen Komplexen ergeben, die man speichern und mit den vorher erhaltenen Informationen vergleichen will.

Schreibt man nun die als merkenswert erachteten Informationen aus Wörter- oder Handbuchartikeln in der gleichen Anordnung wie in den entsprechenden Büchern fortlaufend auf große oder kleine Bogen (möglichst auch noch auf die Rückseiten!), und verfährt so beim zweiten, dritten, vierten Buch, dann hat sich bald ein Berg beschriebenen Papiers angesammelt, in dem kunterbunt durcheinander Informationen stecken über den Übergang vom Feudalismus zum Kapitalismus, die Charaktereigenschaften des Freiherrn vom Stein, die Organisation der preußischen Staatsverwaltung vor und nach den Reformen und Erläuterungen zum Liberalismus. Es ist nicht einfach, in diesem Wust von Papier die Stellen herauszufinden, die Informationen beispielsweise zum „Feudalismus"-Begriff aus fünf verschiedenen Büchern enthalten — zumal dann, wenn seit dem Anfertigen der Notizen schon einige Zeit vergangen ist.

Man kann nun diese mühselig genug wiederentdeckten Stellen herausschneiden (was natürlich nicht möglich ist, wenn man auch die Rückseiten beschrieben hat!) oder durch farbige Unterstreichungen kenntlich machen und dann zusammenlegen, um sie zu vergleichen usw. Viel einfacher und wesentlich zweckmäßiger ist es jedoch, die Informationen von vornherein nicht auf großen Bogen, sondern auf Karteikarten zu speichern. Für jede Einzelinformation wird eine Karteikarte angelegt. So lassen sich die verschiedenartigen Interpretationen am einfachsten nebeneinanderlegen und vergleichen. Zugleich schafft man den Anfang einer *Sachkartei,* die nicht nur für das gerade bearbeitete Thema und das laufende Seminar bzw. Semester nützlich ist, sondern im Laufe des Studiums ständig ergänzt und benutzt werden kann. — Das Verfahren ist denkbar einfach: Auf Karteikarten oder -zettel — da für jede Informationseinheit eine neue Karteikarte benutzt werden muß und manche Notizen nur sehr kurz sind, ist das Format DIN A 6 (Postkartengröße) am ökonomischsten — wird folgendes notiert:

1. oben auf der Karteikarte ein Schlagwort oder Kennwort, das der Einordnung der betreffenden Karteikarte dient,
2. die Information, die gespeichert werden soll; der Auszug, das Exzerpt,
3. eine Kurzfassung des Titels und die Seitenzahl des Buches, aus dem die Notiz stammt.

Beim Notieren = *Exzerpieren* von Informationen aus Nachschlagewerken ist die Wahl des *Schlagworts* für die Kartei nicht schwierig, da die Sachwörterbücher ja selbst nach Schlagworten gegliedert sind, die man übernehmen oder differenzieren kann. Beim Exzerpieren von Handbüchern entnimmt man das Schlagwort dem exzerpierten Text. Solche Schlagworte sind z. B. Begriffe („Feudalismus", „Dreiklassenwahlrecht", „Dolchstoßlegende") oder historische Ereignisse („preußische Städteordnung 1808", „Julikrise 1914", „Rapallo 1922") oder Namen von historischen Persönlichkeiten („Stein", „Scharnhorst", „Rathenau") oder einfache Sachwörter („Hufe", „Akzise", „Streichgarn").

Die *Informationen,* die in der Sachkartei gespeichert werden sollen, lassen sich wörtlich oder sinngemäß exzerpieren. In der Regel wird aus Handbüchern und Sachwörterbüchern sinngemäß und in Stichworten exzerpiert, wenn etwa ereignisgeschichtliche Abläufe oder Lebensdaten festgehalten werden sollen (s. Beispiel 1: „Scharnhorst", S. 54). Auch für die Notierung einer längeren Argumentation empfiehlt sich das sinngemäße Exzerpieren. Hier kommt es darauf an, das Wesentliche einer Argumentation mit eigenen Worten möglichst knapp festzuhalten. Der dazu notwendige Denkprozeß verhindert, daß man unverstandene Passagen einfach abschreibt. Diese knappe Zusammenfassung kann zugleich als Vorstufe für einen später abzufassenden Text dienen. Das durch Anführungszeichen gekennzeichnete wörtliche Exzerpt aus Handbüchern und Sachwörterbüchern empfiehlt sich nur dann, wenn man eine knappe und präzise Sacherklärung (Beispiel 2: „Kabinettsordre", S. 55) oder Begriffsdefinition (Beispiel 3: „Feudalismus", S. 56) aus einem Buch festhalten will. Ist diese Definition abstrakt und erläuterungsbedürftig, so werden die Erläuterungen wieder sinngemäß hinzugefügt. (Zum Exzerpieren s. a. unten, S. 105—111).

Manchmal lassen sich Passagen eines Handbuches oder eines Wörterbuchartikels zu einem bestimmten Schlagwort nicht auf einer Karteikarte unterbringen, weil sie zu umfangreich sind. In diesem Falle nimmt man zwei oder mehr Karteikarten. Sinnvoller ist es, das Schlagwort in Unterschlagworte aufzugliedern, beispielsweise das Schlagwort „Agrarreform" in die Unterschlagworte „Oktober-Edikt", „Domänenbauern", „Regulierungsedikt" etc., und für jedes Unterschlagwort eine neue Karte zu nehmen (s. a. unten, S. 109). Diese Untergliederung hat den Vorteil, daß sie eventuell als Vorgliederung für das Exzerpieren noch umfangreicherer Passagen aus der Fachliteratur zur preußischen Agrarreform dienen kann und im Bedarfsfall die Vorstufe zur Gliederung einer entsprechenden Seminararbeit ist.

Wer sich ganze Handbuch-Abschnitte und Wörterbuch-Artikel fotokopiert, sollte in seiner Sachkartei unter dem entsprechenden Schlagwort auf diese Kopien verweisen. Aus Handbüchern und Nachschlagewerken, die man selbst besitzt, wird man keine längeren Passagen exzerpieren. Hier genügt es, die benötigten Stellen zu bezeichnen und per Karteikarte in der Sachkartei darauf zu verweisen. Die so ausgefüllten Karteikarten werden chronologisch oder nach inhaltlichen Komplexen oder auch einfach alphabetisch geordnet, damit sie jederzeit schnell benutzbar und zu ergänzen sind. Für neu auftauchende Probleme, Themen und Arbeitsvorhaben werden die Karten

Karteikarten für eine Sachkartei:

1. Beispiel: Karteikarte mit sinngemäßem Exzerpt bei Lebensdaten:

Scharnhorst, Gerhard Johann David von
12. 11. 1755 – 28. 6. 1813

1755 geb., Vater: Rittergutsbesitzer
seit 1773 Besuch der Militärschule Wilhelmstein, Steinhuder Meer
1778 Dragoner-Hauptmann im Hann. Heer
1792–95 Teilnahme an den Koalitionskriegen gegen Frankreich.
 Beschäftigt sich mit frz. Strategie und Taktik
1801 Offizier im preuß. Heer. Direktor der Akademie für junge
 Offiziere. Wirkung auf Clausewitz, Grolmann, Boyen
1806 April: S. fordert Ergänzung des Stehenden Heeres durch
 Nationalmiliz. Wirkungslos
1806 nach Preußens Niederlage bei Jena und Auerstedt Chef der
 Mil.-Reorganisationskommission, Mitglied der Immediat-
 Untersuchungskomm.

Fortsetzung auf der Rückseite der Karte (bzw. auf einer zweiten Karte):

1807–10 Chef des Kriegsdepartments: Maßnahmen zur Heeresreform
 (*s. Heeresreform!*) und Krümpersystem
1813 S. setzt allgemeine Volksbewaffnung durch
 (3. 2. 1813 Bildung freiwilliger Jägercorps angeordnet;
 seit 17. 3. 1813 Aufstellung der Miliz der Landwehr;
 21. 4. 1813 Landsturmedikt)
2. 5. 1813 in Schlacht bei Großgörschen schwer verwundet,
 † 28. 6. 1813

Rössler-Franz, Biograph. Wörterbuch (1982), Sp. 2463–2466.

Karteikarten für eine Sachkartei:

2. *Beispiel:* Karteikarte mit wörtlichem Zitat für Sacherklärung:

Kabinettsordre

„Kabinettsordre (Kabinettsbefehl, lettre du cabinet)
vom Staatsoberhaupt persönlich (ohne Gegenzeichnung)
erlassene Verfügung, zur Zeit der absoluten Monarchie
die übliche Form der Gesetzesverkündigung."

Haberkern-Wallach (1987), S. 320.

Karteikarten für eine Sachkartei:

3. Beispiel: Karteikarte mit Begriffsdefinition (wörtliches Exzerpt)
und Erläuterung (sinngemäßes Exzerpt)

Feudalismus

„Seit dem 17. Jh. vordringende Bezeichnung für das fränk., ma. Lehens-
system, bes. in seinen politisch-sozialen Aspekten (Adelsherrschaft im
Gegensatz zum bürgerlichen Freiheitsstreben, bzw. zur Ausbeutung der
Hörigen u. Leibeigenen)."
  Im 19./20. Jh. von abendländ. Erscheinung abgelöst, gewinnt univer-
salgesch. Bedeutung, so daß ma. Lehenswesen nur ein wichtiges Beispiel
für F. (O. Spengler, O. Hintze). Danach F. auch in Makedonien (3. Jh.
v. Chr.), Japan, Iran. Nach Heimpel „Notkonstruktion", die sich in
großräumigen Machtbereichen ohne entwickelten Verkehr u. Herrschafts-
einrichtungen entfaltet. F. ist agrarisch, naturalwirtschaftlich; Herrschafts-
hierarchie: polit., richterl., mil. Herrschaftsfunktionen bei grundherrli-
chen, ritterlich-aristokrat. Oberschicht. Auflösung des F. durch starke
Monarchie mit Beamtenapparat oder durch Revolution von unten infolge
wirtsch. Umwälzungen.

E. Bayer, Wörterbuch zur Geschichte (1974), S. 135/36.

---

oder:

Feudalismus

„Sozialökonomische Gesellschaftsformation, deren Grundlage die feuda-
len Eigentumsverhältnisse bilden. Hauptproduktionsmittel ist der Grund
u. Boden, der Eigentum der weltl. u. geistl. Feudalherren ist, während die
unmittelbaren Produzenten, die Bauern, den entscheidenden Anteil des
Bodens mit eigenen Produktionsinstrumenten selbständig bewirtschaften
und durch außerökonomischen Zwang zur Leistung der Feudalrente veranlaßt werden."

[+ sinngemäße Exzerpte]

Sachwörterbuch der Geschichte Deutschlands und der deutschen Arbeiterbewegung (1969), Bd. 1, S. 582—586.

---

entsprechend den neuen Bedürfnissen einfach umgeordnet. (Zu den verschiedenen Ordnungsprinzipien der Kartei s. unten, S. 109—111).

4. Entwicklung eines Arbeitsprogramms

Nach der Lektüre von Artikeln in Handbüchern und Sachwörterbüchern verfügt der einzelne Student, eine studentische Arbeitsgruppe und das Seminar über ein Gerüst von Grundinformationen über Ereignisse, Personen, Institutionen und Maßnahmen für einen bestimmten Zeitraum. Darüber hinaus aber haben der Handbuchvergleich und die dabei sichtbar gewordenen unterschiedlichen Interpretationen und Kontroversen zur Reflexion des Einzelnen und zur Diskussion der Gruppe und des Seminars darüber geführt, welche Probleme am Thema interessant sind und näher untersucht werden sollen, d. h. welche *Schwerpunkte* für die weitere Arbeit gesetzt werden sollen.

Ein Katalog von Fragen kann zustandekommen zunächst als ungeordnete Stoffsammlung des Einzelnen oder als "Brainstorming" einer Gruppe, wobei jeder die Probleme, die ihm einfallen, in die Debatte wirft und ein Protokollant mitschreibt. Erst wenn nichts Neues mehr hinzukommt, werden die ungeordneten Fragen systematisiert. Eine solche ungeordnete Liste von Fragen, die sich später systematisieren und zu Schwerpunkten verdichten lassen, könnte hier z. B. so aussehen:

— Welchen Einfluß hatte die französische Revolution auf Preußen?
— Wie war der Zustand des preußischen Staates am Vorabend der französischen Revolution?
— Wie war die Struktur der preußischen Gesellschaft um die Jahrhundertwende vom 18. zum 19. Jh.?
— Was wurde in Preußen reformiert?
— Warum wurde reformiert?
— Wem dienten die Reformen? — Dem Adel? Dem Bürgertum? Dem „Staat"?
— Was ist „Liberalismus"?
— Wer trug die preußischen Reformen?
— Welche Stellung hatten der Adel, das Bürgertum, die Bauern in Preußen?
— Wie sah es gleichzeitig in den Rheinbundstaaten aus?

Es ist offensichtlich, daß diese Fragen und Probleme unterschiedlich umfangreich sind, daß sie auf verschiedenen Ebenen liegen und nur zum Teil geeignet sind, die Probleme, die erarbeitet werden sollen, in einzelne Arbeitsschritte zu zerlegen. So beziehen sich *Orientierungsfragen* wie „Welchen Einfluß hatte die französische Revolution auf Preußen?" oder „Wem dienten die Reformen?" auf das gesamte Thema „Preußen zwischen Reform und Revolution 1786–1812". Diese Orientierungsfragen können und sollen dazu dienen, die Diskussion im Seminar oder in der Arbeitsgruppe anzuregen und zu strukturieren. Denn als *übergreifende Fragestellungen* verbinden sie die Unterthemen des Seminars miteinander, als *leitende Fragestellungen* bestimmen sie die Arbeit an den Unterthemen. Sie können jedoch kein Thema sein, daß ein Einzelner oder eine Gruppe im Rahmen dieses Seminarthemas zu bearbeiten vermöchte. Denn unabhängig davon, ob das Seminar arbeitsteilig vorgeht, d. h. jedem Einzelnen oder jeder einzelnen Gruppe je ein eigenes Spezialthema zur Bearbeitung vorlegt, oder ob die einzelnen Arbeitsschritte nacheinander von allen (allein oder in Gruppen) gleichzeitig vollzogen werden (arbeitsgleich), immer ist es aus Gründen der Arbeitsökonomie und -planung erforderlich, das Gesamtthema in *Unterthemen* aufzuteilen, die − zumindest vorläufig − getrennt vom Gesamtthema, aber darauf bezogen und durch übergreifende Fragestellungen damit verbunden, bearbeitet werden können.

Aus dem ungeordneten Fragenkatalog (s. oben!) lassen sich folgende Unterthemen übernehmen oder zusammenstellen:

1. Das Regierungssystem (Verfassung) Preußens am Vorabend der französischen Revolution (oder beim Tode Friedrichs II.).

Die Aufnahme dieses Themas geht von der Annahme aus, daß die französische Revolution einen Einfluß auf die Vorgänge in Deutschland gehabt hat, so daß zu prüfen ist, wie Preußen vor der Revolution ausgesehen hat, um dann die Art und den Grad des Wandels feststellen zu können.

Unter diesem Thema müßten die Begriffe Absolutismus und Feudalismus geklärt werden.

2. Die soziale Struktur Preußens am Ende des 18. Jh. − Ist Preußen ein agrarisch oder ein gewerblich-industriell bestimmter Staat?

Die Aufnahme dieses Themas geht von der Annahme aus, daß die gesellschaftlichen Verhältnisse in Preußen veränderungsbedürftig gewesen sein müssen, wenn die Forderungen und Ideen der französischen Revolution Eingang und Echo finden konnten. Die Beschreibung der Sozialstruktur Preußens ist erforderlich, um die These zu prüfen, daß die preußischen Reformen den Beginn der „bürgerlichen Revolution in Preußen" (Fr. Engels) darstellten, so wie die französische Revolution eine bürgerliche Revolution gewesen ist.

Unter diesem Thema müßten die Begriffe Adel, Bauer, Handwerk, Manufaktur, Bürgertum geklärt werden.

3. Träger und Gegner der Reformen.

Die Aufnahme dieses Themas geht von der Annahme aus, daß eine Analyse der Intentionen der Reformer wie der Reformgegner Aspekte für die Antwort auf die Frage gibt: warum Reformen und für wen?

Unter diesem Thema müßten die Begriffe Aufklärung und Liberalismus geklärt werden.

In weiteren Unterthemen müßten dann die einzelnen Teile des Reformwerks untersucht werden, damit abgeschätzt werden kann, wie tiefgreifend die Veränderungen von „Staat und Gesellschaft" Preußens waren, die mit dem Reformwerk initiiert oder vollendet wurden. In diesem Zusammenhang müßte die Frage diskutiert werden, welche Bedeutung „Gesetze" in einem Prozeß sozialen, ökonomischen und politischen Wandels überhaupt einnehmen, also:

4. Reformen im Agrarbereich. — Begriff „Bauernbefreiung".

5. Reformen im gewerblichen Bereich — Begriff „Gewerbefreiheit".

6. Reformen im staatlichen Bereich — Begriff „Repräsentativverfassung" und „Konstitutionelle Monarchie".

7. Reformen im gesellschaftlichen Bereich — Begriff „Emanzipation".

8. Die Preußischen Reformen in vergleichender Perspektive — der Rheinbund.

Diese Themen lassen sich selbstverständlich weiter eingrenzen oder aufteilen.

Außerdem muß betont werden, daß wichtige Fragestellungen in dem hier vorgeschlagenen Gliederungs- und Eingrenzungsschema nicht berücksichtigt worden sind. So wird z. B. der Komplex „die Auswirkungen der Reformen" nur am Rande erwähnt, weil zu seiner Bearbeitung der Untersuchungszeitraum bis mindestens 1850 ausgedehnt werden müßte. Maßgebend für die hier gewählte Gliederung ist die im Thema enthaltene Fragestellung nach dem Verhältnis von Reform und Revolution.

Ausgewählte Handbücher und Nachschlagewerke

(* Titel wird zur Anschaffung empfohlen.)

I. Verzeichnis der wichtigsten Handbücher

(Ausführliches Verzeichnis bei *Winfried Baumgart, Bücherverzeichnis zur deutschen Geschichte. Hilfsmittel. Handbücher. Quellen. (dtv 3247) 6. Aufl. München 1988.)

1. Weltgeschichte

Propyläen-Weltgeschichte. Eine Universalgeschichte, hg. v. G. Mann, A. Heuß u. A. Nitschke, 10 Bde., Berlin, Frankfurt, Wien 1986 (Neuauflage).
*Fischer-Weltgeschichte in 36 Bänden (Von der Vorgeschichte bis ins 20. Jh.), Frankfurt 1965 ff.
   Zahlreiche ausländische Autoren. Starke Berücksichtigung der außereuropäischen Welt.
*dtv-Weltgeschichte des 20. Jahrhunderts, hg. v. M. Broszat u. H. Heiber, 14 Bde., München 1966—1970.
   Abgeschlossene Taschenbuchreihe mit Beiträgen vornehmlich deutscher Autoren über die Zeit vom Ersten Weltkrieg bis zum Kalten Krieg. Starke Berücksichtigung der außereuropäischen Geschichte.
Peuples et Civilisations. Histoire générale, hg. v. L. Halphen u. Ph. Sagnac, 21 Bde., Paris 1946—1969.
   Sehr materialreiche Weltgeschichte aus französischer Sicht mit knappen Literaturangaben.
The New Cambridge Modern History, 14 Bde., Cambridge 1957—1970 (Bd. 13 noch nicht erschienen).
   Keine bibl. Angaben, dafür: J. Roach (Hg.), A Bibliography of Modern History, Cambridge 1968.
Weltgeschichte, hg. v. E. M. Schukow [Žukov] (u. a.) (aus dem Russischen übersetzt), 10 Bde., Berlin 1961—1969.
   Weltgeschichte aus sowjetischer Sicht mit ausführl. bibl. Angaben.
The Cambridge Economic History, 5 Bde., Cambridge 1952—1967.

2. Europäische Geschichte

Handbuch der europäischen Geschichte, hg. v. Th. Schieder, 7 Bde., Stuttgart 1968 ff.,
Oldenbourg Grundriß der Geschichte, hg. v. J. Bleicken, L. Gall, H. Jakobs, bisher ersch. 22 Bde., München 1982 ff.
Propyläen Geschichte Europas, 6 Bde., Berlin 1977—1978.
Handbuch der europäischen Wirtschafts- und Sozialgeschichte, hg. v. W. Fischer u. a., 6 Bde., Stuttgart 1980 ff.

3. Deutsche Geschichte

*Handbuch der deutschen Geschichte. Begründet v. Bruno Gebhardt, hg. v. H. Grundmann, Bd. 1—4, 9. Aufl., Stuttgart 1970—76. Als Taschenbuchausgabe bei dtv (4200—4222), München 1975 ff.

Handbuch der deutschen Geschichte. Begründet v. Otto Brandt, fortgeführt v. Arnold Oskar Meyer, neu hg. v. L. Just, 6 Bde., Konstanz 1956 ff., Bd. 5: Athenaion-Bilderatlas zur deutschen Geschichte, Frankfurt 1968.

Deutsche Geschichte, hg. v. J. Leuschner, 10 Bde., Göttingen 1977 ff. (Kleine Vandenhoeck Reihe).

Handbuch der deutschen Wirtschafts- u. Sozialgeschichte, hg. v. H. Aubin u. W. Zorn, 2 Bde., Stuttgart 1976 u. 1978.

Deutsche Geschichte in drei Bänden, hg. v. einem Autorenkollektiv (wiss. Sekretär: J. Streisand), 3 Bde., Berlin 1965–1968, Bd. 2, [2]1975.

Deutsche Geschichte in zwölf Bänden, hg. v. H. Bartel; L. Berthold, bisher ersch. Bd. 1–5, Köln 1984 ff. (Lizenzausgabe der Ausgabe Berlin [DDR] 1982).

Deutsche Geschichte der neuesten Zeit, vom 19. Jahrhundert bis zur Gegenwart, hg. v. M. Broszat, W. Benz, H. Graml, 30 Bde. (noch nicht komplett), dtv, München 1984 ff.

Geschichte der Bundesrepublik Deutschland, hg. v. K. Bracher, T. Eschenburg, J. Fest, E. Jäckel, 5 Bde., Stuttgart, Wiesbaden 1981 ff.

*Kroeschell, Karl, Deutsche Rechtsgeschichte, 3 Bde., Opladen 1986/1987.

Huber, Ernst Rudolf, Deutsche Verfassungsgeschichte seit 1789, 7 Bde., Stuttgart 1957–1984, teilw. Neuaufl. Dazu:

Dokumente zur deutschen Verfassungsgeschichte, hg. v. E. R. Huber, 3 Bde., Stuttgart-Berlin-Köln-Mainz 1961–1966, teilw. Neuaufl.

Kellenbenz, Hermann, Deutsche Wirtschaftsgeschichte, 2 Bde., München 1977 u. 1981.

Borchardt, Knut, Grundriß der deutschen Wirtschaftsgeschichte, Göttingen 1978 (Kleine Vandenhoeck-Reihe 1441).

*Mottek, Hans, Wirtschaftsgeschichte Deutschlands. Ein Grundriß, Bd. 1, Berlin [5]1976, Bd. 2 [2]1972, Bd. 3 1974.
Guter Überblick aus marxistischer Sicht.

Henning, Friedrich-Wilhelm, Das vorindustrielle Deutschland, 800 bis 1800, Paderborn [4]1985.
Die Industrialisierung in Deutschland, Paderborn [6]1984.
Das industrialisierte Deutschland, 1914 bis 1972, Paderborn [5]1979 (UTB 398, 145, 337).

Deutsche Agrargeschichte, hg. v. G. Franz, 5 Bde., Stuttgart 1962–1984, teilw. Neuaufl.

Abel, Wilhelm, Agrarkrisen und Agrarkonjunktur. Eine Geschichte der Land- und Ernährungswirtschaft seit dem hohen Mittelalter, Hamburg und Berlin [3]1987.

II. Nachschlagewerke

1. Sachwörterbücher zur Geschichte

*Bayer, E. (Hg.), Wörterbuch zur Geschichte. Begriffe und Fachausdrücke, 4. Aufl., Stuttgart 1980 (Kröners Taschenausgabe, Bd. 289).

*Geschichte, hg. v. W. Besson, Frankfurt 1961, Neuauflage in Vorbereitung (Fischer Lexikon, Bd. 24).

Geschichtliche Grundbegriffe. Historisches Lexikon zur politisch-sozialen Sprache in Deutschland, hg. v. O. Brunner, W. Conze u. R. Koselleck, bisher erschienen Bd. 1–6, Stuttgart 1972 ff.

Haberkern, Eugen u. Joseph Wallach, Hilfswörterbuch für Historiker. Mittelalter und Neuzeit, 2 Bde., 7. Aufl., München 1987 (UTB 119).

Handbuch der Geschichtsdialektik, hg. v. K. Bergmann u. a., 2 Bde., Düsseldorf 1979.

Lexikon der deutschen Geschichte. Personen, Ereignisse, Institutionen, hg. v. G. Taddey, Stuttgart ²1983.

Rössler, H. u. G. Franz (Hg.), Sachwörterbuch zur deutschen Geschichte, München 1958, Neudruck in 2 Bdn., Nendeln/Lie. 1970.

Sachwörterbuch der Geschichte Deutschlands und der deutschen Arbeiterbewegung, 2 Bde., Berlin 1969/70.

dtv-Lexikon zur Geschichte u. Politik des 20. Jh., hg. v. C. Stern u. Th. Vogelsang, 3 Bde., München 1974.

2. Nachschlagewerke benachbarter Fachgebiete

Grimm, Jacob u. Wilhelm Grimm, Deutsches Wörterbuch, 16 Bde. (mit Unterteilungen 31 Bde.), Leipzig 1854–1960, Reprint in 33 Bdn. (dtv 5945), München 1984

Pipers Wörterbuch zur Politik, hg. v. Dieter Nohlen, 6 Bde., München/Zürich ²1985–1987.

*Staat und Politik, hg. v. F. Fraenkel u. K. D. Bracher, Neubearbeitung Frankfurt 1964, mehrfache Neudrucke (Fischer Lexikon, Bd. 2).

*Wirtschaft, hg. v. H. Rittershausen, Frankfurt 1962, mehrfache Neudrucke (Fischer Lexikon, Bd. 8).

Staatslexikon. Recht – Wirtschaft – Gesellschaft, hg. v. d. Görresgesellschaft, 5 Bde., 7. Aufl., Freiburg 1985.

Sowjetsystem und demokratische Gesellschaft. Eine vergleichende Enzyklopädie, hg. v. C. D. Kernig, 6 Bde., Freiburg 1966–1972, Zusatzbd.: Die kommunistischen Parteien der Welt, Freiburg 1972.

*Recht, hg. v. P. Baduar, F. Deutsch, C. Roxin, Neuauflage Frankfurt 1987, mehrfache Neudrucke (Fischer Lexikon, Bd. 12).

Handwörterbuch der Sozialwissenschaften (HdSW). Zugleich Neuaufl. des Handbuchs der Staatswissenschaften, hg. v. F. v. Beckerath (u. a.), 12 Bde. u. 1 Reg.-Bd., Stuttgart-Tübingen-Göttingen 1956–1968.

Handwörterbuch der Wirtschaftswissenschaft (HdWW). Zugleich Neuauflage des Handwörterbuchs der Sozialwissenschaften, 9 Bde. u. 1 Reg.-Bd., Stuttgart etc. 1977–1983.

Handbuch der empirischen Sozialforschung, hg. v. R. König, 2. Aufl. 14 Bde., München 1975–1979 (dtv Wiss. Reihe).

*Soziologie, hg. v. R. König, Neubearbeitung Frankfurt 1967, mehrfache Neudrucke (Fischer Lexikon, Bd. 10).

*Wörterbuch der Soziologie, hg. v. W. Bernsdorf, 2. Aufl., Stuttgart 1969 (neu bearbeitet als Fischer Taschenbuch 6131–6133, Frankfurt 1972).

*Apel, M. u. P. Ludz, Philosophisches Wörterbuch, Berlin 1958 (Sammlung Göschen, Bd. 1031/1031 a).

*Philosophie, hg. v. A. Diemer u. I. Frenzel, Neubearbeitung Frankfurt 1967, mehrfache Neudrucke (Fischer Lexikon, Bd. 11).

*Philosophisches Wörterbuch, hg. v. G. Klaus u. M. Buhr, 2 Bde., Leipzig ¹⁰1974 (als Taschenbuch unter dem Titel: Marxistisch-leninistisches Wörterbuch der Philosophie, 3 Bde., Reinbek bei Hamburg 1987 rororo Handbuch).

Historisches Wörterbuch der Philosophie, hg. v. J. Ritter (u. a.), Basel-Darmstadt 1971 ff., bisher erschienen: Bd. 1–6: A–O.

*Christliche Religion, hg. v. O. Simmel u. R. Stählin, Neubearbeitung Frankfurt 1961, mehrfache Neudrucke (Fischer Lexikon, Bd. 3).
*Die nichtchristlichen Religionen, hg. v. H. v. Glasenapp, Frankfurt 1957, mehrfache Neudrucke (Fischer Lexikon, Bd. 1).
Die Religion in Geschichte und Gegenwart (RGG), Handwörterbuch für Theologie und Religionswissenschaft, 3. völlig neubearb. Studienausgabe, hg. v. K. Galling, 6 Bde. u. 1 Reg.-Bd., Tübingen 1986.
Theologische Realenzyklopädie, hg. v. G. Krause und G. Müller, Bd. 1 ff., Berlin 1974 ff.
Beitl, Richard, Wörterbuch der deutschen Volkskunde, 3. Aufl. Stuttgart 1974.

3. Historische Nachschlagewerke

*Ploetz, Karl, Auszug aus der Geschichte, 30. aktualisierte Aufl., Würzburg 1986.
Regenten und Regierungen der Welt (Minister-Ploetz), bearb. v. B. Spuler, Teil II, Bd. 3: Neuere Zeit 1492−1918, Würzburg ²1962; Teil II, Bd. 4, 4 N, 5: Neueste Zeit 1917/18−1970, Würzburg 1964−1972.
Konferenzen und Verträge (Vertrags-Ploetz). Ein Handbuch geschichtlich bedeutsamer Zusammenkünfte und Vereinbarungen, bearb. v. H. K. G. Rönnerfarth, Teil II, Bd. 3: Neuere Zeit 1492−1914, Würzburg 1958; Teil II, Bd. 4−5: Neueste Zeit 1914−1970, Würzburg 1959−1982.
Raum und Bevölkerung in der Weltgeschichte (Bevölkerungs-Ploetz), 3. Aufl., 4 Bde., bearb. v. E. Kirsten (u. a.), Würzburg 1965−1968.
Geschichte der deutschen Länder (Territorien-Ploetz), hg. v. G. W. Sante, bisher erschienen:
Bd. 1: Die Territorien bis zum Ende des alten Reiches, Würzburg 1986.
Bd. 2: Die deutschen Länder vom Wiener Kongreß bis zur Gegenwart, Würzburg 1970.

4. Biographische Hilfsmittel

Allgemeine Deutsche Biographie (ADB), hg. durch die historische Commission bei der Königl. Akademie der Wissenschaften, 56 Bde., Leipzig 1875− 1912; Neudruck Berlin 1971.
Neue Deutsche Biographie (NDB), hg. v. d. Historischen Kommission bei der Bayrischen Akademie der Wissenschaften, bisher 15 Bde., Berlin 1953 ff.
Biographisches Lexikon zur deutschen Geschichte. Von den Anfängen bis 1917, hg. v. K. Obermann (u. a.), 2. Aufl., Berlin 1970.
Kürschners deutscher Gelehrten-Kalender, 15 Ausgaben, Berlin 1925−1987.
Biographisches Wörterbuch zur Deutschen Geschichte, begründet von Hellmuth Rössler u. Günther Franz, 2., völlig neubearbeitete u. erweiterte Aufl., bearbeitet v. K. Bosl, G. Franz, H. H. Hoffmann, 3 Bde., München 1982.
Wer ist's? (ab Bd. 11 unter dem Titel: Wer ist wer? Das deutsche Who's who), hg. v. H. A. L. Degener, ab Bd. 11 v. W. Habel, Bd. 1, Leipzig 1905 − Bd. 26, Berlin 1987.

5. Geschichtskalender

Schulthess' Europäischer Geschichtskalender, Bd. 1–82 (1860–1941), Nördlingen, München 1861–1965.

Keesings Archiv der Gegenwart (ab Bd. 26: Archiv der Gegenwart), hg. v. H. Siegler-Eberswald, Zürich-Bonn-Wien-Essen 1931/33 ff.

* Der Fischer Weltalmanach, hg. v. G. Fochler-Hauke, Frankfurt 1959 ff.

6. Historische Kartenwerke

Atlas zur Geschichte, hg. v. Zentralinstitut der Akademie der Wissenschaften der DDR, 2 Bde., Gotha u. Leipzig 1973–1975.

*dtv-Atlas zur Weltgeschichte. Karten und chronologischer Abriß, 2 Bde., München ⁶1970–1971, mehrfache Neudrucke.

*Großer Historischer Weltatlas, hg. v. Bayerischen Schulbuch-Verlag, III. Teil: Neuzeit, Neuaufl. München 1986.

Putzger Historischer Weltatlas, 100. Aufl. Berlin und Bielefeld 1979.

IV. Wege der Materialbeschaffung

Zur weiteren Bearbeitung dieser aufgrund einer Phase der Orientierung, Reflexion und Diskussion formulierten Probleme ist Material notwendig, das spezieller auf diese Probleme eingeht als Handbücher und Nachschlagewerke. Es gibt verschiedenartige Hilfsmittel zur Beschaffung dieses Materials. Wichtigste Voraussetzung für ihre rationelle Benutzung ist, daß man weiß, was man sucht. Die Aufstellung eines Fragenkatalogs vor Beginn der Materialsuche soll verhindern, daß man sich beim Materialsammeln, d. h. beim Bibliographieren, in Nebensächlichkeiten verliert und schließlich im Material ertrinkt. Anhand des vorher aufgestellten Fragenkatalogs sollte daher ständig überprüft werden, welche Titel bibliographiert werden sollen und welche nicht. Außerdem muß bedacht werden, daß das Bibliographieren kein einmaliger Akt ist, der mit der Auswertung der bibliographierten Spezialliteratur seinen Abschluß findet. Auch während und nach der Lektüre der zunächst aufgefundenen Spezialliteratur muß das Bibliographieren meist fortgesetzt werden, weil sich bei der Lektüre neue Gesichtspunkte und weiterführende Fragen ergeben haben, die man vor dem ersten bibliographischen Durchgang noch nicht kannte und daher beim Bibliographieren auch nicht berücksichtigen konnte. – Je nach dem Weg der Materialbeschaffung spricht man vom systematischen oder vom unsystematischen Bibliographieren.

1. Unsystematisches Bibliographieren

Dieser Weg der Materialbeschaffung kommt in der Praxis historischer Arbeit am häufigsten vor. „Unsystematisch" heißt hier keineswegs zufällig oder beliebig, sondern nur, daß nicht systematisch Bibliographien und Kataloge nach Titeln für das ausgewählte Thema durchsucht werden. Vielmehr wählt man eine neuere Untersuchung zu seinem Thema oder zu einer verwandten Thematik als Ausgangspunkt – dabei kann es sich um ein Buch oder um einen Aufsatz handeln – und bibliographiert dann durchaus systematisch „rückwärts", indem man die Hinweise auf weiterführende Literatur im Literaturverzeichnis und im Anmerkungsapparat dieser Untersuchung verfolgt.

Erste Hinweise auf weiterführende Literatur geben bereits die Handbücher und ausführlichen Sachwörterbücher. Aber diese Hilfsmittel können natürlich nur auf solche Untersuchungen verweisen, die vor ihrer eigenen Publikation bereits vorlagen. Beschränkt man sich also auf die Verfolgung dieser Hinweise, so wird man zwar auf wichtige Literatur stoßen, kann aber keineswegs sicher sein, nun auch den aktuellen Stand der Forschung zu erfassen. Es kommt also darauf an, möglichst von der neuesten Untersuchung auszugehen.

Hinweise von Dozenten und Kommilitonen, Verlagsprospekte und Besprechungen von Neuerscheinungen in Tages- und Wochenzeitungen machen mehr oder minder zufällig auf Neuerscheinungen aufmerksam. Den systematischen Zugang zum aktuellen Stand der Forschung vermitteln aber in erster Linie die *wissenschaftlichen Zeitschriften* und Jahrbücher. *Jahrbücher* erscheinen einmal im Jahr, Zeitschriften mehrmals, oft vierteljährlich, manchmal monatlich. Die einzelnen Zeitschriftenhefte werden nach Ablauf eines Jahres zu Jahrgangsbänden gebunden und mit einem Inhaltsverzeichnis für den ganzen Jahrgang versehen. Für den Historiker sind nicht nur die historischen Fachzeitschriften, sondern auch die Fachzeitschriften der benachbarten Sozialwissenschaften von Interesse. Ihre Zahl ist so groß, daß sie hier auch nicht annähernd alle aufgeführt werden können (eine Auswahl s. S. 74 f.). Einen ungefähren Überblick über die wichtigsten Fachzeitschriften verschafft man sich am besten, indem man gelegentlich die in der Zeitschriftenabteilung eines Seminars oder im Zeitschriftenlesesaal der Universitätsbibliothek aufgestellten Bände und neuesten Hefte durchblättert.

Schon die hier abgedruckte Liste der wichtigsten historischen Fachzeitschriften läßt erkennen, daß sie unterschiedliche inhaltliche Schwerpunkte haben, was bei der Materialsuche zu einem bestimmten historischen Thema zu berücksichtigen ist. Wer eine neuere Untersuchung zur preußischen Agrarreform sucht, wird nicht gerade in den *Vierteljahresheften für Zeitgeschichte* nachsehen, wohl aber in der *Zeitschrift für Agrargeschichte und Agrarsoziologie*. Wer Material zum deutsch-sowjetischen Nichtangriffspakt (Hitler-Stalin-Pakt) von 1939 sucht, wird neben den *Vierteljahresheften für Zeitgeschichte* die maßgebliche sowjetische Fachzeitschrift *Voprosy Istorii* heranziehen müssen. Beide müssen sich in den allgemeinen historischen Fachzeitschriften wie der *Historischen Zeitschrift* oder der *Zeitschrift für Geschichtswissenschaft* umsehen.

Für die Bearbeitung von sozial- und wirtschaftsgeschichtlichen

Fragen sind neben den wirtschafts- und sozialgeschichtlichen Fachzeitschriften vor allem die Zeitschriften der Wirtschaftswissenschaften (z. B. *Schmollers Jahrbuch*), der Soziologie (z. B. die *Kölner Zeitschrift für Soziologie und Sozialpsychologie*) oder der Politischen Wissenschaft (z. B. die *Politische Vierteljahresschrift*) heranzuziehen. Dabei muß der Benutzer auf die anders geartete Periodisierung und Begrifflichkeit dieser Fächer und Fachrichtungen achten. So wird er vielleicht in diesen Fachorganen keinen Aufsatz über Preußen zwischen 1789 und 1812 finden, dafür aber Aufsätze über Probleme der Frühindustrialisierung, die auch Preußen behandeln und weiterführende Hinweise auf Literatur zu seinem Spezialproblem enthalten.

Die meisten Fachzeitschriften enthalten Aufsätze, kleinere Beiträge (sog. Miszellen) und einen oft recht ausführlichen Rezensionsteil. Interessant sind hier sowohl die *Einzelbesprechungen* über ein bestimmtes Buch wie die *Forschungsberichte,* in denen Bücher und Aufsätze zu einem Thema kritisch erörtert werden. Es gibt auch reine Rezensionsorgane wie die *Neue Politische Literatur* oder die *Sozialwissenschaftlichen Informationen,* die gar keine Aufsätze, sondern ausschließlich Forschungsberichte und Einzelrezensionen enthalten. Einige Zeitschriften haben als Anhang eine systematisch gegliederte Bibliographie (so die VfZG) oder ein alphabetisches Verzeichnis der Neuerscheinungen (z. B. die HZ).

Zur Beschaffung von Material (Quellen und Fachliteratur) zu einem bestimmten Thema werden die Zeitschriften vom jüngst erschienenen Heft an rückwärtsschreitend durchgesehen. Register, die mehrere Jahrgänge umfassen, erleichtern die Benutzung, da man in solchen Fällen nicht alle Bände einzeln durchsehen muß. Dabei ist zu achten auf:

1. *Aufsätze* zum betreffenden Thema oder aus seinem Umkreis. Hier ist einmal der Aufsatz selbst als vermutlich neueste Veröffentlichung für die eigene Arbeit äußerst wichtig. Wenn der Aufsatz das eigene Thema nur berührt oder nur einen Teilaspekt behandelt, so geben doch die im Anmerkungsapparat genannten Titel wiederum Hinweise auf Quellen und vorher erschienene Literatur, die für die Bearbeitung des Themas weiterhelfen.

2. *Forschungsberichte* oder *Einzelbesprechungen.* Über den bloßen Titel einer Veröffentlichung hinaus erhält man hier einen ersten Eindruck über Schwerpunkte und Aufbau der besprochenen Arbeit. Die Forschungsberichte erörtern darüber hinaus den aktuellen Stand der wissenschaftlichen Diskussion und bieten so eine Orientierungshilfe für die eigene Arbeit.

3. Neuerscheinungen zum Thema in der *systematischen Bibliographie* im Anhang oder im alphabetischen Verzeichnis der Neuerscheinungen, sofern solche Übersichten in der benutzten Zeitschrift erscheinen.

2. Systematisches Bibliographieren

Statt ausgehend von einer neueren Untersuchung „rückwärts" zu bibliographieren, kann man die systematischen bibliographischen Hilfsmittel zur Materialbeschaffung einsetzen oder diesen Weg mit dem ersten kombinieren. Solche systematischen bibliographischen Hilfsmittel sind vor allem Bibliographien und Schlagwortkataloge.

Bibliographien sind Bücherverzeichnisse, in denen Titel nicht in alphabetischer Reihenfolge (wie in Katalogen), sondern nach Sachgebieten geordnet sind. Es gibt Nationalbibliographien, die die gesamte Literatur eines Landes zu erfassen versuchen, Bibliographien für einzelne Wissensgebiete und Wissenschaften, also auch zur Geschichte, oder auch Spezialbibliographien zu bestimmten Themen, etwa zur Reformationsgeschichte[1] oder zu historischen Persönlichkeiten[2]. Einen Überblick über die zahlreichen und verschiedenartigen Bibliographien vermitteln wiederum die auch schon recht zahlreichen Bibliographien der Bibliographien.

Die wichtigste und umfangreichste Bibliographie zur deutschen Geschichte ist der irreführend als „Quellenkunde" bezeichnete *Dahlmann-Waitz* (s. S. 76). Diese Bibliographie ist grundsätzlich chronologisch aufgebaut und innerhalb der chronologischen Abschnitte nach Sachgebieten und Territorien gegliedert. Außerdem wird noch unterschieden zwischen Quellen — also den Zeugnissen, die die betreffende Vergangenheit selbst hinterlassen hat — und Darstellungen — also der Literatur, die über die betreffende Vergangenheit geschrieben wurde (zur Unterscheidung von Quellen und Literatur, s. unten, S. 77—80). Um etwa Titel zum Problem der preußischen Agrarreform zu finden, muß man daher an verschiedenen Stellen nachschlagen.

Für den Neuhistoriker ist der *Dahlmann-Waitz* nur sehr begrenzt brauchbar. Die letzte vollständige Auflage ist bereits 1931—1932

1 K. Schottenloher (Hg.), Bibliographie zur deutschen Geschichte im Zeitalter der Glaubensspaltung 1517—1585, 7 Bde., Stuttgart [2]1956—1966.
2 Z. B. M. Walsdorf (Hg.), Bibliographie Gustav Stresemann, Düsseldorf 1972 (Bibliographien zur Geschichte des Parlamentarismus und der politischen Parteien, Heft 5).

erschienen und enthält daher weder Literatur zur Zeitgeschichte noch Quellenpublikationen und Literatur zu älteren Epochen, die nach 1929 (Stichjahr für die Aufnahme von Literatur!) erschienen sind. Diese muß man in den *Jahresberichten für deutsche Geschichte* (s. S. 76), die als laufende Bibliographie den *Dahlmann-Waitz* fortsetzen, und für Publikationen, die während des Zweiten Weltkrieges erschienen, im *Holtzmann-Ritter* (s. S. 76) suchen. Doch auch für die vor 1929 erschienenen Quellenpublikationen und die ältere Literatur ist der *Dahlmann-Waitz* keineswegs vollständig. Seine Auswahl ist begrenzt auf „Haupt- und Staatsaktionen" und so fehlt Literatur zur Sozialgeschichte fast völlig. – Ein nützliches Hilfsmittel für diese Bereiche sind die von H.-U. Wehler herausgegebenen *Bibliographien zur modernen deutschen Sozialgeschichte* und *zur modernen deutschen Wirtschaftsgeschichte.* Seit 1965 erscheint eine Neuauflage des *Dahlmann-Waitz.* Die bisher erschienenen Lieferungen enthalten u. a. Literaturangaben zur Historiographie und zur historischen Methode. Doch ist diese Bibliographie mittlerweile schon wieder überholt. Der Nachteil solcher *geschlossener Bibliographien* wie des *Dahlmann-Waitz* (und ähnlich aufgebauter Nationalbibliographien in anderen Ländern) liegt also darin, daß sie nur die bis zu einem bestimmten Stichjahr erschienene Literatur erfassen können und daher schon beim Erscheinen nicht mehr den aktuellen Stand der Forschung repräsentieren.

Hier werden nun die *laufenden Bibliographien* wichtig. Sie erscheinen regelmäßig, meist jährlich, und erfassen – mit einer gewissen, zeitlich und redaktionell bedingten Verzögerung – auch die neuesten Publikationen. Sie finden sich als selbständige Veröffentlichungen (z. B. die *Jahresberichte für deutsche Geschichte*) oder als Anhänge in Zeitschriften (z. B. in den *Vierteljahresheften für Zeitgeschichte*). Oft handelt es sich um Fortsetzungen abgeschlossener Bibliographien, und wie diese sind sie chronologisch und nach Sachgebieten geordnet. In der Benutzung sind die laufenden Bibliographien umständlicher als die abgeschlossenen, da man in der Regel mehrere Jahrgänge durchsehen muß. Ihr Vorteil gegenüber den abgeschlossenen Bibliographien liegt in der größeren Aktualität. Man wird sie daher auch nicht in der Reihenfolge ihres Erscheinens, sondern rückwärts, also mit dem neuesten Band oder Heft beginnend, durchsehen.

Die meisten laufenden Bibliographien erfassen ausschließlich selbständige Bücher und keine Aufsätze. Ausschließlich Aufsätze dagegen erfaßt die auf historische Fachzeitschriften spezialisierte laufende Bibliographie *Historical Abstracts* (s. S. 76). Ähnlich wie die *Jahresberichte zur deutschen Geschichte* wird hier nicht nur der Titel des Aufsatzes angeführt, sondern auch eine kurze Zusammenfassung des Inhalts gegeben. Weitere Hinweise auf Aufsätze findet man in den Forschungsberichten der Fachzeitschriften (vorrangig auf die Besprechung von Aufsätzen konzentriert sich die Zeitschrift *Sozialwissenschaftliche Informationen*) und im *Dietrich* (s. S. 76).

Schlagwortkataloge finden sich in fast allen Universitäts- und Seminarbibliotheken. Sie umfassen natürlich nur die in der betreffenden Bibliothek vorhandenen Buchbestände. Auf Karteikarten fixierte Titel werden unter bestimmten Schlagworten zusammengefaßt und in alphabetischer Reihenfolge dieser Schlagworte in Karteikästen gespeichert. Die alphabetisch angeordneten Schlagworte sind oft noch systematisch untergliedert, z. B. das Schlagwort „Preußen" in „Geschichte", dieses wieder chronologisch oder systematisch, etwa in „Industrie" und „Landwirtschaft". Verweiskarten verweisen auf andere Schlagworte, z. B. von „Agrarreform" auf „Bauernbefreiung". Oft erweisen sich bei der Benutzung eines Schlagwortkatalogs gerade „Nebengeleise" als besonders fruchtbar. Beim Thema „Preußen zwischen Revolution und Reform" sollte man sich also nicht auf „gängige" Schlagworte wie „Preußen" oder „Stein" beschränken, sondern auch unter übergreifenden Schlagworten wie „Industrialisierung" oder „Liberalismus" oder „Kapitalismus" nachschlagen. Bei der Benutzung eines Schlagwortkatalogs geht man also ähnlich vor wie bei der Benutzung von Nachschlagewerken und Sachwörterbüchern. Es kommt viel darauf an, welches Schlagwort und wie viele Schlagworte man zur Erschließung eines Themas wählt.

Da der Schlagwortkatalog einer Bibliothek aufgrund des alphabetischen oder Verfasser-Katalogs zusammengestellt wird, enthalten Schlagwortkataloge in der Regel nur Angaben über selbständige Bücher, jedoch keine Angaben über Aufsätze aus Zeitschriften und Beiträge aus Sammelwerken. Zur Erschließung solcher Aufsätze und Beiträge dient ein Schlagwortkatalog in Buchform, der sog. *Dietrich (Internationale Bibliographie der Zeitschriftenliteratur –* s. S. 76). Der *Dietrich* ist eine in regelmäßigen Abständen erscheinende, also laufende Bibliographie. Er verzeichnet ausschließlich Zeitschriftenaufsätze und Beiträge aus Sammelwerken, und zwar aus allen Wissensgebieten, also nicht nur aus dem Bereich der Geschichte. Die Aufsätze sind nicht alphabetisch nach Verfassern, sondern nach Schlagworten geordnet. Auch hier kommt es also darauf an, bei der Wahl von Schlagworten, unter denen man nachschlägt, möglichst viel Phantasie zu entwickeln, um fündig zu werden.

3. Die Aufnahme bibliographischer Angaben

Wer die in Bibliographien, Schlagwortkatalogen oder Zeitschriften aufgefundenen Titel hintereinander auf große oder kleine Bogen schreibt, wird spätestens in dem Augenblick, da er in den alphabetischen Katalogen der Seminar- oder Universitätsbibliothek nach den Signaturen dieser Bücher sucht, merken, daß diese Methode ziemlich unpraktisch ist. Am zweckmäßigsten ist auch hier die Anlage einer Kartei. Jeder Titel wird auf eine eigene Karteikarte geschrieben. Die Karteikarten mit den Titeln zu einem bestimmten Thema werden zunächst alphabetisch geordnet, was einen schnellen Überblick erlaubt, wenn man nicht mehr genau weiß, ob man einen bestimmten Titel bereits aufgenommen hat, und was bei der Suche nach Bestell-Signaturen in den alphabetischen Verfasser-Katalogen zeitsparend ist. Später können die Titel nach Quellen und Darstellungen oder getrennt nach bestimmten Problemen gespeichert und benutzt werden. Neben den bibliographischen Angaben vermerkt man auf der Karteikarte: Bibliothek und Signatur, eventuelle Rezensionen, eigene Beurteilungen und Bemerkungen zum betreffenden Werk, Verweise auf Exzerpte, die man aus dem Buch gemacht und unter einem bestimmten Stichwort abgelegt hat.

Für die Aufnahme der bibliographischen Angaben gelten folgende Regeln:

1. Bücher

a) *Verfasser* (Name, Vorname): Titel einschließlich Untertitel, Band, Erscheinungsort und -jahr, Auflage (gegebenenfalls Reihentitel und -nummer), *zum Beispiel:*

Vogel, Barbara: Allgemeine Gewerbefreiheit. Die Reformpolitik des preußischen Staatskanzlers Hardenberg (1810–1820), Göttingen 1983 (Kritische Studien zur Geschichtswissenschaft, Bd. 57).

b) *Herausgeber* (Name, Vorname): Titel einschließlich Untertitel, Band, Erscheinungsort und -jahr, Auflage (gegebenenfalls Reihentitel und -nummer), *zum Beispiel:*

Wehler, Hans-Ulrich (Hg.): Moderne deutsche Sozialgeschichte, Köln/ Berlin ²1968 (Neue Wissenschaftliche Bibliothek 10).

Grundlage für die Titelangabe ist das Titelblatt (nicht der Einband!). Arbeiten von mehr als einem Verfasser werden unter dem ersten Namen alphabetisch eingereiht. Die Vornamen sind so vollständig, wie vorgefunden anzugeben. Akademische Titel entfallen. Die erste Auflage bleibt unerwähnt. Jede weitere Auf-

lage wird mit den vorliegenden Zusätzen wie: „2. verbesserte"
oder „überarbeitete" oder „ergänzte" etc. Auflage gekennzeichnet. Existieren keine solchen Zusätze, genügt die Hochstellung
der Auflagenzahl über dem Erscheinungsjahr. Sind Erscheinungsort und -jahr auf dem Titelblatt verzeichnet, so wird die entspre-
chende Angabe ohne Klammern aufgeführt, also z. B. Frankfurt
1969. Ist das nicht der Fall, können die Daten aber anderweitig
erschlossen werden (aus dem Copyright oder dem Vorwort), so
setzt man sie in Klammern. Findet man überhaupt keine Angaben über Erscheinungsort und -jahr, so werden o. O. (ohne Ort)
und o. J. (ohne Jahr) notiert. Bei Publikationen, die im Rahmen einer Reihe erschienen sind, werden Reihentitel und Band-
angabe in Klammern gesetzt. Herausgeber werden durch den
Klammerzusatz (Hg.) von Verfassern unterschieden. Auch die
Nachstellung des Herausgebernamens ist zulässig (also Titel des
Buches, hg. von Vorname, Name). Das Beispiel 1 b würde dann
lauten:

Moderne deutsche Sozialgeschichte, hg. v. Hans-Ulrich Wehler, Köln/
Berlin [2]1968 (Neue Wissenschaftliche Bibliothek 10).

Bücher, die mehr als drei Verfasser oder Herausgeber haben oder
deren Herausgeber eine Institution (z. B. eine Akademie oder ein
Forschungsinstitut) ist, müssen nach ihrem Sachtitel aufgenommen und gesucht werden. Hierfür gibt es zwei Systeme. Am häufigsten findet man in deutschen Bibliotheken noch das preußische System. Danach ist für die alphabetische Einordnung das
übergeordnete Substantiv eines Titels maßgeblich. Das Buch

Gesellschaft in der industriellen Revolution, hg. v. R. Braun, W. Fischer,
H. Großkreutz u. H. Volkmann, Köln/Berlin 1973 (Neue Wissenschaftliche Bibliothek 56)

ist demnach eingeordnet und zu suchen unter „Gesellschaft —
Revolution — industrielle". Das Buch unter Beispiel 1 b wäre danach einmal unter „Wehler", zum anderen unter „Sozialgeschichte — moderne — deutsche" zu suchen.
International weit verbreitet und mittlerweile auch an deutschen Bibliotheken angewandt ist das amerikanische System. Danach ist für die alphabetische Einordnung eines Sachtitels das
erste Adjektiv oder Substantiv (nicht jedoch Artikel, Konjunktion
Pronomen oder Präposition!) eines Titels maßgeblich. Das oben
genannte Buch wäre danach zu suchen unter „Gesellschaft —
industrielle — Revolution" und das Buch unter 1 b unter „Moderne — deutsche — Sozialgeschichte". — Ehe man einen Sachtitel

sucht, sollte man sich vergewissern, nach welchem System diese Titel in der betreffenden Bibliothek eingeordnet werden.

c) Bei Hochschulschriften (Dissertationen, Habilitationen) wird vor Ort und Jahr noch die Art der Hochschulschrift hinzugefügt, also phil. Diss. oder phil. Habil., und eventuell der Zusatz „masch.", falls die Dissertation nicht gedruckt erschienen ist. *Zum Beispiel:*

Kwiet, Herbert: Die Einführung der Gewerbefreiheit in Hamburg 1861–1865, phil. Diss. Hamburg 1947 (masch.).

2. *Aufsätze*

a) in Festschriften und Sammelbänden:
Verfasser (Name, Vorname): Titel des Beitrages, in: Titel der Festschrift oder des Sammelbandes, Band, Auflage, Erscheinungsort und -jahr, Seitenangabe. *Zum Beispiel:*

Fehrenbach, Elisabeth: Verfassungs- und sozialpolitische Reformen und Reformprojekte in Deutschland unter dem Einfluß des napoleonischen Frankreich, in: Helmut Berding u. Hans-Peter Ullmann (Hg.): Deutschland zwischen Revolution und Restauration, Königstein i. Ts. 1981, S. 65–90.

oder:

Birtsch, Günter: Zum konstitutionellen Charakter des Preußischen Allgemeinen Landrechts von 1794, in: Politische Ideologien und nationalstaatliche Ordnung, Festschrift für Theodor Schieder, München/Wien 1968, S. 97–115.

b) in Zeitschriften:
Verfasser (Name, Vorname): Titel des Aufsatzes, in: Name der Zeitschrift (entsprechend den gebräuchlichen Siglen abgekürzt), Jahrgang, Jahreszahl, Seitenzahl. *Zum Beispiel:*

Kaelble, Hartmut: Der Mythos von der rapiden Industrialisierung in Deutschland, in: GG 9, 1983, S. 106–118.

c) in Zeitungen:
Verfasser (Name, Vorname): Titel des Artikels, in: Name der Zeitung, Erscheinungsort und Datum, Seitenangabe. *Zum Beispiel:*

Habermas, Jürgen: Eine Art Schadensabwicklung. Die apologetischen Tendenzen in der deutschen Zeitgeschichtsschreibung, in: Die Zeit, Hamburg, Nr. 29 vom 11.7.1986, S. 40.

Ausgewählte Zeitschriften und Bibliographien

(* Titel wird zur Anschaffung empfohlen.)

I. Fachzeitschriften (in Klammern die üblichen Abkürzungen)

1. Deutsche Zeitschriften

Archiv für Kulturgeschichte, Köln-Graz 1903 ff.

Archiv für Sozialgeschichte, hg. v. d. Friedrich-Ebert-Stiftung, Hannover 1961 ff.

Aus Politik und Zeitgeschichte. Beilage zur Wochenzeitung ‚Das Parlament', hg. v. d. Bundeszentrale für politische Bildung, Bonn 1950 ff.

Beiträge zur Geschichte der Arbeiterbewegung (BzG), hg. v. Institut für Marxismus-Leninismus beim ZK der SED, Berlin 1958 ff.

Geschichte der Geschichtsschreibung. History of Historiography, Stuttgart 1982 ff.

*Geschichte und Gesellschaft. Zeitschrift für Historische Sozialwissenschaft, Göttingen 1975 ff. (GG).

Geschichte in Wissenschaft und Unterricht (GWU), Zeitschrift des Verbandes der Geschichtslehrer Deutschlands, Stuttgart 1950 ff.

Geschichtsdialektik (Gd). Probleme, Projekte, Perspektiven, Düsseldorf 1976 ff

Das Historisch-Politische Buch (HPB). Ein Wegweiser durch das Schrifttum, hg. im Auftrage der Ranke-Gesellschaft, Göttingen 1952 ff.

Historisches Jahrbuch (HJb), hg. im Auftrag der Görresgesellschaft, München, Freiburg 1880 ff.

Historische Zeitschrift (HZ), begr. v. Heinrich v. Sybel, fortgef. v. F. Meinecke, München 1859 ff.

Internationale wissenschaftliche Korrespondenz zur Geschichte der deutschen Arbeiterbewegung (IWK), hg. im Auftrag der Historischen Kommission zu Berlin, Berlin 1964 ff.

Jahrbuch für Geschichte des Feudalismus, hg. v. d. Akademie der Wissenschaften der DDR, Zentralinstitut für Geschichte, Berlin 1977 ff.

Jahrbuch für Geschichte von Staat, Wirtschaft und Gesellschaft Lateinamerikas, Köln, Graz 1964 ff.

Jahrbuch für Wirtschaftsgeschichte, hg. v. d. Deutschen Akademie der Wissenschaften zu Berlin, Inst. f. Wirtschaftsgeschichte, Berlin 1960 ff.

Jahrbücher für Geschichte Osteuropas (JBfGOE), hg. im Auftrag des Osteuropa-Institutes München, NF. München 1953–1960, Wiesbaden 1961 ff.

Kölner Zeitschrift für Soziologie und Sozialpsychologie, hg. im Auftr. d. Forschungsinst. f. Sozial- u. Verwaltungswissenschaften in Köln, Köln 1948 ff. (KZfSS)

*Neue Politische Literatur (NPL), Berichte über das internationale Schrifttum, Jg. 1–15. Fankfurt/M. 1956–1971, Jg. 17 ff., Wiesbaden 1982 ff.

1999. Zeitschrift für Sozialgeschichte des 20. und 21. Jahrhunderts, hg. v. d. Hamburger Stiftung für Sozialgeschichte des 20. Jahrhunderts, Hamburg 1986 ff.

Politische Vierteljahresschrift (PVS), Zeitschrift der Deutschen Vereinigung für Politische Wissenschaft, Köln 1960 ff.

Schmollers Jahrbuch für Gesetzgebung, Verwaltung und Volkswirtschaft (SchmJb), Berlin 1877 ff., seit 1972: Zeitschr. f. Wirtschafts- und Sozialwissenschaften.

*Sozialwissenschaftliche Informationen für Unterricht und Studium (SoWI),
   hg. v. Arbeitskreis Sozialwissenschaftliche Informationen, Stuttgart 1972 ff.
Der Staat. Zeitschrift für Staatslehre, Öffentliches Recht und Verfassungsge-
   schichte, Berlin 1962 ff.
Technikgeschichte (bis 1941: Technikgeschichte. Beiträge zur Geschichte der
   Technik und Industrie), hg. vom Verein Deutscher Ingenieure, Berlin 1909
   –1941, Düsseldorf 1963 ff.
Vierteljahreshefte für Zeitgeschichte (VfZ), hg. im Auftrag des Instituts für
   Zeitgeschichte München, Stuttgart 1953 ff. Vierteljahresschrift für Sozial-
   und Wirtschaftsgeschichte (VSWG), Wiesbaden 1903 ff.
Zeitschrift für Agrargeschichte und Agrarsoziologie (ZAA), hg. v. d. DLG.,
   Frankfurt 1953/54 ff.
Zeitschrift für Geschichtswissenshaft (ZfG), Berlin 1953 ff.
Zeitschrift für historische Forschung. Halbjahresschrift für die Erforschung des
   Spätmittelalters und der frühen Neuzeit, Berlin-München 1974 ff.
Zeitschrift für Ostforschung (ZfO). Länder und Völker im östlichen Mittel-
   europa, hg. im Auftrage des Johann-Gottfried Herder-Forschungsrates
   e. V., Marburg/L. 1952 ff.

2. *Fremdsprachige Zeitschriften*

The American Historical Review (AHR), New York 1895 ff.
Annales. Economics. Sociétés. Civilisations, Paris 1946 ff.
Central European History, Atlanta 1968 ff. (vorher: Journal of Central Euro-
   pean Affairs, 1941–1963).
Comparative Studies in Society and History. An International Quarterly,
   Cambridge 1958/59 ff.
The Economic History Review, London 1927 ff.
The English Historical Review (EHR), London 1886 ff.
European History Quarterly (bis 1983: European Studies Review), London
   1970 ff.
Foreign Affairs. An American Quarterly Review, New York 1922 ff.
German History. The Journal of the German History Society, Oxford 1982 ff.
Historical Journal (HJ), Cambridge 1958 ff.
History. The Journal of the Historical Association, London 1915 ff.
History and Theory. Studies in the Philosophy of History, Middletown, Conn.
   1961 ff.
The Journal of African History, Cambridge 1960 ff.
The Journal of American History (JAH), hg. v. d. Organization of American
   Historians, Bd. 51 ff., Bloomington, Ind. 1964 ff. (Bde. 1–50 u. d. Titel:
   The Mississippi Valley Historical Review, 1914–1964).
Journal of Asian History, Wiesbaden 1967 ff.
The Journal of Contemporary History, London 1966 ff.
The Journal of Economic History, Wilmington, Del. 1941 ff.
The Journal of Interdisciplinary History (JIH), Cambridge, Mass. 1970 ff.
The Journal of Modern History (JMH), Chicago 1929 ff.
The Journal of Social History, Pittsburgh, Pa. 1967 ff.
Past and Present. A Journal of Historical Studies, Oxford 1952 ff.
Revue d'Histoire moderne et Contemporaine, Paris 1953 ff.
Revue Historique (RH), Paris 1876 ff.
Social History, Hull 1976 ff.
Voprosy istorii (Fragen der Geschichte. Monatsschrift), Moskau 1945 ff.

II. Bibliographien

1. Abgeschlossene

*Baumgart, Winfried, Bücherverzeichnis zur deutschen Geschichte. Hilfsmittel, Handbücher, Quellen. (dtv 3247), München [6]1988.

Dahlmann-Waitz, Quellenkunde zur deutschen Geschichte, 9. Aufl., hg. v. H. Haering, Leipzig 1931–32, 10. Aufl., hg. v. H. Heimpel u. H. Geuss, Bd. 1 ff., Stuttgart 1965 ff. (erscheint in Lieferungen).

Holtzmann, W. u. G. Ritter (Hg.), Die deutsche Geschichtswissenschaft im Zweiten Weltkrieg. Bibliographie des historischen Schrifttums deutscher Autoren 1939–1945, Marburg 1951.

Herre, Franz u. Auerbach, Hellmuth, Bibliographie zur Zeitgeschichte und zum Zweiten Weltkrieg für die Jahre 1945–1950 (1917–1945), München 1955. Ndr. New York, Frankfurt 1965.

Bibliographie zur Zeitgeschichte 1953–1980. Kumulation der Zeitschrift, Jahrgang 1–28, 3 Bde., hg. v. Institut für Zeitgeschichte. Zus. gest. v. T. Vogelsang u. H. Auerbach, München 1982.

*Wehler, H.-U. (Hg.), Bibliographie zur modernen deutschen Sozialgeschichte, 18.–20. Jh., Göttingen 1976 (UTB 620).

*Wehler, H.-U. (Hg.), Bibliographie zur modernen deutschen Wirtschaftsgeschichte, 18.–20. Jh., Göttingen 1976 (UTB 621).

2. Laufende

Internationale Bibliographie der Zeitschriftenliteratur (1896–1964), hg. v. R. Dietrich, Leipzig 1897–1947, Osnabrück 1948–1964.

    Abt. A: Bibliographie der deutschen Zeitschriftenliteratur mit Einschluß von Sammelwerken, Bd. 1 (1896) – Bd. 128 (1964), Erg.-Bd. 1–20 (1861–1915).

    Abt. B: Bibliographie der fremdsprachigen Zeitschriftenliteratur, Bd. 1 (1911) – Bd. 22 (1921/25), NF Bd. 1 (1925) – Bd. 51 (1964; Lücke: Bd. 26, 1943/44 – Bd. 29, 1948/49).

Beide Abteilungen seit 1965 unter dem Titel: Internationale Bibliographie der Zeitschriftenliteratur (IBZ) aus allen Gebieten des Wissens, hg. v. O. Zeller, Bd. 1 (1963/64) ff., Osnabrück 1965 ff.

    Abt. C: Bibliographie der Rezensionen und Referate, Bd. 1 (1900) – Bd. 77 (1943). Mehr nicht erschienen.

Jahresberichte für deutsche Geschichte, hg. v. A. Brackmann u. F. Hartung, Bd. 1 (1925) – Bd. 15/16 (1939/40), Leipzig 1927–1942. – NF hg. v. Institut für Geschichte an der Deutschen Akademie der Wissenschaften zu Berlin, Bd. 1 (1949), Berlin 1952 ff.

Jahresverzeichnis der deutschen Hochschulschriften, bearb. v. d. Deutschen Bücherei, Leipzig 1887 ff.

Historical Abstracts. A Quarterly covering the World's Periodical Literature 1775–1945, hg. v. E. H. Boehm, Santa Barbara 1955 ff.

International Bibliography of Historical Sciences, hg. v. International Committee of Historical Sciences, Bd. 1 (1926), Paris 1930 ff.

V. Die Arbeit mit der Fachliteratur

1. Begriff und Funktion der Fachliteratur

Wozu soll nun die umfangreiche Bibliographie mit der Vielzahl der in ihr verzeichneten Untersuchungen, Darstellungen und publizierten Quellen nützen? Wie kann sie zur Beantwortung der mit dem Thema gestellten Fragen nutzbar gemacht werden?

Einige Hinweise auf die in der Forschung für zentral gehaltenen Probleme ergeben sich bereits während des Bibliographierens. Vor allem der Weg des *unsystematischen Bibliographierens* zeigt mehr auf als nur die Titel von Büchern oder Aufsätzen. Die Bibliographie gibt Einblick in den augenblicklichen Stand der Erforschung eines bestimmten Bereichs der geschichtlichen Vergangenheit:

— Sie gibt erstens an, welche Zeugnisse und Überreste aus der Vergangenheit bisher zu *Quellen* wissenschaftlicher Erkenntnis geworden sind (Liste der Quelleneditionen und in der Fachliteratur enthaltene Verzeichnisse über die benutzten Quellen).

— Sie gibt zweitens an, welche Fragen die Geschichtswissenschaft bisher an die Vergangenheit gestellt und welche Antworten sie gegeben hat *(Fachliteratur)*.

Um tiefer in das gewählte Thema einzudringen und um die vorläufig gestellten Fragen auf ihre Relevanz hin zu überprüfen, sie gegebenenfalls zu korrigieren und zu präzisieren, ist es am sinnvollsten, sich zunächst an der *Fachliteratur* zu orientieren. Der Historiker unterscheidet in seinem Arbeitsmaterial zwischen Fachliteratur und Quellen, d. h. zwischen wissenschaftlichen Werken der Geschichtsschreibung (Historiographie) und überlieferten Zeugnissen der Vergangenheit. Dieser Unterscheidung entsprechen unterschiedliche methodische Kriterien der Auswertung des Materials: Literaturkritik und Quellenkritik. Der Literaturwissenschaftler (Philologe) dagegen unterscheidet zwischen Primärliteratur und Sekundärliteratur. Der Gegenstand seiner Wissenschaft ist Literatur (z. B. Dramen, Gedichte, Romane); sie ist Primärliteratur. Die wissenschaftlichen Untersuchungen über literarische Werke heißen im Unterschied dazu mit Recht Sekundärliteratur. Es liegt in der Herkunft der Geschichtswissenschaft aus der Philologie begründet, daß bis heute immer wieder von Historikern der methodologisch widersinnige Begriff Sekundärliteratur benutzt wird, wenn die historische Fachliteratur gemeint ist. Eine Geschichtswissenschaft als historische Sozialwissenschaft, deren Funktion sich nicht in der Interpretation schriftlicher Zeugnisse der Vergangenheit mit Hilfe der philologisch-kritischen Methode erschöpft, sollte den Ausdruck Sekundärliteratur aus ihrer Fachsprache verbannen.

Die Quellenarbeit, d. h. das Auffinden und kritische Auswerten von „Quellen" ist zwar das A und O der Geschichtswissenschaft in dem Maße, in dem sie keine theoretische, sondern eine empirische Wissenschaft ist. Dennoch wird die Benutzung von Quellen am Beginn eines Arbeitsprozesses meistens ziemlich fruchtlos bleiben. Zu diesem Zeitpunkt fehlen durchweg Kriterien für die Auswahl der Quellen, deren Zahl theoretisch unendlich ist; und es fehlen Kriterien zur Interpretation, Bewertung und Einordnung der ausgewählten Quellen. Selbst wenn es auf der Hand liegt, daß es für die Bearbeitung eines Themas zur preußischen Reformära erforderlich ist, die Reformedikte heranzuziehen, wird die Lektüre des „Oktoberedikts" (s. u., S. 167 f.) noch keine Hilfestellung bei der Suche nach dem zweckmäßigsten Weg zur Bewältigung des Themas geben. Dagegen können die Ergebnisse der Fachliteratur den eigenen Fragen Ziel und Richtung weisen. Aus diesen Gründen soll zunächst der Umgang und das Arbeiten mit der Fachliteratur, danach die Quellenarbeit behandelt werden.

Im Unterschied dazu werden sonst in Einführungen in die Geschichtswissenschaft meistens die Quellen an den Anfang gestellt entweder in Form der „Quellenkunde", d. h. der systematischen Gliederung der Quellen nach Gattung und Aussagewert, oder in Form der Quelleninterpretation. Vor allem in Proseminaren werden häufig zu Anfang ausgewählte Quellen zur Interpretation vorgelegt. Dieses Vorgehen rechtfertigt sich aus der Aufgabe des Historikers, durch das Aufspüren, Sammeln und Auswerten von Quellen zu wissenschaftlich begründeten Aussagen über die historische Vergangenheit zu kommen. Der Praxis wissenschaftlicher Arbeitsweise entspricht es jedoch, daß der Historiker sich erst einmal über das Gebiet, das zu bearbeiten ist, mit Hilfe der Fachliteratur orientiert, damit er seinen Gegenstand genauer fixieren und eingrenzen kann und damit er die – vorläufige – Fragestellung gewinnt, die die Voraussetzung für die Auswahl von Quellen ist – Quellen nämlich, die dann die Überprüfung der Ergebnisse und Thesen der Fachliteratur erlauben und die Grundlage eines eigenen Beitrags zur Erforschung eines Ausschnitts der Vergangenheit bilden. Aus didaktischen Gründen mag es in einer Lehrveranstaltung vertretbar sein, die Teilnehmer mit einer isolierten Quelle zu konfrontieren, um z. B. Schulbuchwissen in Frage zu stellen oder vorgefaßte Meinungen zu problematisieren. Damit soll an eine wissenschaftliche Erarbeitung des Themas herangeführt werden und die Quellenarbeit mit den aus ihr zu gewinnenden Erkenntnissen praktisch erfahrbar gemacht werden. Diese Art des Einstiegs in ein Thema ist jedoch an die begleitende Anleitung des Dozenten gebunden, der dabei die Funktion der Fachliteratur als Informationsträger übernimmt. Es ist dies kein Weg, den der Student allein beschreiten kann, er entspricht auch nicht dem üblichen Zugang des ausgebildeten Historikers zu einem neuen Arbeitsbereich. Außerdem ist davon auszugehen, daß bei der Quellenarbeit, selbst wenn es sich „nur" um die exemplarische Einarbeitung handelt, zur Beantwortung der vorher entwickelten Fragestellungen immer mehrere Quellengruppen untersucht werden müssen.

Die Lektüre der Fachliteratur zu einem Forschungsgebiet erfüllt mehrere Funktionen:

a) Sie bietet vielfältige, verschiedenartige Informationen über die politischen, wirtschaftlichen, sozialen, kulturellen Zustände einer Epoche, über die Ereignisse, die handelnden Personen und die Faktoren gesellschaftlicher Veränderung. Sie bietet diese Informationen in Form von „Fakten" und von Interpretationen des jeweiligen „Zusammenhangs" der Fakten.

b) Sie zeigt auf, welche Schwerpunkte und Zusammenhänge bisher im Vordergrund des wissenschaftlichen Interesses gestanden haben (Forschungsstand).

c) Sie bietet unterschiedliche Fragestellungen und Methoden der Beweisführung an, deren Erkenntniswert durch einen Vergleich überprüft werden kann.

a) Faktum und Zusammenhang

Die Unterscheidung von „Faktum" und „Zusammenhang" läßt sich erkenntnistheoretisch nur schwer begründen. Erkenntnistheoretisch stellt nämlich jede Aussage über die Vergangenheit — gleich ob einfach oder zusammengesetzt — eine Rekonstruktion der nicht mehr existenten Vergangenheit durch den Historiker dar. Es ist nach herkömmlichem Verständnis ein „Faktum", daß nach der Schlacht bei Jena und Auerstedt der Freiherr vom Stein in die preußische Regierung berufen wurde und daß er am 9. Oktober 1807 das „Oktoberedikt" unterzeichnet hat. Demgegenüber stellt die Aussage, daß die politisch-militärische Niederlage gegen Frankreich Anlaß für die Verkündung der „Bauernbefreiung" in Preußen gewesen sei, einen „Zusammenhang" dar. Zur Rekonstruktion des „Faktums" wie des „Zusammenhangs" müssen jeweils Quellen, zum Teil dieselben, herangezogen, verglichen und kombiniert, nach größerer oder geringerer Glaubwürdigkeit gewichtet und daraus dann Schlußfolgerungen gezogen werden.

Hinzu kommt, daß jedes in einer Untersuchung berichtete „Faktum" infolge seiner Einordnung bereits in einen „Zusammenhang" einbezogen und damit Teil dieses Zusammenhangs ist. Die Regierungszeit Friedrichs II., 1740—1786, ist ein „Faktum"; wenn aber diese Aussage am Beginn einer Untersuchung über den aufgeklärten Absolutismus in Preußen steht, gibt sie bereits einen „Zusammenhang" zwischen Friedrich II. und dem aufgeklärten Absolutismus wieder.

Da es in einer historischen Untersuchung oder Darstellung niemals ein isoliertes Faktum gibt, sondern jedes Faktum immer in eine Vielzahl weiterer Fakten eingereiht ist unter Vernachlässigung wieder anderer Fakten, die in dem angenommenen Zusammenhang als nicht so wichtig erscheinen, wird jedes einzelne ausgewählte Faktum zum Träger dieses Zusammenhangs. Hierin ist auch der Grund dafür zu sehen, daß es unmöglich ist, eine allgemeingültige und allgemein anerkannte Zusammenstellung von Daten und Fakten zu geben, was z. B. der „Ploetz" bieten wollte, selbst wenn eine solche Zusammenstellung zur raschen und vorläufigen Information sehr nützlich ist. Das „Faktum" der Bismarckschen Sozialgesetzgebung der 80er Jahre des 19. Jahrhunderts hat einen unterschiedlichen Stellenwert und eine unterschiedliche Qualität, je nachdem ob es in eine Geschichte der deutschen Arbeiterbewegung oder in eine Darstellung der deutschen Sozialpolitik eingebaut ist.

Dennoch ist es für die praktische Arbeit des Historikers und die rasche gegenseitige Verständigung nützlich, zwischen Faktum und Zusammenhang zu unterscheiden im Sinne von einfachen Aussagen und zusammengesetzten Aussagen. Über das „Faktum" als einfache Aussage kann — nachdem es aus seiner Kausalkette gelöst worden ist — leichter ein Konsens seiner Richtigkeit herbeigeführt werden. Der „Zusammenhang" als zusammengesetzte Aussage stellt dagegen bereits selbst eine Beziehung zwischen verschiedenen Fakten her, so daß sich das von der Fragestellung und dem Wertsystem des Verfassers bestimmte Problem der Auswahl des Materials in der zusammengesetzten Aussage unmittelbar ausdrückt und zu kontroversen Beurteilungen führen kann. Damit ist nicht ausgeschlossen, daß es durchaus viele nicht kontroverse zusammengesetzte Aussagen gibt. Diese terminologische Unterscheidung sollte nun allerdings nicht dazu führen, in den „Fakten" die „objektive historische Wahrheit" und in dem „Zusammenhang" die „subjektive" Interpretation des Historikers zu sehen. „Faktum" wie „Zusammenhang" enthalten die subjektive Interpretation des Historikers. Außerdem — und das ist noch wichtiger — könnte sich bei der Unterscheidung zwischen objektiven Fakten und subjektivem Zusammenhang die Vorstellung herausbilden, als bestehe die Vergangenheit selbst nur aus einem beziehungslosen Nebeneinander von Fakten und Daten, dem erst durch die Interpretation des Historikers eine bestimmte Form übergestülpt wird. Die Vergangenheit selbst ist durch Interdependenzen unterschiedlicher Art und Reichweite bestimmt, die sich als kausale, funktionale, genetische oder strukturelle Zusammenhänge beschreiben lassen. Tatsachenforschung als eine der Aufgaben des Historikers beschränkt sich nicht auf das Aneinanderreihen von isolierten Fakten, sondern erstreckt sich auf das Erkennen der in der Vergangenheit wirksamen Zusammenhänge.

Dabei ist es von dem erkenntnisleitenden Interesse des Historikers abhängig, *welche* Zusammenhänge er unter seiner Fragestellung herausarbeitet und welche er nicht berücksichtigt. Bis zu einem gewissen Grade basieren viele Werke über eine Epoche oder über einen Themenkreis auf derselben Materialgrundlage; jedoch rücken die Autoren verschiedene Quellen in den Mittelpunkt ihrer Argumentation. Eine wichtige Ursache für voneinander abweichende Akzentuierungen, auch für kontroverse Thesen ist darin zu sehen, daß jeder Autor sich entsprechend seinem spezifischen Vorverständnis eine eigene Aufgabe setzt und mit ganz speziellen Fragen seinen Forschungsgegenstand eingrenzt. Wer Informationen aus der Fachliteratur einholen will, sollte deshalb immer bedenken, daß die eigene Themenstellung und die daraus abgeleiteten Fragen nicht identisch sein müssen mit den leitenden Fragen der herangezogenen Fachliteratur. Eine direkte Antwort wird die Fachliteratur dann nicht geben, so daß eine Umsetzung der Ergebnisse nötig ist. Deshalb sollte jedes Buch, jeder Aufsatz danach befragt werden, welches Untersuchungsziel sich der Autor gesetzt hat. Auskunft darüber geben häufig das Vorwort, die Einleitung oder auch die Zusammenfassung im Schlußkapitel. Die Aussagen z. B., die Reinhart Koselleck in seiner dem Titel nach mit dem hier gewählten Thema übereinstimmenden Untersuchung „Preußen zwischen Reform und Revolution"[1] zu den preußischen Reformen macht, sind bestimmt von der Perspektive eines längerfristigen Wandlungsprozesses in Staat und Gesellschaft Preußens von der Reformära bis zur Revolution von 1848/49; sie beabsichtigen nicht primär eine Antwort auf die Frage nach der reform- oder revolutionsbedürftigen Situation Preußens in den beiden Jahrzehnten um 1800 vor dem Hintergrund der französischen Revolution. Gleichwohl finden sich bei Koselleck zahlreiche Anknüpfungspunkte und wichtige Informationen für das hier zur Erörterung stehende Thema.

b) Forschungsstand

Die Bedeutung der in der Fachliteratur enthaltenen Aussagen über die Vergangenheit, ihr Erklärungswert für bestimmte Fragen kann erst durch einen Vergleich verschiedener Werke der Fachliteratur abgeschätzt werden. Auskunft darüber, wie weit die Erforschung eines bestimmten Ausschnittes der Vergangenheit gediehen ist, gibt die Summe der bisherigen Forschung, der *Forschungsstand*. Der Begriff Forschungsstand erweckt den Eindruck, daß die Wissenschaft in einer kontinuierlichen Entwicklung begriffen ist, deren jeweils zuletzt publizierte Leistung die Summe aller bisherigen Forschung zieht und diese daher aufhebt und überholt. Dieses Bild anzweifeln heißt nicht, den Fortschritt der Wissenschaft leugnen. Im Gegenteil ist zu betonen, daß die Geschichtswissenschaft durch ein verfeinertes und reicheres methodisches Instrumentarium, durch Verbreiterung ihrer Quellenbasis im Laufe ihrer Entwicklung das Spektrum ihrer Fragen und Antworten erheblich erweitert hat.

Im Jahre 1910 z. B. erschien dem britischen Historiker John H. Clapham die Geschichte der industriellen Revolution bereits wie eine „dreifach ausgepreßte Orange", wobei es ihn nur wunderte, daß noch immer eine Menge Saft darin zu sein schien[2]. Mehr als ein halbes Jahrhundert später konstatierte der britische Historiker R. M. Hartwell, daß die Lücken in der Erforschung der Industriellen Revo-

---

1   Reinhart Koselleck, Preußen zwischen Reform und Revolution. Allgemeines Landrecht, Verwaltung und soziale Bewegung von 1791—1848, 2. Aufl. Stuttgart 1975.
2   John H. Clapham, The Transference of the Worsted Industry from Norfolk to the West Riding, in: The Economic Journal 20 (1910), S. 195, (zit. nach Hartwell, s. folgende Anm.).

lution augenfälliger seien als die bisherigen Ergebnisse[3]. Diese gegensätzliche Beurteilung ist eine Folge der inzwischen völlig neuen Fragen und Theorien, die, nicht zuletzt unter der Erfahrung der ökonomischen Entwicklungsprobleme der sog. Dritten Welt, an die Industrielle Revolution der europäischen Länder im 18. und 19. Jahrhundert herangetragen worden sind.

Gleichwohl genügt es nicht, um sich hinreichend über die bisher erzielten Ergebnisse bei der Erforschung eines bestimmten Fragenkomplexes zu informieren, nur die neuesten Veröffentlichungen zu studieren. Gerade auch ältere Werke können Materialien aufbereiten und verarbeiten oder wichtige Fragen aufwerfen, die in der Folgezeit keine oder wenig Resonanz gefunden haben, so daß sie als verschüttet gelten müssen. Werden diese Werke heute ausgewertet, so vermögen sie wertvolle Informationen und fruchtbare Impulse für die eigene Arbeit zu geben. Ein instruktives Beispiel dafür bieten viele Werke der sog. Historischen Schule der Nationalökonomie (Schmoller-Schule), die umfangreiche materialgesättigte Untersuchungen zur wirtschaftlichen Entwicklung und sozialen Lage verschiedener Wirtschaftszweige und sozialer Gruppen während des 19. Jahrhunderts angestellt hat. Infolge der politischen Entwicklung Deutschlands (1. Weltkrieg, Zusammenbruch des Kaiserreichs) wurde diese Kontinuitätslinie der Geschichtsschreibung abgebrochen. Die Geschichtswissenschaft stellte sich in den Dienst des Kampfes gegen die ,,Kriegsschuldlüge''. Wirtschafts- und sozialhistorische Fragen traten hinter der Intention, das Bismarcksche Deutsche Reich gegenüber der Weimarer Republik zu rechtfertigen, zurück. Wirtschaftsgeschichte wurde in dieser Konzeption vielfach als ein Teil der Geschichte des nationalen Machtstaats verstanden. Unter der heute relevanten Frage nach den Ursachen und dem Verlauf der Industriellen Revolution, als dem Ausgangspunkt der modernen Industriegesellschaft, stellen sich diese älteren Werke als eine wahre Fundgrube an Informationen, Materialien und anregenden Fragestellungen dar.

Allerdings haben die neuesten Veröffentlichungen zu einem Forschungsgebiet insofern einen erheblichen Vorsprung vor den älteren Werken, als sie, wie es die wissenschaftliche Arbeitsweise verlangt, die vorliegende Forschung berücksichtigen, ihre Ergebnisse verarbei-

3   Richard M. Hartwell, Die Ursachen der Industriellen Revolution. Ein Essay zur Methodologie, in: Industrielle Revolution. Wirtschaftliche Aspekte, Köln 1972, S. 35–38 (Neue Wissenschaftliche Bibliothek 50).

ten und damit überholen. Da jedoch jede geschichtswissenschaftliche Untersuchung eine ihr eigene Fragestellung zum Grunde hat und historische Arbeiten sich nicht darauf beschränken, wiederholte Versuche an immer demselben Gegenstand zu sein, ist es grundsätzlich anzustreben, sich möglichst vollständig über angebotene Forschungsergebnisse zu informieren. Nur dadurch lassen sich unterschiedliche Ansätze, sowie – daraus resultierend – unterschiedliche Materialgrundlage und methodisches Vorgehen vergleichen und die Ergebnisse bewerten. Eine Abgrenzung des Wissenswerten vom weniger Wichtigen und Unerheblichen wird erst dadurch möglich. Die Überprüfung der eigenen Hypothesen durch die Konfrontation mit der Fachliteratur erleichtert es, das eigene Vorverständnis als wichtige Größe im Erkenntnisprozeß klarer zu erkennen. Ein vorwissenschaftliches Verständnis des Forschungsgegenstands ist notwendige Gegebenheit jeder geschichtswissenschaftlichen Arbeit. Wer diese Fixierung leugnet, hat sie nicht etwa überwunden, sondern ist ihr, da er sie niemals reflektiert hat, um so stärker verhaftet.

Die Forderung, sich einen vollständigen Überblick über die jeweils einschlägige Fachliteratur zu verschaffen, muß trotz der endlos scheinenden Bücherliste, nicht zur Resignation führen. Sich einen Überblick verschaffen, setzt nicht voraus, jedes Buch von Anfang bis Ende zu studieren. Es gibt bestimmte Methoden und Hilfsmittel, diese Aufgabe sinnvoll und mit vertretbarem Zeitaufwand zu erledigen (s. dazu unten, S. 97–105). Hier, im Zusammenhang mit der Frage nach dem Forschungsstand, sei nur auf die Bedeutung von Forschungsberichten und Rezensionen hingewiesen.

Forschungsberichte stellen alle oder die wichtigen Neuerscheinungen zu einem Themenkomplex vor, beschreiben ihre Thesen und Ergebnisse und bewerten den Beitrag, den sie zum Forschungsstand leisten. Beim Bibliographieren sollte immer nach solchen Forschungsberichten Ausschau gehalten werden[4]. Viele Fachzeitschriften enthalten nicht nur einen ausführlichen Rezensionsteil, sondern publizieren in unregelmäßigen Abständen, meistens anläßlich einer Reihe wichtiger Neuerscheinungen, Forschungsberichte über bestimmte Forschungsgebiete. Häufig enthalten auch historische Un-

---

4 Forschungsberichte zum Komplex „Preußische Reformen", die sich allerdings meistens auf eine kurze Anzeige der Neuerscheinungen beschränken, finden sich z. B. in GWU und in den JbGMO. Einen Überblick über den Forschungsstand bietet auch W. Hubatsch, Die Stein-Hardenbergschen Reformen, Darmstadt 1977 (Erträge der Forschung, Bd. 65). Dort jedoch keine Information über Forschungen aus der DDR.

tersuchungen selbst in ihrem Einleitungskapitel eine Art Forschungsbericht, indem der Verfasser, um die eigene Arbeit in die Forschung einzuordnen oder sich von ihr zu distanzieren, die bisherigen Forschungsergebnisse referiert und die offenen Fragen markiert. (Dabei erscheinen als die offenen Fragen allerdings meistens diejenigen, die der betreffende Autor dann in seiner Arbeit klärt oder klären will.)

Eine ähnliche Hilfestellung bei dem Versuch, sich in der Fachliteratur zurechtzufinden, leisten *Rezensionen,* indem sie über den Untersuchungsgang, die Arbeitshypothesen und die Ergebnisse des besprochenen Werks informieren, so daß sich abschätzen läßt, ob und wie ausführlich es für die eigene Arbeit benutzt werden muß. Bei informations- und materialreichen, zugleich kompliziert aufgebauten und umfangreichen Büchern können Rezensionen dazu dienen, den Einstieg in die Lektüre zu erleichtern[5]. Doch nicht nur die neueren, sondern vor allem auch ältere Werke können durch Rezensionen oft gut erschlossen werden. Bisweilen erübrigt sich damit die gründliche Lektüre dieser älteren Werke. Im ,,Gebhardt" findet sich z. B. im Artikel von Max Braubach über die preußischen Reformen der Hinweis auf eine Kontroverse zwischen Max Lehmann und Ernst v. Meier über die Einschätzung des Freiherrn vom Stein und des Einflusses der französischen Revolution auf die preußischen Reformen[6]. Die Rezensionen zu den Werken der beiden Historiker[7] zeigen nicht nur die Grundsätzlichkeit und das Ausmaß der Kontroverse, sondern machen auch bereits mit zwei wichtigen Positionen zur Einschätzung der Reformen bekannt[8].

5 Vgl. z. B. die Rezensionen zu Koselleck (s. o., S. 82, Anm. 1), in: VSWG 57 (1970), S. 121–125 (Besprechung v. Jürgen Kocka); ZfG 19, 1 (1971), S. 112–115 (Besprechung v. Helmut Bleiber).

6 Vgl. o., S. 44, Anm. 3.

7 Max Lehmann, Freiherr vom Stein, 3 Bde., Leipzig 1902–1905; Ernst v. Meier, Französische Einflüsse auf die Staats- und Rechtsentwicklung Preußens im 19. Jahrhundert, 2 Bde., Leipzig 1907/08.

8 Zur Kontroverse zwischen Max Lehmann u. Ernst v. Meier: Otto Hintze, Stein und der preußische Staat. Eine Besprechung von Max Lehmanns Stein-Biographie, in: HZ 94 (1905), S. 412–446; Otto Hintze, Rezension des 2. Bands von E. v. Meiers ,,Französische Einflüsse . . . ", in: FBPG 21, 1 (1908), S. 313–326. Adalbert Wahl, Rezension des 2. Bandes von E. v. Meiers ,,Französische Einflüsse . . . ", in: HZ 103 (1909), S. 359–366. Hans Delbrück, Max Lehmanns Stein, in: Preuß. Jbb., S. 453 ff.; die Streitschriften der Kontrahenten selbst: M. Lehmann, Die preußische Reform von 1808 und die französische Revolution, in: Preuß. Jbb. 1908, S. 211 ff.; E. v. Meier, Der Minister von Stein, die französische Revolution und der preußische Adel. Eine Streitschrift gegen Max Lehmann, Leipzig 1908; dazu wiederum die Besprechung Hintzes in FBPG 21, II, S. 625–627.

Das grundsätzliche Problem, daß „Forschungsstand" als gedankliche Synthese und Interpretation sich jedem Historiker unterschiedlich darstellen kann, gilt allerdings auch für Rezensionen und Forschungsberichte, so daß ihre Lektüre anregend und verwirrend zugleich sein kann. Die Besprechungen zu der eben angeführten Kontroverse zwischen Lehmann und v. Meier gibt z. B. ebenso Aufschluß über das Selbstverständnis der deutschen Geschichtswissenschaft um 1900 (ihr Bild zur französischen Revolution, zur Revolution überhaupt und zur preußisch-deutschen Vergangenheit) wie
über die Reformzeit um 1800.

Standort und Fragestellung des Historikers können zu diametral
entgegengesetzten Urteilen über den Forschungsstand führen: Im
Jahre 1955 stellte z. B. Walther Hubatsch über den Forschungsstand zur Geschichte des Ersten Weltkriegs fest: „Die Geschichte
der Jahre 1914–1918 ist so gut durchforscht wie kaum eine andere Epoche. Der Historiker bewegt sich überall auf sicherem Boden"[9]. Zur selben Zeit arbeitete Fritz Fischer an einer umfangreichen Untersuchung über die deutsche Kriegszielpolitik im Ersten
Weltkrieg, wobei er davon ausging, daß der Forschungsstand völlig
unbefriedigend sei[10]. Offenbar hat Fischer in diesem Fall die tref-
fendere Beurteilung des Forschungsstandes gegeben. Denn das Erscheinen seines Buches „Griff nach der Weltmacht" provozierte
nicht nur eine bedeutende wissenschaftliche Kontroverse, sondern
löste eine wahre Flut von Arbeiten über den Ersten Weltkrieg und
den deutschen Imperialismus der Vorkriegs- und Kriegszeit aus[11].

9 Walther Hubatsch, Der Weltkrieg 1914–1918, in: Handbuch der deutschen
  Geschichte, hg. v. Leo Just, Bd. IV/2, Konstanz 1955, S. 2.
10 Fritz Fischer, Deutsche Kriegsziele. Revolutionierung und Separatfrieden
  im Osten 1914–1918, HZ 188 (1959), S. 249–310, 249 f.; ders., Griff
  nach der Weltmacht. Die Kriegszielpolitik des kaiserlichen Deutschland,
  Düsseldorf 1961.
11 Arnold Sywottek: Die Fischer-Kontroverse. Ein Beitrag zur Entwicklung historisch-politischen Bewußtseins in der Bundesrepublik, in:
  Deutschland in der Weltpolitik des 19. und 20. Jahrhunderts. Fritz Fischer zum 65. Geburtstag, hg. v. I. Geiss und B. J. Wendt, Düsseldorf
  1973, S. 19–47.

c) Fragestellungen und Methoden

Die Beispiele über eine divergierende Beurteilung des Forschungsstandes haben bereits angedeutet, daß neue Fragen und Ergebnisse oft oder meistens durch ein verändertes Forschungsinteresse provoziert werden. So hat in der deutschen Geschichtswissenschaft das Jahr 1945 eine Neuorientierung – in der DDR schneller als in der Bundesrepublik – eingeleitet, insofern als die selten hinterfragten Grundwerte der Historiker wie „Staat" oder „Nation" problematisch geworden waren und die Aufmerksamkeit auf andere gesellschaftliche Organisationsformen als nur Regierung und Bürokratie gelenkt wurde, z. B. auf Parteien, Verbände, die Rolle der Kirchen im politisch-gesellschaftlichen Leben. Neben den Reformen in Preußen findet in der Bundesrepublik heute der „Rheinbund" besondere Aufmerksamkeit.

Doch nicht allein die je besondere Situation der Gegenwart bewirkt einen Wandel des historischen Bewußtseins und damit der Fragen des Historikers. Ziel und Richtung geschichtswissenschaftlicher Fragestellungen können auch durch andere Vorbilder beeinflußt werden. Eine besondere Bedeutung hat z. B. gerade in den letzten Jahren unter dem Einfluß westeuropäischer Tradition die Rezeption von Ergebnissen, aber mehr noch von Themen und Methoden der benachbarten Sozialwissenschaften erfahren. Die Versuche z. B., *Ereignisgeschichte* durch *Strukturgeschichte* zu ergänzen oder zu ersetzen, oder die Versuche, eine Analyse politischer Entscheidungen von Einzelnen oder Gruppen in einen längerfristigen Konjunkturverlauf einzuordnen[12], sind ohne das Vorbild der französischen „histoire structurelle" (Programm der „Annales") oder der amerikanischen Wirtschaftsgeschichte nicht denkbar. Gerade auch für die Sozialgeschichte der preußischen Reformzeit und des Vormärz sind diese Ansätze fruchtbar geworden, was sich z. B. an der Entwicklung des Forschungsinteresses Werner Conzes einerseits und Wolfram Fischers andererseits demonstrieren läßt[13]. Die heute aktuelle *Alltagsgeschichte* ist durch das angelsächsische Vorbild der popular history angeregt worden.

12 Hans Rosenberg, Große Depression und Bismarckzeit. Wirtschaftsablauf, Gesellschaft und Politik in Mitteleuropa, 3. Aufl. Berlin 1976.
13 Werner Conze, Die Stellung der Sozialgeschichte in Forschung und Unterricht, in: GWU 3 (1952), S. 648–657; ders., Die Strukturgeschichte des technisch-industriellen Zeitalters als Aufgabe für Forschung und Unterricht, Köln 1957; Wolfram Fischer, Einleitung zu Wirtschaft und Gesellschaft im Zeitalter der Industrialisierung. Aufsätze – Studien – Vorträge, Göttingen 1972, S. 9–13 (Kritische Studien zur Geschichtswissenschaft 1).

Einen großen Einfluß auf die theoretische Konzeption und die thematische Ausrichtung der westdeutschen Geschichtswissenschaft gewinnt vor allem auch die Auseinandersetzung mit der marxistischen Historiographie und Geschichtstheorie. Diese wissenschaftliche Auseinandersetzung steckt in der Bundesrepublik als Folge der weit verbreiteten, traditionellen Ablehnung des Marxismus allerdings noch in den Anfängen. Vor allem die Auseinandersetzung mit der Geschichtswissenschaft in der DDR stand völlig unter dem Banne der antikommunistischen Ideologie des Kalten Krieges. Während es in der Geschichtswissenschaft in der DDR eine kontinuierliche Beschäftigung mit Forschungsrichtungen und -ergebnissen der westdeutschen Historiographie gibt — sei es auch nur, um sich scharf und polemisch davon abzugrenzen —, so werden in der Bundesrepublik noch heute viele Forschungsgebiete bearbeitet, ohne daß die Ergebnisse der marxistischen Geschichtsforschung zur Kenntnis genommen werden. Eine starke Behinderung des wissenschaftlichen Austausches besteht außerdem darin, daß die Auseinandersetzung ausschließlich schriftlich geführt wird: Gemeinsame Tagungen von Historikern der DDR und der Bundesrepublik finden nicht statt, wobei die Tendenz zur Abgrenzung auf beiden Seiten stark ist. An bundesdeutschen Universitäten lehren keine marxistischen Historiker. Umgekehrt gibt es zwar auch keine Vertreter sog. bürgerlicher Wissenschaft an den Hochschulen der DDR, aber im Gegensatz zur DDR versteht sich die Bundesrepublik als eine offene, eine ,,pluralistische" Gesellschaft, d. h. bezogen auf die Wissenschaft, sie erhebt den Anspruch, Methodenpluralismus zu gewährleisten.

Die Reserve oder Ablehnung gegenüber marxistischer Wissenschaft wirkt sich nicht nur auf die Beziehung zur Geschichtswissenschaft in der DDR und anderen sozialistischen Ländern aus, sondern behindert auch immer noch die Rezeption von Forschungsleistungen westeuropäischer, u. a. französischer Marxisten. Gewissermaßen eine Spätfolge des verkrampften Verhältnisses zwischen traditioneller Geschichtswissenschaft in der Bundesrepublik und marxistischer Geschichtswissenschaft in der DDR ist es, wenn heute an bundesdeutschen Hochschulen bisweilen die Studenten, die sich Methoden und Wertmaßstäbe des historischen Materialismus anzueignen versuchen, ihre Seminararbeiten vorwiegend oder ausschließlich auf die Werke von Historikern aus der DDR stützen und es für überflüssig halten, sich ernsthaft mit den Ergebnissen der traditionellen historischen Forschung auseinanderzusetzen. Auch die Gelegenheit, marxistische Standpunkte der DDR-Geschichtsforschung durch die Einbeziehung französischer und englischer marxistischer Werke zu überprüfen, wird meistens nicht genutzt, obwohl sie geeignet wäre,

Kontroversen, Interpretationsunterschiede und unterschiedliche wissenschaftliche Ansätze innerhalb der marxistischen Geschichtswissenschaft bewußt zu machen.

Wichtig für die empirische Arbeit des Historikers ist es, daß alle neuen Fragestellungen und neu entwickelten oder rezipierten theoretischen Erklärungsmodelle ihn dazu führen, sich bisher unbeachtete oder wenig beachtete Quellengruppen zu erschließen. Wer heute eine Untersuchung über beispielsweise das Handwerk um 1800 anstellt, beschränkt sich nicht mehr darauf, überwiegend oder ausschließlich Quellen zur rechtlichen Organisation und Reglementierung des Handwerks (Zunftordnungen) zu studieren, sondern versucht, Quellengruppen heranzuziehen, die eine konkrete Beschreibung über die „wirkliche" Situation verschiedener Handwerkszweige in verschiedenen Regionen ermöglichen. Dazu gehören außer zeitgenössischen Situationsschilderungen, die ja in der Regel „subjektive", d. h. von der Interessenlage, der sozialen und beruflichen Zugehörigkeit gefärbte Standpunkte der jeweiligen Verfasser enthalten, vor allem Statistiken über die Besetzung einzelner Handwerkszweige, über das Zahlenverhältnis von Meistern und Gesellen wie zwischen Stadt- und Landhandwerk; außerdem Preis- und Lohntabellen. Dabei ergeben sich große methodische Probleme bei der Erhebung und bei der Auswertung des statistischen Materials. Einmal ist es äußerst schwierig, verläßliche Zahlenreihen über sozialhistorische Daten herzustellen und zum anderen ist es höchst unsicher, welche Schlüsse die so „objektiv" erscheinenden Zahlen zu ziehen erlauben, d. h. wie sich die quantitativen Aussagen in qualitative umwandeln lassen (s. u., S. 141–144). Um nur ein Beispiel zu nennen: Deutet eine Statistik, die für das Schuhmacherhandwerk eine starke Zunahme von Beschäftigten und Betrieben während eines bestimmten Zeitraums angibt auf eine Blüte oder gerade im Gegenteil (infolge einer Überfüllung in diesem Bereich) auf eine Krise dieses Handwerkszweiges hin? [14]

Unterschiedliche Fragestellungen und – daraus resultierend – unterschiedliche Methoden können auf den zeit- und ortsbedingten Standort des Verfassers zurückgeführt und *ideologiekritisch* durchleuchtet werden. Jedoch sollte darüber nicht außer acht gelassen werden, daß auch verschiedene Formen der Darstellung unterschied-

---

14 Karl Heinrich Kaufhold, Das preußische Handwerk in der Zeit der Frühindustrialisierung, in: Beiträge zu Wirtschaftswachstum und Wirtschaftsstruktur im 16. und 19. Jahrhundert, hg. v. W. Fischer, Berlin 1961, S. 169–193. Ders., Das Gewerbe in Preußen um 1800, Göttingen 1978.

liche Fragestellungen implizieren und unterschiedliches methodisches Vorgehen verlangen. Eine Betrachtung, betitelt: „Fragen an Preußen"[15] ist ganz etwas anderes als ein Aufsatz „Vom Oktoberedikt des Jahres 1807 zur Deklaration von 1816"[16]. Eine Biographie über den Reichsfreiherrn vom Stein[17] stellt andere methodische Anforderungen als eine auf statistischer Analyse beruhende Studie über „Die Wirtschaftsstruktur mitteleuropäischer Gebiete an der Wende zum 19. Jahrhundert unter besonderer Berücksichtigung des gewerblichen Bereichs"[18].

2. Aussagemöglichkeiten der Fachliteratur

Unter dem Aspekt der Form historischer Arbeiten ist die grobe Einteilung der Fachliteratur in *Untersuchungen* und *Darstellungen* sinnvoll. Anders als die ebenfalls gebräuchliche Klassifizierung nach *Gesamtdarstellung* und *Monographie* (Einzeldarstellung) gehen die Beziehungen Darstellung und Untersuchung nicht so sehr aus von Art und Umfang des Themas, sondern von der Zielsetzung des Verfassers und damit von der Form und der Methode der Arbeit. Der Gegenstand selbst oder gar die Ausführlichkeit der Arbeit treten demgegenüber in ihrer Bedeutung als Unterscheidungsmerkmal zurück. Es gibt zahlreiche Spezialstudien (Monographien), die weitaus umfangreicher sind als Werke, die den Charakter von Gesamtdarstellungen haben. So behandelt z. B. das Buch von Reinhart Koselleck, „Preußen zwischen Reform und Revolution" einen Zeitraum von fast 60 Jahren, es umfaßt 732 Seiten und ist gleichwohl eindeutig eine Monographie über „Allgemeines Landrecht, Verwaltung und soziale Bewegung"; dagegen umfaßt das Bändchen von Knut Borchardt „Die Industrielle Revolution in Deutschland" weniger als 100 Seiten, betrachtet einen Zeitraum von 100 Jahren und ist zweifellos keine Spezialstudie, sondern eine Gesamtdarstellung zum Problem der deutschen Industrialisierung.[19]

15 Rudolf von Thadden: Fragen an Preußen. Zur Geschichte eines aufgehobenen Staates, München 1981.

16 Hartmut Harnisch: Vom Oktoberedikt des Jahres 1807 zur Deklaration von 1816. Problematik und Charakter der preußischen Agrargesetzgebung zwischen 1807 und 1816, in: JbWG, Sonderbd. 1978, S. 231– 293.

17 Z. B. Gerhard Ritter, Stein. Eine politische Biographie, 2 Bde., Stuttgart 1931.

18 Friedrich Wilhelm Henning, in: Beiträge zu Wirtschaftswachstum und Wirtschaftsstruktur im 16. und 19. Jahrhundert (vgl. Anm. 14), S. 59–82.

19 Knut Borchardt, Die Industrielle Revolution in Deutschland, München 1972 (serie piper, Bd. 40).

Unterhalb dieses Einteilungsprinzips nach formalen Kriterien läßt sich die Fachliteratur nach ihrem Gegenstand spezifizieren: Es gibt Abhandlungen über bestimmte Ereignisfolgen im innen- oder außenpolitischen Bereich, über internationale Beziehungen, zur Kriegs- und Militärgeschichte, über soziale Gruppen (Parteien, Verbände, Bürokratie), über Institutionen, Dynastien oder historische Persönlichkeiten (Biographie). Die Wahl des Gegenstands ist dann bereits auch wieder eine Frage des Forschungsinteresses des Verfassers und bedarf insofern der Ideologiekritik.

Eine *Untersuchung* setzt sich die Aufarbeitung eines bestimmten, klar eingegrenzten Themas, das bisher noch nicht oder nicht befriedigend behandelt worden ist, zum Ziel. Im Mittelpunkt der Untersuchung steht die begründete Auswahl und die belegte und abgesicherte Auswertung von Quellen, die bisher entweder unbekannt (ungedruckte Quellen) oder noch nicht für den gewählten Zusammenhang herangezogen worden sind. Die Quelleninterpretation muß dabei ständig mit Hilfe der vorhandenen Fachliteratur überprüft werden. Gestützt auf die Quellen werden Ergebnisse oder Thesen formuliert, die eine Lösung oder Erklärung bisher offener Probleme geben können. *Wichtige Merkmale* einer Untersuchung sind also die Nachprüfbarkeit jedes einzelnen Abschnitts im Argumentationsgang durch Verweis auf historisches Material (Anmerkungsapparat, Quellen- und Literaturverzeichnis) und die Neuheit des Gegenstands und der Ergebnisse.

Oft wird aus diesem Verständnis einer wissenschaftlichen Untersuchung das entscheidende Kriterium für ihre Beurteilung in der Stimmigkeit der Beweisführung und in der Originalität des Themas oder der Ergebnisse gesehen. Die Frage nach der Relevanz des Themas tritt dabei in den Hintergrund. Wegen dieser Auffassung, die Befriedigung bereits darin findet, etwas zu erfahren, was bisher unbekannt war, ist der Geschichtswissenschaft immer wieder vorgeworfen worden, sie gewinne ihre Motivation aus einem rein „antiquarischen Interesse" an der Vergangenheit. „Neuheit" jedoch und das „Füllen einer Forschungslücke" — wie eine oft wiederkehrende Formulierung in Rezensionen lautet — sollten auch eine qualitative Bedeutung haben, indem Forschungsthemen und -ergebnisse nach ihrer Wichtigkeit und ihrem Belang differenziert werden. In der Frage allerdings, wie und woran das Gewicht oder die Relevanz von Forschungsleistungen gemessen werden müssen, liegt ein häufiger Grund für Kontroversen begründet, die innerhalb der Geschichtswissenschaft kaum lösbar sind, weil vor- und außerwissenschaftliche Einstellungen und Entscheidungen in sie eingehen.

Wenn Untersuchungen die einzelnen Bausteine zur Rekonstruktion der Geschichte sind, so könnte man in der *Darstellung* den Versuch erblicken, daraus ein fertiges Gebäude zu errichten. Die Darstellung legt das Schwergewicht nicht auf die Analyse einzelner Phänomene, sondern auf deren Synthese und auf die interpretierende Beschreibung eines umfassenden Zusammenhangs. Das Ziel der Darstellung ist eine Gesamtschau oder -interpretation einer Epoche, einer sozialen Gruppe, einer längerfristigen Entwicklung in Verfassung, gesellschaftlichen oder politischen Organisationen, der Ökonomie oder der Kultur. Je nach ihrem Gegenstand gibt die Darstellung einen Quer- oder einen Längsschnitt durch einen bestimmten Komplex der Vergangenheit. Ernst Rudolf Hubers siebenbändige „Deutsche Verfassungsgeschichte seit 1789" gibt z. B. einen Längsschnitt durch die Verfassungsentwicklung in Deutschland. Veit Valentins zweibändige „Geschichte der deutschen Revolution" 1848/49 dagegen ist Beispiel eines Querschnitts, indem er versucht, innen-, außen- und verfassungspolitische, soziale, wirtschaftliche und ideologische Faktoren und Entwicklungslinien der 48er Revolution aufzuzeigen.[20] Der Umfang eines Werks ist für diese Klassifizierung nicht maßgebend. Auch bei Huber wird die Revolution von 1848 auf 400 Seiten breit behandelt, jedoch seinem Thema entsprechend unter dem leitenden Aspekt der Verfassungsgeschichte.

In die Gruppe der Darstellungen gehören auch die Handbücher. Hier tritt jedoch die Zielsetzung, eine eigene Interpretation zu liefern, hinter der Aufgabe, Informationen bereitzustellen, zurück. Da im Mittelpunkt der Darstellung die Absicht steht, einen größeren Zusammenhang sichtbar werden zu lassen, spielt das Vorstellen und Auswerten von einzelnen Quellen eine untergeordnete Rolle. Sie benutzt vielmehr die Forschungsergebnisse vorliegender Untersuchungen. Instruktiv ist es z. B., die Gesamtdarstellung Otto Hintzes über „Die Hohenzollern und ihr Werk" mit seinen zahlreichen Untersuchungen über Spezialprobleme der preußischen Geschichte zu vergleichen[21]. Die Umsetzung von Forschungsergebnissen aus Unter-

20 Ernst Rudolf Huber, Deutsche Verfassungsgeschichte seit 1789, 7 Bde., Stuttgart, Berlin, Köln, Mainz 1957–1978; Veit Valentin, Geschichte der deutschen Revolution, (2 Bde., Berlin 1930/31), Köln Berlin 1970 (Studienbibliothek Kiepenheuer & Witsch).
21 Otto Hintze, Die Hohenzollern und ihr Werk. Fünfhundert Jahre vaterländischer Geschichte, Berlin 1915, Nachdruck Darmstadt 1979/80; dazu: ders., Regierung und Verwaltung. Gesammelte Abhandlungen zur Staats-, Rechts- und Sozialgeschichte Preußens (Bd. 3 der Gesammelten Abhandlungen, 2. Aufl., hg. von G. Oestreich), Göttingen 1967.

suchungen in die Form einer wissenschaftlich fundierten Darstellung läßt sich hier besonders gut nachvollziehen, da in diesem Falle beide vom selben Verfasser stammen. Oft oder meistens werden in Darstellungen jedoch nicht überwiegend eigene, sondern fremde Untersuchungen verarbeitet (Forschungsstand).

Durch den Vergleich vieler Spezialstudien und die Einordnung ihres Ertrags in den Interpretationsrahmen eines umfangreichen Themas spiegeln die Darstellungen das Geschichtsbild des Verfassers und seiner eigenen Epoche meistens unverschlüsselter wider als Untersuchungen.

Die hier vorgenommene Abgrenzung zwischen *Untersuchungen* und *Darstellungen* versucht, einige kennzeichnende Merkmale herauszuarbeiten. Dadurch ist keineswegs ausgeschlossen, daß es in vielen Fällen schwierig sein wird, ein Werk der einen oder anderen Gruppe zuzuordnen. In einem Literaturverzeichnis oder einer Bibliographie wird deshalb gewöhnlich nicht nach Untersuchungen und Darstellungen spezifiziert. Dennoch ist die Unterscheidung wegen des unterschiedlichen Erkenntniswertes beider sinnvoll. So spielen beide auch auf verschiedenen Stufen des eigenen Arbeitsprozesses die wichtigere Rolle. Die erste Orientierung über ein Thema wird vermutlich meistens mit Hilfe von Handbüchern und der Lektüre verschiedener Artikel aus Nachschlagewerken beginnen (s. o., S. 41–51). Um sich anschließend in die Einarbeitung des Themas zu vertiefen, ist eine weniger umfangreiche Untersuchung, wie z. B. ein Aufsatz, oft nützlicher als eine womöglich dickleibige Darstellung. Zwar kann auch am Beginn der eigenen Arbeit eine Darstellung zu dem Bereich, in den das eigene Thema gehört, motivieren und anregen; sie gibt zu diesem Zeitpunkt aber meistens noch keine konkreten, weiterführenden Fragen. Wer noch keine oder kaum Kenntnisse der „Fakten" und wichtiger „Zusammenhänge" besitzt, wird das Gewicht einer vorgetragenen Gesamtinterpretation nicht abschätzen können. Dagegen verhilft die Darstellung nach der Einarbeitung in ein Thema auf der Grundlage von Spezialuntersuchungen dazu, die bedeutsamen Akzente und Weichenstellungen der Interpretation aufzunehmen und die eigene Fragestellung klarer zu formulieren.

Beim Studium von Untersuchungen besteht, solange Ziel und Richtung der eigenen Arbeit noch verschwommen sind, umgekehrt die Gefahr, daß man in den Einzelheiten ertrinkt oder daß die Einzelprobleme sich verselbständigen. Man sieht dann den Wald vor lauter Bäumen nicht mehr! Gerade für Untersuchungen gilt es deshalb besonders, sich über Fragestellung und Intention des Verfassers Klarheit zu verschaffen, damit später geprüft werden kann, ob sich die in der Untersuchung vorgetragenen Ergebnisse in ihrem Aussagewert verändern, wenn sie aus dem dort hergestellten Fragenzusammenhang herausgelöst werden. Am Beispiel der Historiographie zu den preußischen Reformen läßt sich die Wechselwirkung von Fragestellung und Forschungsergebnis gut illustrieren, da es einen erheblichen Unterschied macht, ob die Reformen als aktueller politischer Eingriff in einer kritischen Situation des preußischen Staates oder als Teilstück eines langfristigen Wandlungsprozesses von Wirtschaft und Gesellschaft Preußens untersucht werden. So kommt z. B. Ernst Klein in einer Untersuchung über die „Finanzpolitik und Reformgesetzgebung des preußischen Staatskanzlers Hardenberg"[22] zu dem Ergebnis,

„daß die zum Teil sehr liberal erscheinende Gesetzgebung Hardenbergs, . . . , im Grunde finanzpolitische Motive gehabt hat, und daß gerade jene Tendenzen in der inneren Politik des Staatskanzlers, welche als Ausdruck seiner liberalen Überzeugungen gewertet worden sind, in Wahrheit finanziellen Erwägungen vornehmlich ihre Entstehung verdanken" (315 f.).

Diese These vom rein fiskalischen Interesse Hardenbergs an der Reformgesetzgebung ist wichtig, wenn die Auswirkungen der Finanznot Preußens nach der Niederlage gegen Napoleon auf die Formulierung und die Durchführung der Reformgesetze untersucht werden sollen. Sie ist ebenfalls wichtig, wenn es im Rahmen des Themas „Träger und Gegner der Reformen" um eine Einschätzung der Intentionen Hardenbergs geht. Unter der Fragestellung dagegen, ob die Reformgesetzgebung Ausgangspunkt für eine Modernisierung der preußischen Gesellschaft gewesen ist, bleibt die These vom „rein fiskalischen Interesse" ziemlich irrelevant und verstellt den Weg zu weiterführenden Fragen. Die Aussage, daß die Gewerbefreiheit nur wegen der erhofften Einnahmen aus der damit verknüpften Gewerbesteuer erlassen worden ist, hilft nicht weiter, wenn die Bedeutung der Gewerbefreiheit für die soziale Mobilität in Preußen untersucht werden soll[22a].

Untersuchungen und Darstellungen sind Beispiele für verschiedene Aussagemöglichkeiten der Fachliteratur: Untersuchungen spiegeln die wachsende Tendenz zur Problematisierung bislang als selbstverständlich hingenommener Sachverhalte wider; Darstellungen stre-

22 Ernst Klein, Von der Reform zur Restauration, Berlin 1965 (Veröffentlichungen der Historischen Kommission zu Berlin, Bd. 16).
22a Vgl. jetzt: Barbara Vogel, Allgemeine Gewerbefreiheit. Die Reformpolitik des preußischen Staatskanzlers Hardenberg (1810–1820), Göttingen 1983.

ben dagegen an, die komplizierter werdenden Probleme durch zusammenfassende Deutungsversuche überschaubar zu machen.

Statt in sich geschlossener Gesamtdarstellungen tritt heute infolge der Spezialisierung der Wissenschaft und der Differenzierung ihrer Fragestellungen und Methoden eine andere, gewissermaßen vorläufigere Form der Einordnung verschiedener Forschungsansätze und -ergebnisse in einen größeren Interpretationsrahmen immer mehr in den Vordergrund. Die Gesamtschau einer historischen Epoche oder eines Problems wird als eine Sammlung von Spezialuntersuchungen angeboten, mit deren Auswahl und interpretierender Einordnung in den thematischen Zusammenhang der Herausgeber gleichsam das Material für eine Gesamtdarstellung ausbreitet. Diese *Aufsatzsammlungen* sind von höchst unterschiedlichem Aufbau und Informationswert. Da sie im Studium wie womöglich für den zukünftigen Beruf ein immer häufiger benutztes Hilfsmittel zur Orientierung über den Stand der Forschung und zur Aufarbeitung zentraler Themen der Geschichtswissenschaft werden, ist es erforderlich, sich über ihre Vorteile und Gefahren Klarheit zu verschaffen. Ihrer unterschiedlichen Intention entsprechend zielen diese Aufsatzsammlungen entweder darauf ab, eine Einführung in ein Forschungsproblem zu geben, einen aktuellen Forschungsstand zu einem relevanten Thema zu reflektieren, die Geschichte der Geschichtsschreibung zu einem bestimmten Forschungsproblem nachzuzeichnen oder wichtige, entlegene Aufsätze wieder hervorzuholen, um sie der Forschung neu zugänglich zu machen. Ohne den umständlichen und zeitraubenden Weg des eigenen Bibliographierens gehen zu müssen, erhält man eine repräsentative Auswahl von Untersuchungen und einen fundierten Überblick über gesicherte Ergebnisse und offene Kontroversen. Jedoch werden diese Sammlungen den hohen in sie gesetzten (oft selbst gesetzten) Ansprüchen nicht immer gerecht. Deshalb ist jeder Band zu prüfen, ob Ungleichgewichtigkeit in der Qualität der einzelnen Beiträge, Einseitigkeit der Auswahl oder unzureichende Erläuterungen der Intention des Bandes und des Aussagewerts der einzelnen Beiträge durch den Herausgeber die Wiedergabe des Forschungsstands verfälschen.

Im Unterschied zu Aufsatzsammlungen sind gegenüber den sog. "Readern" grundsätzlichere Vorbehalte anzumerken. Denn *Reader* enthalten oft statt selbständiger Beiträge nur kürzere oder längere Auszüge aus umfangreichen Werken. Der Abdruck solcher Bruchstücke kann bisweilen die Desorientierung des Lesers eher vergrößern als abbauen. Auf jeden Fall werden Nachprüfbarkeit der Aussagen und eine kritische Auswertung der Beweisführung der einzelnen

abgedruckten Beispiele so gut wie unmöglich. Ziel der "Reader"
ist es, einen in sich geschlossenen oder abgerundeten Überblick
über ein Forschungsproblem zu geben unter Vernachlässigung
möglicher divergierender Ausgangspunkte und Zielsetzungen der
Autoren, die in kurzen Ausschnitten zu Wort kommen. Das Ergebnis solcher Versuche ist keineswegs immer abzulehnen, jedoch
besteht grundsätzlich die Gefahr zu unkritischer Übernahme von
Teilergebnissen, die aus ihrem Kontext herausgelöst sind und deshalb womöglich ihren Aussagewert verändert haben. Ein "Reader"
sollte also immer besonders sorgfältig auf seine Zuverlässigkeit und
Brauchbarkeit kontrolliert werden.

3. Auswertung der Fachliteratur

Es ist sinnvoll und auch üblich, an die Fachliteratur nicht nur mit
einem unbestimmten Interesse, sondern mit konkreten Fragen oder
mit einer eigenen Aufgabe heranzutreten. Die Aussagen der Fachliteratur sind dann leichter verständlich, sie lassen sich besser einordnen und bewerten. Wer ein Buch ohne festumrissene Fragen, nur
aus allgemeinem Wissensdrang liest, wird oft erfahren, daß er zwar
vieles bedeutsam und wichtig findet, aber dennoch nicht recht weiß,
welche Notizen oder Exzerpte er anfertigen soll. Als Folge davon
wiederum werden schon nach kurzer Zeit Argumentation und Ergebnisse des Buches vergessen, zumindest nicht mehr verfügbar sein.
Allerdings ist auch die Absicht, über einen bestimmten Zeitab-
schnitt „alles" wissen zu wollen, eine konkrete, wenn auch sehr
komplexe Aufgabe. Gerade ein Lehrer steht oft vor der Situation,
sich möglichst rasch in ein ihm bisher fremdes Gebiet einarbeiten
zu müssen, um den Schülern das „Wichtigste" im Unterricht zu vermitteln. Angesichts dieser Realität der Berufspraxis ist es eine drin-
gende Forderung an die Geschichtslehrerausbildung, die selbständige Aneignung der wesentlichen „Fakten und Zusammenhänge" eines umfangreichen historischen Themas einzuüben, ohne daß der
Anspruch auf wissenschaftliche Genauigkeit und Überprüfbarkeit
auf der Strecke bleibt. Die Erfahrungen aus Versuchen, Studierende
und Lehrende ein Lehrveranstaltungskonzept gemeinsam planen
und vorbereiten zu lassen, zeigen, wieviel Mühe und Überlegung es
kostet, geeignete Arbeitsmethoden zu entwickeln, da es nicht nur
darum geht, Kenntnisse für sich selbst zu erwerben, sondern die erworbenen Kenntnisse in ein Lehrprogramm mit gegliederten Schwerpunkten und konkreten Lernzielen umzusetzen. Die neuerdings

zahlreich erscheinenden "Reader" oder Aufsatzsammlungen (s. o., S. 95 f.), die oft zu besonders aktuellen Themen herausgegeben werden, bieten dabei einen guten Einstieg, da sie trotz begrenzten Umfangs Detailinformationen und Interpretationszusammenhänge zugleich bieten.

Zur ersten Orientierung über ein Thema dienen in der Regel Handbücher und Nachschlagewerke. Sie bilden die Grundlage für ein Problembewußtsein, das zur Benutzung der Fachliteratur anleitet. Die Fachliteratur vertieft, präzisiert und differenziert die durch die orientierende Handbuchlektüre sichtbar gewordenen Probleme. Sie beantwortet diese Fragen und zeigt Ursachen für kontroverse Ergebnisse auf.

a) Technische Auswertung

(1) Eine große Hilfe bei der Aufgabe, die bibliographierte Fachliteratur zu ordnen und zu gewichten, leisten *Forschungsberichte* und *Rezensionen* (s. o., S. 84–86).

Für den Themenkreis der preußischen Reformen zeigen sie die Verlagerung des Forschungsinteresses vom Biographischen (Intentionen der Träger der Reformen und ihrer Gegner) sowie Verfassungspolitischen und Staatsrechtlichen (Entstehung von Gesetzen, Verordnungen, Institutionen) zum Sozialhistorischen (Ursachen und Voraussetzung der „Industriellen Revolution" und der modernen Industriegesellschaft). Dabei – das zeigt schon die Kontroverse um 1900 zwischen Max Lehmann und Ernst v. Meier über die Frage, ob der Freiherr vom Stein ein Anhänger und Vollstrecker der „Ideen von 1789", d. h. der Französischen Revolution, gewesen ist – sind manche der wichtigen Interpretationsgegensätze schon in der älteren Literatur gegeben.

Otto Hintze[23] bringt die Kontroverse zwischen Lehmann und Meier auf die Begriffe „Katastrophentheorie" und „Entwicklungstheorie". Nach der ersten Anschauung ist Preußen vor 1806 ein moralisch und politisch dekadentes Staatswesen, der militärische und politische Zusammenbruch nach Jena und Auerstedt eine Folge der umfassenden Stagnation und sind die Reformen der grundlegende Neubeginn, ausgelöst durch Ideen und Impulse, die wegen der Reformunfähigkeit des alten Preußen von außen kommen mußten.

23 Rezension des 2. Bds. von E. v. Meier, Französische Einflüsse . . . (s. o., S. 85, Anm. 8).

Der Biograph Max Lehmann — so Hintze —, der das Geschehen im Spiegel der Intention und des Bewußtseins seines „Helden" betrachtet, neigt eher der Katastrophentheorie zu, weil ihm vor allem das „Neue" in Programm und Politik der Reformer, sowie die harten Kämpfe, die sie auszufechten haben, auffallen. Die zweite, die Entwicklungstheorie, zu der nach seiner Fragestellung der Verfassungshistoriker E. v. Meier neigt, sieht stärker die Vorgeschichte und die Kontinuität im historischen Ablauf, indem sie einzelne Reformedikte oder staatliche Institutionen bis zu ihren Wurzeln zurückverfolgt. Beiden Anschauungen gemeinsam — so würde ein heutiger Leser hinzufügen, ist die Betonung der *Ideengeschichte.* Ob für die Reformer oder in den Reformen vorrangig der Einfluß der „Ideen von 1789" wirksam wurde oder eine heimische Tradition alter deutscher Rechtsvorstellungen oder ob das englische Beispiel maßgebend war, ist die zentrale Frage gewesen. In einem Resümee des Forschungsstands zu den preußischen Reformen hat Kurt v. Raumer der Historiographie einen „Primat des Philosophischen" attestiert.[24]

Übertragen auf den ökonomischen Bereich stellte sich die Frage nach Kontinuität oder Bruch der historischen Entwicklung als Gegensatz zwischen Liberalismus oder Merkantilismus dar[25]: Resultierten die Agrarreformen aus der Anerkennung liberaler Grundsätze von Freiheit und Gleichheit der Person, basierten sie auf dem liberalen Eigentums- und Konkurrenzbegriff oder atmeten diese von der hohen, zumeist adligen, preußischen Bürokratie getragenen Reformen den „Geist des 18. Jhs."[26], intendierten sie eine Stabilisierung der hergebrachten, jedoch bedrohten Sozialstruktur und des Herrschaftssystems? Sind die Gewerbefreiheit oder die Judenemanzipation Ausfluß liberaler Gesinnung und Reformentschlossenheit oder Fortsetzung bzw. Wiederaufnahme merkantilistischer Eingriffe in das Wirtschaftsleben mit dem vorrangigen Zweck, die Einnahmen des Fiskus in schwerer Zeit zu vermehren?

Unter der heute in den Vordergrund rückenden Fragestellung nach dem tiefgreifenden sozialen Wandel, den Preußen wie die an-

24 Kurt von Raumer, Zur Beurteilung der preußischen Reform, in: GWU 18 (1967), S. 333—348.
25 Vgl. z. B. den Untertitel des Buches von Ilja Mieck, Preußische Gewerbepolitik in Berlin 1806—1844: „Staatshilfe und Privatinitiative zwischen Merkantilismus und Liberalismus", Berlin 1965 (Veröffentlichungen der Historischen Kommission zu Berlin, Bd. 20).
26 Georg Friedrich Knapp, Artikel „Bauernbefreiung", in: HdSW, Bd. 2, 2. Aufl., 1899, S. 351.

deren westeuropäischen Staaten im 19. Jahrhundert erlebte, werden die Reformen vor allem nach ihrem Stellenwert für die „Industrielle Revolution" befragt. Bei den Untersuchungen über die Auswirkungen der Reformgesetze auf die wirtschaftliche und soziale Entwicklung taucht das grundsätzliche, rechtstheoretische Problem auf, wie die wechselseitigen Beziehungen zwischen gesellschaftlicher Wirklichkeit und gesetzgeberischer Maßnahme zu bestimmen sind: Können Reformgesetze als entscheidende Ursache für einen Wandel der gesellschaftlichen Verhältnisse angesehen werden oder geht der Wandel der gesellschaftlichen Verhältnisse auf andere, längerfristig wirkende Ursachen zurück, und ist dabei seinerseits die Ursache für eine Reform der Gesetze? Wie die Historiker überhaupt, so haben auch die Wirtschaftshistoriker älterer Generationen, z. B. die sog. Historische Schule der Nationalökonomie (s. o., S. 83), in den Reformgesetzen die Zäsur und den entscheidenden Anstoß für den wirtschaftlichen und sozialen Wandel Preußens gesehen, weil sie — wie Hans Rosenberg in einer Besprechung Friedrich Lütges „Geschichte der deutschen Agrarverfassung vom frühen Mittelalter bis zum 19. Jh." sagt — dazu neigten,

„das materiale Sein aus dem Bewußtsein abzuleiten und deshalb sozial- und wirtschaftsgeschichtliche Erscheinungen und Wandlungen vornehmlich politisch, juristisch und idealistisch zu erklären, d. h. sie als Widerspiegelung oder Ergebnis politischer Willensakte, revidierter Rechtsordnungen und ideller Entwicklungen zu betrachten."[27]

Diese ideologiekritische Anmerkung steht nur scheinbar im Widerspruch zu der Feststellung, daß die Schmoller-Schule grundlegende, alles verfügbare Material aufbereitende und auswertende Studien vorgelegt hat, die für die Wirtschaftsgeschichte bahnbrechend geworden sind. Ihr geschichtstheoretischer Ansatz und Standort ändert nichts an der Tatsache, daß die Schmoller-Schule die Erforschung der sozialen und wirtschaftlichen Geschichte Deutschlands im 19. Jahrhundert vorangetrieben hat.

Der „Primat des Politischen" in der Reformära, d. h. die ausschlaggebende Bedeutung einer bestimmten machtpolitischen Konstellation, wird zwar durchgehend in der Literatur betont — der Vergleich der Handbuchdarstellungen zu diesem Thema hat bereits

27 Hans Rosenberg, Deutsche Agrargeschichte in alter und neuer Sicht, in: ders., Probleme der deutschen Sozialgeschichte, Frankfurt 1969, S. 106 (edition suhrkamp 340).

gezeigt, daß selbst marxistische Historiker die Rolle der politischen Persönlichkeiten des Freiherrn vom Stein und Hardenbergs hoch einschätzen (s. o., S. 44) — dennoch werden unter einer modernen sozialhistorischen Betrachtungsweise die Reformen als die Folge einer im 18. Jh. herangewachsenen Krise des staatlichen und gesellschaftlichen Lebens, verbunden mit ökonomischer Rückständigkeit interpretiert[28].

(2) Aus dem ersten vorläufigen Überblick und Ordnungsversuch der bibliographierten Fachliteratur, gestützt auch auf Forschungsberichte und Rezensionen, ergeben sich häufig bereits Anhaltspunkte für die Auswahl und die Reihenfolge der eigenen Lektüre. Als nächstes ist deshalb danach zu fragen, wie sich arbeitsökonomisch, d. h. rationell und ertragreich, eine einzelne Darstellung oder Untersuchung auswerten und kritisch benutzen läßt. Dazu ist es wichtig, sich möglichst frühzeitig über die Materialbasis, auf die sich ein Werk stützt, zu informieren, da die Zuverlässigkeit und das Gewicht der Aussagen in erheblichem Maße von der Repräsentanz seines Materials abhängt. Auskunft darüber geben das *Quellen- und Literaturverzeichnis* und — weil sich hier die konkrete Benutzung überprüfen läßt — der *Anmerkungsapparat* (Fußnoten).

Anders als während des Bibliographierens wird das Literaturverzeichnis jetzt nicht daraufhin geprüft, ob eventuell noch bisher unentdeckte Titel darin stecken, sondern ob der Verfasser alle wichtigen Informationsquellen herangezogen hat. Zweifellos wird der Anfänger — nicht nur der Studienanfänger, sondern jeder, der sich neu in ein Thema einarbeitet — große Schwierigkeiten haben, wenn er Lücken und Schwächen des Literaturverzeichnisses abschätzen soll. Doch ergeben sich nach sorgfältigem eigenem Bibliographieren und einer ersten Orientierung über Thema und Forschungsstand meistens schon wichtige Aufschlüsse. *1. Beispiel:* So wird es sofort auffallen, wenn die Biographie Peter G. Thielens über Hardenberg ohne Benutzung der zentralen Bestände des Preußischen Geheimen Staatsarchivs jetzt Deutsches Zentralarchiv Merseburg, dem Aufbewahrungsort des Hardenberg-Nachlasses, geschrieben worden ist[29]. Der Erkenntniswert einer solchen Studie kann deshalb nur begrenzt sein. Als

28 Vgl. David S. Landes, Die Industrialisierung in Japan und Europa. Ein Vergleich, in: Wirtschafts- und sozialgeschichtliche Probleme der frühen Industrialisierung, hg. v. W. Fischer, Berlin 1968, S. 29—117 (Einzelveröffentlichungen der Historischen Kommission zu Berlin, Bd. 1).
29 Peter G. Thielen, Karl August von Hardenberg 1750—1822, Köln und Berlin 1967.

Grund für das Fehlen wichtiger Quellengruppen weist Thielen darauf hin, daß die in Merseburg archivierten Bestände „der freien Forschung . . . schwer zugänglich" seien. Tatsächlich bestanden vielfältige wechselseitige Beschränkungen bei der Gewährung von Archivbenutzungsgenehmigungen zwischen West und Ost; gleichwohl sollte ein Verfasser gegebenenfalls prüfen, ob für ein bestimmtes Thema eine ausreichende Quellenbasis zur Verfügung steht. *2. Beispiel:* Zur Frage, wie intensiv die Untersuchung von Mieck (s. o., S. 98), in deren Untertitel die Begriffe „Liberalismus" und „Merkantilismus" auftauchen, grundsätzliche wirtschaftshistorische und wirtschaftspolitische Fragen klären wird, bietet ebenfalls das Literaturverzeichnis Aufschluß. Da dort kaum Hinweise auf wirtschaftshistorische Literatur zu finden sind, läßt sich vermuten, daß der Autor keinen Beitrag zur Klärung der Epochenbegriffe Merkantilismus und Liberalismus beabsichtigt.

Um beurteilen zu können, welche der im Literaturverzeichnis aufgezählten Titel vorwiegend benutzt worden sind, ist es notwendig, sich — wie schon angedeutet — den *Anmerkungsapparat* anzuschauen. In den Anmerkungen belegt der Verfasser die Herkunft seiner Aussagen — seien es „Fakten" oder „Zusammenhänge" — und grenzt sich gegen abweichende Meinungen ab, so daß die Anmerkungen die konkrete Auseinandersetzung mit der Fachliteratur wie mit den Quellen zeigen. Diese Charakterisierung der Anmerkungen trifft vor allem für Untersuchungen zu, weil in Darstellungen die Anmerkungen oft nur dem Beleg einzelner im Text angeführter Beispiele dienen oder Anregungen und Hinweise für weiterführende Lektüre geben, jedoch ohne Anspruch auf lückenlose Ausbreitung des benutzten Materials.

(3) Die Prüfung, ob die in einer Arbeit benutzte Materialbasis ausreichend und tragfähig ist, darf sich allerdings nicht auf das Messen und Zählen der Literaturangaben in Literaturverzeichnis und Anmerkungsapparat beschränken, sondern muß das benutzte Material in Beziehung zum Thema und zur Fragestellung des Verfassers setzen. Nicht immer gibt der Titel eines Werks bereits präzise das Thema wieder. Titel können das Thema allgemein umschreiben oder einordnen, oder sie sind unter verkaufsfördernden Gesichtspunkten eher plakativ als genau. Das *Inhaltsverzeichnis* und ein *Vorwort* oder eine *Einleitung* leisten Hilfe dabei, sich über das genaue Thema, seine Eingrenzung und seine Akzentuierung klar zu werden. *1. Beispiel:* Der oben genannte Aufsatz von David Landes, „Die Industrialisierung in Japan und Europa. Ein Vergleich", erlaubt

vom Titel her nicht oder kaum den Schluß, daß darin auf 60 Seiten eine fundierte Interpretation der preußischen Reformen gegeben wird — dies ist allerdings zugleich ein Beispiel dafür, daß das Hilfsmittel Inhaltsverzeichnis und Einleitung nicht immer vorhanden ist: Aufsätze verzichten meistens auf eine der Arbeit vorangestellte Gliederung, da sie sich in der Regel — die nur eben für die vergleichende Studie von Landes nicht zutrifft — begrenztere Themen stellen. Auf den Aufsatz von Landes wird man vermutlich — wegen des den Inhalt nicht deutlich beschreibenden Titels — über den Weg des unsystematischen Bibliographierens gestoßen sein (s. oben, S. 65 f.), so daß man aus seiner Erwähnung in der Fachliteratur zugleich Anhaltspunkte über den Inhalt bekommen hat. *2. Beispiel:* Der Titel des Buches von Ilja Mieck „Preußische Gewerbepolitik in Berlin 1806—1844" läßt dagegen vermuten, daß die Reformzeit gründlich behandelt wird. Laut Inhaltsverzeichnis steht jedoch die Untersuchung der Reformgesetze an der Peripherie der Arbeit. Sie werden in der „Einleitung" erörtert, da sie für Mieck die Vorgeschichte seines eigentlichen Themas bilden. Mieck beschreibt und analysiert die gewerbepolitische Tätigkeit zweier preußischer Beamter, die aus unterschiedlicher institutioneller Position heraus und mit unterschiedlichen Konzeptionen Gewerbeförderung betrieben haben (Peter Beuth und Christian von Rother). Die Reformen bilden von daher die Rahmenbedingungen ihrer Tätigkeit, deren Schwergewicht in die 20er und 30er Jahre fällt. Eine Durchsicht der Einleitung, insbesondere der Anmerkungen bestätigt, daß die Reformzeit nicht den Schwerpunkt in Miecks Forschungen bildet; Mieck verweist in diesem Abschnitt vorwiegend auf Fachliteratur. Mit diesem Beispiel soll keine Kritik an Miecks Untersuchung geübt werden; gezeigt werden soll nur, auf welche Weise und in welchem Umfang die in der Bibliographie gesammelte Fachliteratur für die eigene Arbeit benutzt wird. Unter Berücksichtigung der anders gelagerten Fragestellung Miecks ist es nützlich, die Einleitung zu studieren, da Mieck sich in knapper Form mit der wissenschaftlichen Diskussion um die Interpretation der Reformen, die den gewerblichen Bereich betreffen, auseinandersetzt, so daß das eigene Problemverständnis vertieft wird und sich Vorschläge und Anregungen für die weitere Lektüre ergeben.

(4) Das Buch von Mieck ist in diesem Zusammenhang zugleich ein Beispiel dafür, daß ein Werk zu bestimmten *Informationszwecken* nicht ganz, sondern nur in Auszügen gelesen zu werden braucht. Die in der Bibliographie zu einem Thema gesammelte Fachliteratur

läßt sich einteilen in Bücher und Aufsätze, die von vorn bis hinten durchgearbeitet, und solche, die nur für einzelne Informationen herangezogen werden. Zur ersten Gruppe gehören die Titel, die sich mit dem eigenen Thema oder Gebiet des Benutzers decken oder wichtige Kenntnisse über Einzelheiten und Zusammenhänge vermitteln, ohne die das eigene Thema gar nicht richtig verstanden werden kann. Zur zweiten Gruppe gehören die Titel, die nur teilweise oder am Rande das eigene Thema behandeln oder auch die, über deren Inhalt und Ergebnisse man bereits anderweitig zuverläsig informiert ist — z. B. infolge der fortgeschrittenen Lektüre der Fachliteratur —, so daß es genügt, einige besonders wichtige oder offene Fragen zu überprüfen.

Beispiel: Für eine Arbeit aus dem Themenkreis „Preußen zwischen Reform und Revolution" ist es nicht notwendig, das Buch Miecks ganz durchzuarbeiten, da Mieck auf die Reformen speziell nur in der „Einleitung" eingeht. Voraussetzung für solche Selbstbeschränkung sollte es jedoch immer sein, die Fragestellung des Verfassers bei der Lektüre nicht außer acht zu lassen, weil sich die in einem knappen Abschnitt enthaltenen Informationen sonst nicht angemessen einordnen lassen.

Zur Orientierung darüber, welche Passagen eines Buchs für ein bestimmtes Thema gelesen werden müssen, gibt es zwei Wege, die sich in der Regel ergänzen: die Benutzung des *Inhaltsverzeichnisses* und die des *Registers*. Inhaltsverzeichnisse allein reichen nicht immer aus, da ihre Ausführlichkeit sehr unterschiedlich ist. Das Spektrum reicht von der nur grobmaschigen Einteilung in umfangreiche Kapitel, die dementsprechend allgemeine Überschriften tragen, bis zu Gliederungen, in denen stichwortartig der Gang der Untersuchung skizziert wird. Unterschiedliche Gliederungsprinzipien sind der häufigste Grund für Schwierigkeiten bei der Benutzung des Inhaltsverzeichnisses. Wer Informationen über einen bestimmten Zeitraum sucht, muß in einem systematisch gegliederten Buch häufig mehrere Kapitel lesen — und umgekehrt! *1. Beispiel:* Dieses Verfahren ist ziemlich unproblematisch bei einer Gliederung wie sie das Buch von Ernst Klein über die Reformpolitik Hardenbergs[30] aufweist. Dort werden nacheinander in gesonderten Kapiteln (u. a.) die Finanzpolitik, die Gewerbefreiheit, die Bauernbefreiung und die Verfassungsfrage behandelt, die in sich jeweils chronologisch aufgebaut sind. Es ist also nicht schwierig, sich in Aufbau und Gliederung zurechtzufinden. *2. Beispiel:* Weitaus komplizierter ist es da-

30 Ernst Klein (s. o., S. 94, Anm. 22).

gegen, sich in dem ebenfalls systematisch gegliederten Inhaltsverzeichnis des Buches von Reinhart Koselleck, „Preußen zwischen Reform und Revolution" (s. o., S. 82) zu orientieren. In drei umfangreichen Durchgängen analysiert Koselleck unter jeweils einem speziellen Aspekt — Verfassungsfrage, Liberalismus in Bürokratie und Bürgertum, soziale Frage — Staat und Gesellschaft Preußens von den 90er Jahren des 18. Jhs. bis zur Revolution von 1848. Die ausführlichen Stichworte, die Koselleck, zweifellos in der Absicht, die Orientierung zu erleichtern, in sein Inhaltsverzeichnis eingebaut hat, setzen voraus, daß der Benutzer Kosellecks Prinzip einer auf integrative Darstellung abzielenden Gliederung bereits verstanden hat und den Argumentationszusammenhang nachvollziehen kann, obwohl erst das umfangreiche Werk selbst die Begründung für dieses Gliederungsprinzip enthält.

In solchen Fällen, aber auch wenn es um Informationen über einzelne Daten, Ereignisse, Personen oder Begriffe geht, muß das *Register* zu Rate gezogen werden — so eines vorhanden ist, was leider nicht für alle Bücher gilt. Ein Register ist ein alphabetisch nach Stichworten geordnetes Inhaltsverzeichnis. Die Stichworte bestehen entweder aus Begriffen und Fachausdrücken oder aus Namen — Verfassernamen, Personennamen oder auch geographischen Bezeichnungen. Dementsprechend wird zwischen Verfasser-, Sach-, Personen-, Ortsregister unterschieden. Ortsregister finden sich in Arbeiten, bei denen regionale Differenzierungen eine große Rolle spielen. Ein wichtiges Hilfsmittel bilden sie also vor allem für landesgeschichtliche Forschungen vom Mittelalter bis zur Gegenwart oder in Untersuchungen, die historische Entwicklungen verschiedener Regionen oder Staaten vergleichen. Häufiger kommen in der Fachliteratur Personen- und Sachregister vor. Das Sachregister ermöglicht einen Überblick über die in einem Werk behandelten Fragen und Probleme; die unterschiedliche Anzahl der Belege zu verschiedenen Stichworten zeigt zugleich, welches Gewicht die einzelnen Probleme in der Untersuchung besitzen und wo besondere Schwerpunkte liegen. Bei Sammelbänden, z. B. gesammelten Abhandlungen eines Forschers, gibt das Sachregister außerdem Auskunft über die Entwicklung seines Forschungsinteresses, insofern als die Belegstellen zu einem Stichwort auf die unterschiedliche Betrachtung, Eingrenzung und Einordnung eines Problems in verschiedenen Stufen seiner wissenschaftlichen Arbeit aufmerksam machen[3]

31 Vgl. z. B. das Stichwort „Beamte", in: Max Weber, Soziologie, Weltgeschichtliche Analysen, Politik. Mit einer Einleitung von E. Baumgarten, hg. v. J. Winckelmann, 4. Aufl., Stuttgart 1968.

Zur ergiebigen Benutzung des Registers gehört ein bißchen Phantasie, denn es gilt herauszufinden, welche Stichworte den Informationszweck am besten erfüllen. Oft wird man unter mehreren Stichworten nachschlagen müssen, oft manche Stichworte vergeblich suchen, so daß zu überlegen ist, welches andere Stichwort weiterhelfen könnte.

1. Beispiel: Wer die sog. Rigaer Denkschrift Hardenbergs vom 12. September 1807 interpretieren will und dazu das Urteil Ernst Kleins über die Denkschrift kennenlernen will, muß vermuten, entsprechend dem Aufbau des Buches an verschiedenen Stellen dazu etwas zu finden. Im Register findet sich das Stichwort „Riga" — eine Belegstelle ohne Befund; das Stichwort „Denkschriften" — worunter jedoch gerade nicht die Rigaer Denkschrift verstanden wird. Unter dem aufgefächerten Stichwort „Hardenberg" findet sich schließlich ein Unterpunkt „Rigaer Denkschrift" mit zehn Belegstellen.

2. Beispiel: In Büchern, die nur über ein Personenregister verfügen — wie noch die 1. Auflage von Koselleck (s. o., S. 82) — würde man gleich unter „Hardenberg" nachschlagen. Wenn dort zu viele Belege angeführt werden, könnte man ergänzende Stichworte hinzuziehen, z. B. „Altenstein". Für dieses Verfahren sind allerdings schon mehr oder weniger umfangreiche Kenntnisse erforderlich; so muß man in diesem Beispiel über die Mitarbeit Altensteins an der Denkschrift informiert sein.

(5) Während der Lektüre der Fachliteratur wächst der eigene *Zettelkasten* ständig an — wenigstens sollte er es, denn jede Information, die nicht notiert und wiederauffindbar gespeichert wird, ist in kürzester Zeit wieder verloren. Der erste Stoß Karteikarten ist schon beim Bibliographieren entstanden (s. o., S. 71–73). Auch während der Arbeit mit der Fachliteratur gilt weiter die Regel: jeder neu auftauchende Titel (in den Anmerkungen eines Buches, das man gerade liest), der zum Thema zu gehören scheint, wird auf einer Karteikarte festgehalten. Die Eintragungen der *Verfasserkartei* werden jetzt unter Umständen ergänzt durch eigene Bemerkungen, die sich aus der Lektüre ergeben. So ist es sinnvoll, einen Vermerk über etwaige Rezensionen und Rezensenten zu machen. Eine kurze Charakteristik des Tenors der Rezension hilft bei der Aufgabe, zu einem eigenen Urteil über ein Buch zu finden. Ferner kann es manchmal nützlich sein — vor allem, falls ein Buch nur „angelesen" wird und also keine Exzerpte angefertigt werden — das Inhaltsverzeichnis eines Buches auf der Karteikarte zu notieren. Dadurch ist es jeder-

zeit — auch zu einem späteren Zeitpunkt — möglich, sich zu vergewissern, ob dieser oder jener Themenkomplex in einem Buch behandelt wird. Wichtig ist es auch, sich die „Fehlanzeige" zu notieren, falls ein Buch zu der gesuchten Frage nichts bringt. Sonst nimmt man dasselbe Buch womöglich im Abstand von einigen Wochen wieder zur Hand. Den Argumentationsgang und die Ergebnisse von Büchern, die man nach der Lektüre negativ beurteilt und deshalb für nicht brauchbar hält, sollte man sich allerdings dennoch exzerpieren, zum einen weil man auch diese Ergebnisse zu seiner eigenen Arbeit braucht und zum zweiten weil es nicht selten vorkommt, daß man zu einem späteren Zeitpunkt sein früheres Urteil revidiert.

Solche und ähnliche Bemerkungen ergänzen die Verfasserkartei und erhöhen ihre Brauchbarkeit. Die entscheidende Ursache für das Wachstum des Zettelkastens liegt jedoch in den Exzerpten und Notizen zu der benutzten Fachliteratur. *Exzerpte* sind wörtliche und sinngemäße Auszüge aus der Fachliteratur. Bei *wörtlichen Übernahmen* ist zu beachten, daß sie immer durch Anführungszeichen als Zitat gekennzeichnet werden (genaue Seitenzahl dazu!). Das gilt für ganze Sätze und Satzbröckchen, aber auch für prägnante, vom Verfasser eingeführte oder geprägte Begriffe! Sonst tauchen womöglich später in den eigenen Arbeiten die Formulierungen fremder Autoren als eigene auf — ein schwerer Fehler wissenschaftlicher Exaktheit und Korrektheit! Ebenso wie wörtliche Übernahmen sollten eigene *Kommentare* zu dem Exzerpierten auf der Karteikarte gekennzeichnet werden, z. B. durch eckige Klammern, um sie von den sinngemäßen Übernahmen zu unterscheiden. Später erinnert man sich nicht mehr daran, ob etwas eigener Kommentar oder der des Verfassers ist.

Die beliebte Methode, wichtige Sätze oder Absätze in einem Buch zu unterstreichen, kann die unumgängliche Arbeit des Exzerpierens niemals ersetzen. Unterstreichungen (in eigenen Büchern!!) können sinnvoll sein, um sich die spätere Orientierung in einem Buch zu erleichtern — zu mehr jedoch nicht! Deshalb ist es auch überflüssig, sich ständig ganze Aufsätze oder Kapitel aus Büchern und Zeitschriften zu fotokopieren, nur zu dem Zweck, darin viel anstreichen zu können und sich zeitraubendes Exzerpieren zu ersparen.

Eine verläßliche und überprüfbare Auswertung der Fachliteratur erfordert, daß die wichtigen Informationen, die man aus der Lektüre eines Buches oder eines Aufsatzes gewinnt, schriftlich festgehalten werden. Dazu gehören, je nach der eigenen Fragestellung

- Daten
- Ereignisse
- Analysen des Verfassers
- Vergleiche
- Deutungen
- Auseinandersetzungen des Verfassers mit abweichenden Meinungen
- Hinweise auf wichtige Quellen oder Quellengruppen.

Der Versuch, die aus der Lektüre gewonnenen Informationen so knapp und präzise wie möglich in eigene Worte zu fassen, ist eine unerläßliche Vorstufe für jede wissenschaftliche Arbeit, gleich ob für ein mündliches oder schriftlich ausformuliertes Referat oder für einen Diskussionsbeitrag im Seminar. Zuverlässiges Exzerpieren stellt eine wesentliche Vorbereitung für das Abfassen einer eigenen Arbeit dar. Eigene Gedanken und Interpretationsansätze werden bereits vorformuliert. Der Zwang, Argumentationsgang und Ergebnisse eines Buches mit eigenen Worten zusammenzufassen und schriftlich zu fixieren, ist die sicherste Selbstkontrolle, ob das Gelesene wirklich verstanden ist.

Deshalb ist es wenig vorteilhaft, beim Exzerpieren vieles wörtlich zu übernehmen – zu zitieren –, anstatt sich sogleich um eine eigene Formulierung zu bemühen. Nur eine besonders prägnante Argumentation, die eine zustimmende oder ablehnende eigene Stellungnahme herausfordert, sollte wörtlich exzerpiert werden. Die Erfahrung, daß bei zunehmender Müdigkeit gleichzeitig die Neigung wächst, ganze Absätze beim Exzerpieren einfach abzuschreiben, illustriert, worin die größere geistige Anstrengung liegt!

Sinn und Zweck des Exzerpierens ist es also, wichtige Informationen der Fachliteratur festzuhalten, richtig zu verstehen und einzuordnen, besser zu behalten und jederzeit benutzen und auswerten zu können, sei es für eine gerade anstehende oder auch für eine spätere Arbeit. Deshalb ist es auch nicht damit getan, eifrig „alles" irgendwo und irgendwie aufzuschreiben, sondern die Exzerpte sollten auf der Grundlage eines übersichtlichen *Ordnungsschemas* angefertigt und gespeichert werden. Es gibt dafür viele verschiedene Methoden und Systeme, deren Verfechter meistens jeweils das ihre als das einzig Brauchbare und Praktikable loben. Letztlich ist es jedoch weniger entscheidend, welches Ordnungsprinzip in einem Zettelkasten waltet, als daß dort überhaupt eine feste, einsichtige Ordnung herrscht.

Exzerpte können auf Karteikarten oder -zettel desselben Formats wie die für *Bibliographie* und *Sachkartei* (s. o., S. 51–57) verwandten geschrieben werden. Vorteil: Die Einheitlichkeit in der äußeren Form aller Aufzeichnungen erleichtert das Ordnen und Kombinieren; es stellt sich nie die Frage, ob für das Notieren einer Sachinformation ein Zettel dieses oder jenes Formats passender ist. Nachteil: Eine Karteikarte in Postkartengröße ist, um nur einen Buchtitel zu notieren, vielleicht schon zu groß, für umfangreiche Exzerpte dagegen zu klein, so daß eine zweite hinzugenommen werden muß.

Exzerpte können auf große Bogen (DIN A 4) geschrieben werden. Vorteil: Der größere Raum reicht für längere Ausführungen, z. B. auch eigene Kommentare; Fotokopien können leichter eingeordnet werden. Nachteil: Unterschiedliches Format von Bibliographie, Sachkartei und Exzerpten erschwert das Kombinieren und Ordnen; ein großer Bogen kann dazu verführen, zu viele verschiedene Informationen, die besser getrennt zu notieren wären, zusammen aufzuschreiben, so daß die Übersichtlichkeit leidet.

Unbeschadet vielfältiger Variationsmöglichkeiten sollten als Grundsätze für die Wahl eines Speicherungssystems gelten:
— Übersichtlichkeit der Aufzeichnungen, d. h. jede Notiz zu einer beliebigen Frage muß leicht und schnell auffindbar sein;
— Ergänzbarkeit der Aufzeichnungen, d. h. neue Informationen müssen sich in das bestehende Schema einordnen lassen, ohne daß eine völlig neue Systematik erforderlich wird.

Das heißt vor allem, daß die Exzerpte aus einem Buch nicht, der Lektüre folgend, fortlaufend und ungegliedert aneinandergereiht werden dürfen, sondern daß die Auszüge unter einer Reihe von *Stichworten* zusammengefaßt werden müssen. Nur dadurch wird es möglich, die Aufzeichnungen zur Bearbeitung verschiedener Fragenkomplexe jeweils neu zu gruppieren. Auf jedes Blatt Papier (Bogen oder Karteikarte) gehört deshalb ein Stichwort, ferner der Name des Verfassers, ein Kurztitel und die Seitenzahl des Buches, aus dem das Exzerpt entnommen ist.

Das Finden und Auswählen treffender Stichworte ist nicht immer ganz einfach, da das Stichwort weder zu allgemein, so daß alles darunter subsumiert werden könnte, noch zu hergesucht, extravagant oder speziell sein darf, so daß man die notierte Information nie wieder unter dem Stichwort suchen wird. Wer an der Materialsammlung für eine eigene konkrete Arbeit sitzt (Referat, Examensarbeit), findet die Stichworte am besten in Anlehnung an die Gliederungspunkte (wenn schon vorhanden!) seines eigenen Themas. Eine andere Möglichkeit ist es, die Stichworte dem Aufbau des Buches, aus dem exzerpiert werden soll, zu entnehmen. Je weiter die Einarbeitung in ein Gebiet gediehen ist, desto sinnvollere Stichworte für das Exzerpieren ergeben sich.

Deshalb ist es auch zweckmäßiger, das Exzerptieren nicht in einem Arbeitsgang neben der Lektüre einhergehen zu lassen, sondern das Buch oder den Aufsatz erst ganz, bzw. größere Abschnitte im Zusammenhang durchzulesen, sich dabei die wichtigen Passagen anzumerken (Lesezeichen einlegen!), um erst anschließend Exzerpte anzufertigen. Auf diese Weise läßt sich leichter übersehen, ob und in welche Unterpunkte ein Stichwort unterteilt werden sollte, damit die Übersichtlichkeit der Aufzeichnungen gewahrt bleibt.

1. Beispiel: Wenn es darum geht, Informationen über die einzelnen Schritte oder Stufen der ,,Bauernbefreiung" in Preußen, wie sie in dem Buch von Knapp[32] enthalten sind, zu exzerpieren, würde das Stichwort ,,Bauernbefreiung" nicht ausreichen, um die wichtigsten Gesichtspunkte, Faktoren und Maßnahmen systematisch zu erfassen. Mit der Aufteilung in Unterpunkte läßt sich bereits ein übersichtliches Bild der allgemein als Bauernbefreiung bezeichneten Vorgänge herstellen. So ließe sich als erstes der Komplex der ,,Befreiung der Domänenbauern" ausgliedern. Der Punkt ,,Befreiung der Privatbauern" ließe sich je nach der Ausführlichkeit, in der die Informationen exzerpiert werden sollten, unterteilen in ,,Aufhebung der Erbuntertänigkeit", ,,Regulierung", ,,Separation" oder auch in ,,Reformen vor 1806", ,,Oktoberedikt 1807", ,,Regulierungsedikt (1811)", ,,Deklaration des Regulierungsedikts (1816)", ,,Ablösungsordnung (1821)".

2. Beispiel: Doch auch bei Arbeiten, in denen die Reformen nicht – wie bei Knapp die Agrarreformen – im Zentrum stehen, kann es erforderlich sein, die Aufzeichnungen zum Stichwort ,,Reformen" in Unterpunkte zu untergliedern. Die Einschätzung der Reformen durch Landes in seiner Studie über die Industrialisierung in Europa und Japan (s. o., S. 100), worin er die Stein-Hardenbergschen Reformen unter dem Aspekt ihrer Bedeutung für die Industrielle Revolution Preußens untersucht, ließe sich untergliedern in ,,Träger der Reformen", ,,Stein", ,,Hardenberg", ,,Ursachen der Reformen", ,,Reformen und wirtschaftliches Wachstum".

Um die ständig wachsende Kartei jederzeit verfügbar und erweiterungsfähig zu halten, ist es erforderlich, sich an ein festes *System der Aufbewahrung* zu gewöhnen. Denkbar ist eine Anordnung nach Verfassern oder nach Stichworten in alphabetischer Reihenfolge.

32 Georg Friedrich Knapp, Die Bauernbefreiung und der Ursprung der Landarbeiter in den älteren Teilen Preußens, Leipzig 1887.

Beide Methoden haben Vor- und Nachteile. Bei der ersten Methode bleibt der Zusammenhang eines Buches oder Aufsatzes erhalten, weil die Exzerpte nicht auseinandergerissen werden; jedoch muß man unter verschiedenen Verfassern nach sachlich zusammengehörigen Stichworten suchen. Bei der zweiten Methode ist ein schneller Überblick über die Aufzeichnungen zu einem bestimmten Themenkreis (Stichwort) gewährleistet; jedoch ist der Argumentationszusammenhang eines Buches oder eines Aufsatzes nur mit Mühe wieder herzustellen.

Auf jeden Fall erleichtert es die Orientierung in der eigenen Kartei, wenn die Aufzeichnungen innerhalb größerer Themenkomplexe zusammengefaßt werden unabhängig davon, ob die alphabetische Reihenfolge den Verfassern oder den Stichworten folgt. Denkbar ist entweder eine Gliederung nach Zeiträumen und Epochen oder eine nach sachlich-thematischen Gesichtspunkten oder eine Kombination von beidem. So können alle Exzerpte, die für das Thema „Preußen zwischen Reform und Revolution" angefertigt werden, später eingruppiert werden unter „Absolutismus", „Französische Revolution", „Napoleon" und „Preußische Reformen" oder auch unter „1789–1814". Unhandlich wird die Kartei für den täglichen Gebrauch jedenfalls, wenn alle Aufzeichnungen zum Fach Geschichte ohne jegliche thematische Gliederung gehortet werden, d. h. wenn die Exzerpte zu Ernst v. Meiers Buch über die „Reform der Verwaltungsorganisation unter Stein und Hardenberg" zwischen Exzerpten zu Erich Matthias, „Die Rückwirkung der Russischen Oktoberrevolution und die deutsche Arbeiterbewegung" und zu Ernst Meyer, „Römischer Staat und Staatsgedanke" zu suchen sind, womöglich gefolgt von Friedrich Nietzsches „Vom Nutzen und Nachteil der Historie für das Leben". Oder um ein Beispiel aus einer Stichwortkartei zu geben: unhandlich ist es, wenn die Aufzeichnungen zum „Oktoberedikt, 9. 10. 1807" direkt neben denen zur „Oktoberverfassung von 1918" zu finden sind.

Je umfangreicher eine Kartei wird, desto eher werden verschiedene Gliederungsmöglichkeiten miteinander konkurrieren. Ein Hilfsmittel, die Übersichtlichkeit und Benutzbarkeit dennoch aufrechtzuerhalten, bilden die *Querverweise*. Auf Exzerpte, die in der einen Kartei ihren Platz haben, jedoch mit gutem Grund auch in eine andere Kartei gehörten, sollte in der zweiten Kartei durch einen Vermerk verwiesen werden. *Beispiel:* Die Aufzeichnungen zum Oktoberedikt nach dem Aufsatz von Hartmut Harnisch (s. o., S. 90) sind eingeordnet in die Kartei „Preußische Reformen". Dann sollte in einer Personenkartei unter dem Stichwort „Stein" eine Karte eingestellt werden mit dem Vermerk: „siehe: Harnisch, Hartmut: Oktoberedikt, [Preußische Reformen]".

Zur Bearbeitung eines bestimmten Themas werden der Kartei alle infragekommenden Aufzeichnungen entnommen und zusammen mit den neu angefertigten Exzerpten entsprechend der Gliederung der geplanten Arbeit geordnet. Dabei können die Stichworte beim Aufstellen einer hypothetischen Gliederung (s. u., S. 177 f.) helfen. Nach Beendigung der Arbeit werden alle Karteikarten wieder in die „Ruhestellung" gebracht.

b) Inhaltliche Auswertung

Die Fachliteratur, deren Extrakt in den Exzerpten festgehalten wird, hat einen großen Teil der Fragen präzisiert, die während der ersten Orientierung über ein Thema mit Hilfe der Handbücher und Nachschlagewerke aufgekommen sind, und zwar sowohl Informationsfragen nach den historischen Vorgängen („wie es eigentlich gewesen" ist), als auch Interpretationsfragen nach den Ursachen und Erklärungszusammenhängen der historischen Vorgänge sowie nach der Bewertung der Vorgänge durch die Forschung. Alle drei Typen von Aussagen der Fachliteratur, die *Feststellung,* die *Erklärung* und die *Bewertung* der „Fakten" stehen selbstverständlich in unlösbarer wechselseitiger Abhängigkeit; dennoch ist es zu Erkenntniszwecken sinnvoll, zwischen ihnen zu unterscheiden.

Die Erklärung der Reformen als einer „Revolution von oben", d. h. als Werk einsichtiger Vertreter der hohen preußischen Bürokratie, enthält zugleich eine Bewertung; ebenso liegt eine Bewertung darin, sie als Reaktion auf eine drohende „Revolution von unten", zu erklären. Unterschiedliche Erklärungen implizieren also meistens unterschiedliche Bewertungen. Andererseits können zwei Historiker, die übereinstimmend die Reformen als „Revolution von oben" erklären, von verschiedenen Wertmaßstäben ausgehen. Der eine sieht in den Reformen kluges staatsmännisches Handeln, wodurch eine kontinuierliche Entwicklung gewährleistet worden sei, der andere beklagt das Fehlen erfolgreicher revolutionärer Bewegungen in Preußen, weil er darin eine schwere Hypothek für die preußisch-deutsche Geschichte des 19. und 20. Jahrhunderts sieht. Dies Beispiel konstruiert extreme Positionen, um das komplizierte Verhältnis von Erklärung und Bewertung zu illustrieren. Die in der Fachliteratur eingenommenen Standpunkte sind demgegenüber in der Regel differenzierter und nuancenreicher.

Abweichende Ergebnisse der Fachliteratur finden sich nun keineswegs allein im Bereich der *Interpretationsfragen,* sondern auch unter den scheinbar schlichten *Feststellungen* von Fakten. Dabei zeigt sich allerdings, daß Feststellungen immer auch schon erklärende Elemente enthalten.

Ein instruktives Beispiel ist die Frage nach den Auswirkungen der sog. Bauernbefreiung auf die ökonomische und gesellschaftliche Struktur im Agrarsektor:

Die Agrarreformen haben den Kleinbesitz vernichtet und die Kleinstellenbesitzer zu landlosen Proletariern gemacht, lautet die eine Feststellung (Knapp). Die Agrarreformen — so eine andere Feststellung innerhalb des breiten Spektrums von Thesen über die Bauernbefreiung — sind letztlich den Kleinstellenbesitzern zugute gekommen, insofern als sich der Landbesitz der Kleinstellen zwischen 1816 und 1859 kontinuierlich vermehrt hat (Finckenstein[33]).

Ebenso ist die Frage nach der Intention der Reformen und ihrer Träger strittig. Die These, Hardenberg sei ein engagierter Vertreter des Liberalismus, v. a. eines Wirtschaftsliberalismus, wie er durch Adam Smith begründet worden ist, gewesen (Haussherr[34]), steht der These gegenüber, daß Hardenberg weit von jedem Liberalismus entfernt gewesen sei (E. Klein, s. o., S. 94).

Die wirtschaftlichen und sozialen Veränderungen, die durch die Reformen initiiert und gefördert wurden, werden in der Fachliteratur sowohl „progressiv", als auch „konservativ" genannt. Als progressiv beschreibt sie, wer in ihnen die Ursache für eine tiefgreifende Modernisierung von Wirtschaft und Gesellschaft in Preußen sieht. Wer dagegen betont, daß die Reformen in erster Linie der Stabilisierung der bestehenden Verhältnisse im sozialen, wirtschaftlichen und politischen Machtgefüge gedient und v. a. die Interessen des Fiskus und der Rittergutsbesitzer befriedigt hätten, beschreibt sie als konservativ. Die Reformen sind einerseits der Beginn der *bürgerlichen Revolution* in Deutschland genannt worden (Fr. Engels); andererseits ist darauf hingewiesen worden, daß ein progressives, wirtschaftlich starkes Bürgertum in Preußen zu dieser Zeit nicht vorhanden war und die Reformer als Diener des spätabsolutistischen Staats handelten (z. B. Mieck).

Zur Auswertung der Fachliteratur gehört es, den Gründen für alle

---

33 H. W. Graf Finck von Finckenstein, Die Entwicklung der Landwirtschaft in Preußen und Deutschland 1800—1930, Würzburg 1960.
34 Hans Haussherr, Hardenbergs Reformdenkschrift Riga 1807, in: HZ 157 (1938), S. 267—308.

auftauchenden *Widersprüche* nachzugehen. Sonst beruht die eigene Stellungnahme nicht auf rationaler Prüfung und Entscheidung, sondern auf bloßer Sympathie für die eine oder andere Interpretation.

Die erste Prüfung wird sich immer darauf erstrecken, ob eine zu anderen Werken im Widerspruch stehende Aussage in sich stimmig und begründet ist. Dazu muß die Aussage in ihrem Argumentationszusammenhang betrachtet und, soweit möglich, zur Kontrolle das Material herangezogen werden, auf das der Verfasser seine Aussage stützt. Folgende Fragen können als Anleitung bei dieser Aufgabe dienen:

– Was will der Verfasser mit seiner Aussage beweisen, gegen wen richtet sie sich?
– Steht die Aussage im Widerspruch zu anderen Aussagen desselben Werks?
– Schließt der Verfasser seine Aussage an logische und kausale Voraussetzungen an, die er an anderer Stelle stillschweigend fallen läßt?
– Hat er das zu dieser Aussage angeführte Material (Quellen und Fachliteratur) korrekt zitiert oder paraphrasiert?
– Belegt das von ihm angeführte Material seine Aussage oder werden darin ganz andere Fragen beantwortet als die des Verfassers?
– Setzt sich der Verfasser mit den abweichenden Thesen der Fachliteratur auseinander oder ist seine Aussage womöglich eine Folge seiner Unkenntnis anderslautender Meinungen?

Wenn alle Widersprüche, die auf Irrtümer und Fehler zurückzuführen sind, aufgedeckt sind, bleiben immer noch eine Reihe von Aussagen, die unvereinbar erscheinen und die eine eigene Stellungnahme erfordern. Übrigens kann es manchmal durchaus eine Stellungnahme sein, sich nicht für eine Richtung zu entscheiden, sondern sich darauf zu beschränken, Meinung und Gegenmeinung mit ihren jeweiligen Begründungszusammenhängen vorzustellen. Mögliche Gründe für die widersprüchlichen Ergebnisse sind in einer Divergenz der *Materialbasis,* der *Fragestellung* und des persönlichen *Standorts* der Autoren zu suchen. Unter persönlichem Standort soll hier das *Vorverständnis* des Wissenschaftlers gemeint sein, mit dem er an sein Thema, an seinen Gegenstand und an die Geschichtswissenschaft · überhaupt herangeht und das durch seine jeweilige zeitliche und räumliche Gegenwart, seinen politischen und sozialen Status und sein erkenntnisleitendes Interesse geprägt ist (s. o., S. 14–16). Dabei ist zu bedenken, daß das außer- und vorwissenschaftliche Wertsystem[35] nicht monokausal aus seiner sozialen Herkunft abgeleitet

---

35 Max Weber, Die „Objektivität" sozialwissenschaftlicher Erkenntnis, in: ders., Soziologie, Weltgeschichtliche Analysen, Politik (s. o., S. 104, Anm. 31).

werden kann, sondern aus vielfältigen Faktoren gebildet wird. Auch der marxistische Historiker, der nach dem „Klassenstandpunkt" eines Autors oder einer Quelle fragt, begnügt sich nicht damit, zu prüfen, welcher Klasse jemand von Geburt zugehört, sondern welches *Bewußtsein* sich jemand von der politischen und sozioökonomischen Situation seiner Gegenwart erworben hat.

Zunächst sollte immer die *Materialbasis* der betreffenden Werke verglichen werden. Viele Widersprüche lassen sich dadurch aufklären, daß den Forschern unterschiedliche Quellen zur Verfügung gestanden haben oder daß sie sich auf unterschiedliche Quellen berufen. Die Kontroverse darüber, wer den größten Nutzen aus der Bauernbefreiung gezogen und wer den größten Schaden erlitten hat, ist zum Teil eine Folge des unterschiedlichen Zahlenmaterials, das den historischen Statistiken entnommen wird[36]. Jedoch bleibt der Hinweis auf eine abweichende Quellenbasis oft eine nur vordergründige Erklärung, weil sie nichts über die Frage aussagt, weshalb der eine Forscher diese und der andere jene Quellen benutzt hat. Manchmal haben der älteren Literatur tatsächlich bestimmte Quellen noch nicht zur Verfügung gestanden, z. B. weil die Archive noch nicht zugänglich waren; manchmal aber blieben bestimmte Quellen außerhalb des Blickwinkels der Forschung, weil sie für nicht beweiskräftig oder für nicht zum Thema gehörig gehalten wurden. Eine neue Fragestellung ließ die bis dahin vernachlässigten Quellen dann plötzlich wichtig werden (s. u., S. 171 f.).

Damit ist ein weiterer wesentlicher Punkt für die Auswahl der Quellen und die damit zusammenhängende Richtung der Ergebnisse angesprochen: Die *Fragestellung* des Forschers, die selbst wieder durch verschiedene Faktoren geprägt ist. So erscheint es kennzeichnend, daß gerade Graf Finckenstein, ein Nachfahre ostpreußischer Rittergutsbesitzer, der sich in „Darstellung und Kritik der liberalen Reformen . . . die Argumente der landständischen Opposition . . . zu eigen macht"[37], Quellen gefunden hat, mit denen er der These widersprechen kann, daß die Vorteile der Agrarreformen vor allem den Rittergutsbesitzern zugute gekommen seien. Finckensteins unkritische *Standortgebundenheit,* die ihn bisweilen zu blinder Voreingenommenheit verführt, schließt übrigens nicht aus, daß manche

36 Vgl. Diedrich Saalfeld, Zur Frage des bäuerlichen Landverlustes im Zusammenhang mit den preußischen Agrarreformen, in: ZAA 11 (1963), S. 163–171. Hartmut Harnisch, Kapitalistische Agrarreform und Industrielle Revolution, Weimar 1984.
37 Heinz Haushofer, Rezension zu Finckenstein, in: ZAA 9 (1961), S. 114 f.

seiner Argumente gegen die Thesen Knapps vom „Ursprung der Landarbeiter" als Folge der Agrarreform stichhaltig sind — ein Beispiel dafür, daß es eine schlimme Vereinfachung ist, wenn man von Forschern, deren Standort man nicht teilt, auch grundsätzlich keine „richtigen" Argumente erwartet. Knapps Fragestellung ist übrigens ebenfalls von seinem gesellschaftspolitischen Engagement, also einem persönlichen Standort, geprägt, nämlich von der seine Zeitgenossen stark bewegenden „sozialen Frage" auf dem Lande.

Ein Vergleich der benutzten Quellen führt jedoch nicht immer ans Ziel. Denn nicht selten berufen sich verschiedene Forscher auf dieselben Quellen und kommen doch zu gegensätzlichen Aussagen. Während z. B. viele Forscher in Hardenbergs „Rigaer Denkschrift" vom September 1807 ein Bekenntnis zum Liberalismus erblicken, was sowohl positiv als auch negativ bewertet wird, verstehen andere (Ernst Klein, s. o., S. 94) die liberal klingenden Sätze dieser Denkschrift als bloß verbales Zugeständnis an den „Zeitgeist". Hardenberg sei es nicht um die Durchführung eines zukunftsweisenden, liberalen Programms zu tun gewesen, sondern er habe sich auf die Verwaltung der akuten, aus dem militärisch-politischen Zusammenbruch erwachsenen Notstände konzentriert. Nicht so sehr die *Materialbasis* als vielmehr die *Fragestellung* — nach der Motivation und der Intention der Reformer — ist hier ausschlaggebend.

Ein Ansatzpunkt zur Klärung der Kontroverse, ob Hardenberg ein Liberaler war oder nicht, läßt sich in dem Begriff „Liberalismus" finden. Womöglich meinen verschiedene Forscher keineswegs dasselbe, wenn sie „Liberalismus" sagen! (s. o., S. 48 f.). Es wäre dann zu prüfen, 1. ob in den betreffenden Werken der Begriff „Liberalismus" ausdrücklich definiert oder beschrieben oder ob sein allgemeines Verständnis vorausgesetzt wird, und 2. ob ein moderner oder ein historischer Begriff von Liberalismus, ein am westeuropäischen Vorbild (England, Frankreich) oder an der südwestdeutschen, bzw. preußischen Ausformung orientierter Liberalismus gemeint ist. Das Register und das Literaturverzeichnis können darüber Auskunft geben, ob und wie der Verfasser einen zentralen Begriff seiner Untersuchung klärt.

Durch eine solche Prüfung wird ein besserer Zugang zu den Aussagen der Fachliteratur geschaffen; sie sollte indes nicht dazu führen, eine eben nur scheinbare Lösung der Widersprüche in dem relativierenden Schluß zu sehen, jeder Forscher habe auf seine Weise recht. Zur Auswertung der Fachliteratur gehört die Bewertung der Voraussetzungen und Grundlagen, auf denen die Aussagen eines Forschers fußen. So ist es z. B. anachronistisch und deshalb zur Beschreibung der preußischen Reformära nicht geeignet, die Reformer und ihre Politik nach einem Liberalismusbegriff zu klassifizieren, der durch die modernen bürgerlich-parlamentarischen Demokratien geformt ist, wie bei Klein, der seinen Liberalismusbegriff gar nicht definiert, vermutet werden muß. Wenn eine Untersuchung dann zu dem Ergebnis kommt, daß die preußischen Reformen von 1807 nicht als liberal (im heutigen Sinne) zu bezeichnen seien, ist damit nur eine Binsenweisheit ausgesprochen, die keinen großen Erklärungswert für die preußische Reformzeit selbst hat.

Mit der Kontroverse um den liberalen Charakter der Reformen im Zusammenhang stehen die Widersprüche, ob die Reformen eher progressiv oder eher stabilisierend gewesen seien. Auch hier zeigt sich, daß die Ergebnisse einer Untersuchung durch die Fragestellung entscheidend beeinflußt werden. Wer die Reformära als Fix- und Kulminationspunkt einer längerfristigen Entwicklung untersucht, wird sein Augenmerk auf all die Faktoren richten, an denen sich eine für die weitere Zukunft entscheidende Weichenstellung ablesen läßt. Wer dagegen detailliert die Auseinandersetzungen und Kämpfe um Entstehung und Durchführung der Reformpolitik verfolgt, wird darauf stoßen, wie im politisch-ministeriellen Alltag ständig hochfliegende Pläne und Ideen scheiterten und sich die traditionellen Machteliten zu behaupten verstanden.

Grundsätzlicher als die Kontroverse um den liberalen Charakter der Reformen sind die Gegensätze in der Fachliteratur, die sich an dem Begriff der „bürgerlichen Revolution" entzündet haben. Die diametral entgegengesetzten Entscheidungen, die Reformzeit entweder unter dem Aspekt einer *„Revolution von oben"* oder einer *„Revolution von unten"* zu untersuchen, basieren auf dem unterschiedlichen *Standort,* d. h. dem unterschiedlichen Geschichtsverständnis, den geschichtstheoretischen Ansätzen und dem erkenntnisleitenden Interesse der Historiker.

Die traditionelle Geschichtswissenschaft hat die preußischen Reformen in Übereinstimmung mit dem Selbstverständnis des preußischen Staats als „Revolution von oben" interpretiert. Zwei Aussagen führender preußischer Staatsmänner werden häufig als Zeugen für diese Interpretation angeführt, die zugleich zur Frage des Verhältnisses von preußischen Reformen und französischer Revolution Material enthalten. Im Jahre 1799 soll der preußische Minister Struensee dem französischen Gesandten in Berlin gesagt haben:

„Die heilsame Revolution, die Ihr von unten nach oben gemacht habt, wird sich in Preußen langsam von oben nach unten vollziehen. Der König ist Demokrat auf seine Weise: er arbeitet unablässig an der Beschränkung der Adelsprivilegien und wird darin den Plan Josephs II. verfolgen, nur mit langsamen Mitteln. In wenig Jahren wird es in Preußen keine privilegierte Klasse mehr geben."[38]

Hardenberg hat in der Rigaer Denkschrift vom 12. September 1807, also nach der Niederlage von Jena und Auerstedt, an den preußischen König appelliert, den „Zeitgeist" nicht zu verkennen und nicht durch starres Festhalten am Alten, sondern durch Annahme der Grundsätze der französischen Revolution die Gefahren, die dem preußischen Staate drohen, abzuwehren:

„Also eine Revolution im guten Sinn, gerade hinführend zu dem großen Zwecke der Veredelung der Menschheit, durch Weisheit der Regierung und nicht durch gewaltsame Impulsion von innen oder außen, – das ist unser Ziel, unser leitendes Prinzip. Demokratische Grundsätze in einer monarchischen Regierung: dieses scheint mir die angemessene Form für den gegenwärtigen Zeitgeist. Die reine Demokratie müssen wir noch dem Jahre 2440 überlassen, wenn sie anders je für den Menschen gemacht ist."[39]

Die marxistische Geschichtswissenschaft interpretiert die preußische Reformzeit als Epochenscheide zwischen Feudalismus und Kapitalismus. Der Marxschen Geschichtskonzeption zufolge vollzieht sich der Übergang vom Feudalismus zum Kapitalismus durch die „bürgerliche Revolution". Fortschrittliches Bürgertum und die unterdrückten Bauern waren Verbündete im Kampf gegen den Feudaladel.

Diese zueinander in Widerspruch stehenden Thesen der Fachliteratur, die in dem Geschichtsverständnis der „bürgerlichen" Geschichtswissenschaft einerseits und der marxistischen Geschichtswissenschaft andererseits wurzeln, lassen sich wissenschaftsimmanent, d. h. durch noch detailliertere Erforschung der historischen Tatsachen, nicht auflösen oder aufheben. Das Beispiel zeigt jedoch zugleich, daß die aus entgegengesetzten Ausgangspunkten abgeleiteten unterschiedlichen Fragestellungen sich gegenseitig fruchtbar beeinflußt und – ohne die Gegensätze aufzuheben – insgesamt den wissenschaftlichen Erkenntnisprozeß gefördert haben:

Die Abwehr der These von der bürgerlichen Revolution hat innerhalb der traditionellen Geschichtswissenschaft Untersuchungen

38 Zit. nach Otto Hintze, Preußische Reformbestrebungen vor 1806, in: Regierung und Verwaltung (s. o., S. 92, Anm. 21), S. 504–529, S. 506.
39 Rigaer Denkschrift, 12. 9. 1807, in: Die Reorganisation des Preußischen Staates unter Stein und Hardenberg, hg. v. G. Winter, Bd. 1, Leipzig 1931, S. 306 (Publikationen aus den Preußischen Staatsarchiven 93. Bd.).

über die soziale Struktur Preußens angeregt, deren Ergebnisse wiederum die marxistische Geschichtswissenschaft zur Vertiefung und Differenzierung herausgefordert haben. Gegen die Interpretation der preußischen Reformen als „bürgerliche Revolution" werden vor allem drei Argumente vorgebracht: 1. In Preußen um 1800 könne von einem Bürgertum als einer politisch und gesellschaftlich fortschrittlichen Kraft keine Rede sein. 2. Es habe kaum Aufstände und Unruhen, geschweige denn eine Revolution unter der Landbevölkerung gegeben[40]. 3. Träger der Reformen sei die „aufgeklärte" hohe Bürokratie gewesen.

Gegenüber der unspezifizierten These von der bürgerlichen Revolution betont die marxistische Geschichtswissenschaft auf der Grundlage weiter fortgeschrittener Tatsachenerforschung die preußisch-deutsche Sonderentwicklung zum Kapitalismus. In der traditionellen Geschichtswissenschaft ist häufig auf den besonderen Weg Preußens im 18. und 19. Jahrhundert im Vergleich zu Westeuropa hingewiesen worden: Herausbildung von Parlamentarismus und Demokratie hier, Entwicklung des „aufgeklärten Absolutismus" zur konstitutionellen Monarchie dort. Dieser im Blick auf die Geschichte des Staates und der Verfassung festgestellte besondere preußische Weg ist von der marxistischen Geschichtswissenschaft zur Analyse der sozioökonomischen Verhältnisse übernommen worden: Die bürgerliche Revolution sei nicht in einem einzigen Anlauf, sondern in mehreren Etappen durchgeführt worden und sie habe zeitweise Züge einer „Revolution von oben" getragen – „Revolution von oben" als Reaktion auf eine drohende „Revolution von unten", insofern als die verschiedenen Bauernaufstände doch ein größeres Ausmaß besessen hätten, als die bürgerliche Geschichtsschreibung wahrhaben wolle[41]. Der Überblick über die Fachliteratur macht deutlich, daß die Frage der Bauernunruhen an der Wende vom 18. zum 19. Jahrhundert in der Auseinandersetzung immer eine besondere Rolle gespielt hat und daß sie trotzdem heute noch nicht für alle preußischen Provinzen empirisch aufgearbeitet worden ist – für Schlesien schon relativ früh von Johannes Ziekursch[42].

40 Vgl. dazu Günther Franz: Geschichte des Bauernstandes vom frühen Mittelalter bis zum 19. Jahrhundert, Stuttgart 1970 (Deutsche Agrargeschichte, Bd. 4).
41 Vgl. dazu die knappe Zusammenfassung bei Hans Mottek, Wirtschaftsgeschichte Deutschlands, Bd. 2, 2. Aufl., Berlin 1972, S. 1–17.
42 Johannes Ziekursch, Hundert Jahre schlesischer Agrargeschichte, 2. Aufl., Breslau 1927.

Unter dem Einfluß der marxistischen Interpretation des preußischen Wegs vom Feudalismus zum Kapitalismus hat sich die traditionelle Geschichtswissenschaft von der einseitig oder überwiegend auf den „Staat" bezogenen Betrachtung gelöst und begonnen, die Reformen als Teil eines tiefgreifenden langfristigen Wandels der gesellschaftlichen und wirtschaftlichen Verhältnisse in Preußen am Vorabend der industriellen Revolution zu untersuchen.[43] Die von dem unterschiedlichen Geschichtsverständnis hervorgerufene gegenseitige Herausforderung hat die Forschung angeregt, nach neuen aussage- und beweiskräftigen Quellen und Quellengruppen zu suchen, um die neu entwickelten Fragestellungen bearbeiten zu können.

43 Dazu jetzt die Beiträge in: Preußische Reformen 1807–1820, hg. v. B. Vogel, Königstein/Ts. (NWB 96) 1980.

VI. Die Arbeit mit den Quellen

1. Quellenbegriff und Funktion der Quelle für die Geschichte als Wissenschaft

Die in der Fachliteratur ausgetragenen Kontroversen über die Beurteilung und Bewertung historischer Vorgänge haben eine Ursache in den voneinander abweichenden ideologischen Standpunkten der Forschenden, denen jeweils ein bestimmter Aspekt oder ein bestimmter Komplex von Tatsachen und Zusammenhängen als ausschlaggebend für ihre historische Erklärung erscheint. Eine zweite Ursache dieses mehr oder weniger breiten Deutungsspektrums muß in dem Material gesucht werden, das die Grundlage jeder historischen Untersuchung bildet und auf das sich die Forschenden in ihrer Argumentation stützen. Diese Materialien, die unmittelbaren Überreste und Spuren der Vergangenheit, werden gemeinhin als *Quellen* bezeichnet. Dabei denken die Forschenden vor allem an *schriftliche* Quellen.

Dieser Quellenbegriff orientiert sich mehr an der praktischen Arbeit als an methodischen Überlegungen: Quelle ist der Gegenbegriff zu Fachliteratur und bezeichnet Material zur Rekonstruktion der Vergangenheit als Geschichte im Gegensatz zu den Ergebnissen bereits geleisteter Forschungsarbeit, wie sie die Fachliteratur bietet. Vor dieser praktischen Arbeit muß der Historiker aber bereits entschieden haben, was für seine Fragestellung „Quelle" sein kann, denn die Vergangenheit hinterläßt keine Quellen, sondern nur Überreste und Spuren, die ausschnitthaft die Realität dieser Vergangenheit bezeugen. Es ist also die jeweils spezifische Fragestellung der Forschenden, die eine bestimmte Auswahl von „Zeugnissen" der Vergangenheit zu Quellen historischer Erkenntnis werden läßt. Diese Abhängigkeit des Quellenbegriffes von der historischen Fragestellung bedeutet aber auch, daß die vorherrschende Beschränkung auf die schriftlichen Zeugnisse nicht das Quellenpotential ausschöpft, daß vielmehr – in Anlehnung an J. G. Droysen – alles zur Quelle historischer Erkenntnis werden kann, was die Spur von „Menschengeist und Menschenhand" an sich trägt, da es über die Handlungen des Menschen Auskunft gibt. Zu ergänzen ist dieser herkömmliche Quellenbegriff durch die Einbeziehung von Bedingungen menschlicher Existenz, wie Klima und naturräumliche Ausstattung, die jedoch ihrerseits massiv durch menschliches Handeln verändert werden.

Die Zeugnisse der Vergangenheit bilden also die *objektive* Grundlage, die der *Erfahrung* zugänglich ist und die die Voraussetzung einer *empirisch* abgesicherten Erkenntnis darstellt. Dabei ist jedoch immer im Auge zu behalten, daß diese Materialbasis umso schmaler und lückenhafter wird, je weiter zurück die jeweils zu erforschende Vergangenheit liegt: d. h., das historischer Erfahrung zur Verfügung stehende Material verliert an Repräsentativität, damit wächst der Spielraum bei seiner Deutung. Wenn trotzdem für das europäische Mittelalter oder die griechische und römische Geschichte wesentliche Züge erforscht werden konnten, so lassen sich mehrere, recht unterschiedliche Gründe nennen: die Verfeinerung der Arbeitsmethoden für das begrenzt vorliegende Material, die Erweiterung der Materialbasis von den schriftlichen Quellen auf die Sachquellen oder neue Fragestellungen, die lang bekannte Quellen in neuem Licht erscheinen lassen. Für die Erforschung der modernen Geschichte ist im Gegensatz dazu eher die Quellenfülle problematisch, wenn es auch Quellenmangel für Teilgebiete und bestimmte Zeiträume gibt, sei es auf Grund fehlender Überlieferung oder der Einschränkung in der Benutzbarkeit vorhandener Materialien (zur *Sperrfrist* s. S. 156).

Die wissenschaftlichen Kontroversen können sich bei lückenhafter Materiallage auf den damit gegebenen breiten Interpretationsraum gründen, bei Quellenfülle auf unterschiedliche Auswahlprinzipien der Bearbeiter, was — wie bei der Benutzung der Fachliteratur — bedeutet, daß der „Ideologieverdacht" sowohl für den Interpreten wie für die von ihm ausgewählten Quellenstücke untersucht werden muß.

Die empirische Basis der Quellen prägt den Wissenschaftscharakter der historischen Forschung. Sie erlaubt ein *systematisches* Sammeln von Quellenangaben für eine bestimmte Fragestellung, ein *geregeltes Verfahren der Bearbeitung,* das zu historischen Erkenntnissen führt, die *überprüfbar* sind und *erweitert* werden können. Diese Arbeitsweise ist aller Geschichtswissenschaft gemeinsam, gleich ob sie sich versteht

— als empirische Wissenschaft im Gegensatz zur spekulativen Geschichtsphilosophie (J. G. Droysen);

— als Geisteswissenschaft im Gegensatz zur Naturwissenschaft (W. Dilthey);

- als Reflexionswissenschaft im Gegensatz zur empirischen Sozialwissenschaft und zum Historischen Materialismus (H. Patze, W. Schlesinger);
- als Erfahrungswissenschaft im Gegensatz zur Geisteswissenschaft (K.-G. Faber).

Diese und andere Auffassungen von Geschichtswissenschaft beruhen auf unterschiedlichen *philosophisch-erkenntnistheoretischen* Positionen und können nicht ohne den jeweils entsprechenden Gegenbegriff verstanden werden. Sie wirken sich jedoch nicht direkt auf der Ebene der Quellenarbeit aus, sondern in der Setzung des Bezugsrahmens, in den die *Ergebnisse* der Quellenarbeit eingeordnet werden. Auch Geschichte als Reflexionswissenschaft, „als denkende Betrachtung vergangener Wirklichkeit durch das Medium der Quellen"[1] stützt sich primär auf Quellenarbeit. Die Betonung liegt hier auf „denkende Betrachtung", d. h. dem kontemplativen Element im Gegensatz zum handlungsorientierten Element, wie es in dem dem historischen Materialismus eigenen Verhältnis von Theorie und Praxis enthalten ist.

Die Quellen als *empirische* Basis sind also von grundlegender Bedeutung für die *wissenschaftliche* Erforschung der Vergangenheit. So beginnt die moderne Geschichtswissenschaft im 19. Jahrhundert nicht zufällig mit der Entdeckung der *Quelle* und der Übernahme der *philologischen* Arbeitsmethoden von den neuen historischen Sprachwissenschaften sowie der Weiterentwicklung der älteren juristischen und theologischen Textkritik zu wissenschaftlichen Verfahrensweisen. Leopold von Rankes viel zitierter und geschmähter Satz, er wolle nur erforschen, „wie es eigentlich gewesen", gehört in diesen die Wissenschaft von der Geschichte begründenden Zusammenhang:

„Man hat der Historie das Amt, die Vergangenheit zu richten, die Mitwelt zum Nutzen zukünftiger Jahre zu belehren, beigemessen: so hoher Ämter unterwindet sich gegenwärtiger Versuch nicht: er will bloß zeigen, wie es eigentlich gewesen. Woher aber konnte dies neu erforscht werden? Die Grundlage vorliegender Schrift, der Ursprung ihres Stoffes sind Memoiren, Tagebücher, Briefe, Gesandtschaftsberichte und ursprüngliche Erzählungen der Augenzeugen; andere Schriften nur alsdann, wo sie entweder aus jenen unmittelbar abgeleitet oder durch irgendeine originale Kenntnis ihnen gleich geworden schienen. Jede Seite zeigt an, welches diese Werke gewesen . . . "[2].

---

1 Hans Patze, Walter Schlesinger, Vorwort zu „Geschichte Thüringens", hg. v. H. Patze und W. Schlesinger, Bd. 1, Köln/Graz 1968, S. VII.
2 Leopold von Ranke, Geschichte der romanischen und germanischen Völker von 1494 bis 1514 (1824), 2. Aufl., Leipzig 1874, S. VII (Leopold von Ranke's Sämmtliche Werke, zweite Gesammtausgabe, 32. und 34.

Ranke grenzt sich hier ab gegen eine moralisierende Geschichts*betrachtung,* an anderer Stelle auch gegen die „spekulative" Philosophie. Er will sich darauf beschränken, anhand von Zeugnissen der jeweiligen Vergangenheit seine Fragen zu beantworten, und zwar so, daß jeder Leser seine Aussagen nachprüfen kann. Keineswegs erhebt er den Objektivitätsanspruch, wie er ihm oft polemisch unterstellt wird und den die „Ranke-Epigonen" in der Tat aus seinen Worten herausgelesen haben. Ranke ist sich der Wertgebundenheit seiner Arbeit vollkommen bewußt: „Die Absicht eines Historikers hängt von seiner Ansicht ab", erklärt er in der „Vorrede" und erläutert, unter welchen Voraussetzungen und Vorentscheidungen das Thema behandelt werden soll.

Das erste Ranke-Zitat enthält die bis heute geläufige Begründung für die Wertschätzung der Quellen: gegenüber der Überlieferung historischer Fakten und Zusammenhänge durch die „Tradition", z. B. in weltgeschichtlichen Kompendien, haben die von Ranke benutzten Quellen den Charakter der Ursprünglichkeit und der Unmittelbarkeit zu den jeweiligen Ereignissen. Auch sie bedürfen der kritischen Bearbeitung, aber grundsätzlich verdienen sie mehr Zutrauen als Nachrichten, die durch viele Münder oder Schreiberhände gegangen sind.

Die Quellen als „empirische" Basis und die verfeinerten Methoden ihrer Auswertung haben lange Zeit allein den wissenschaftlichen Anspruch des Historikers im Zeitalter der „exakten" Naturwissenschaften legitimiert und seine praktische Arbeit bestimmt. Daher wird den Historikern nicht zu Unrecht *Quellenfetischismus* und *Positivismus* vorgeworfen, d. h. Vernachlässigung von theoretischen Überlegungen gegenüber der Erarbeitung von „positivem" Wissen, das zu einer „objektiven" Rekonstruktion der Geschichte beitragen soll.

Die intensive Versenkung in die Untersuchung der Vergangenheit und der damit häufig verbundene Rückzug von den Problemen der Gegenwart wird auch als *antiquarisches* Geschichtsverständnis bezeichnet und wurde schon 1871 von Friedrich Nietzsche in seiner heute gleich lesenswerten Schrift „Vom Nutzen und Nachteil der Historie für das Leben" kritisiert. Dennoch verdankt die Geschichtswissenschaft gerade diesen „Antiquaren" eine Fülle von material-

Fortsetzung Fn. 2

Bd., Leipzig 1877). — Vgl. Konrad Repgen, Über Rankes Diktum von 1824: „Bloss sagen, wie es eigentlich gewesen", in: Historisches Jahrbuch der Görresgesellschaft 102 (1982), S. 439—449.

reichen Detailstudien und Quelleneditionen, die bis heute unentbehrlich sind und vielfach noch der Auswertung harren.

Die Quellenarbeit erfüllt also eine bestimmte Funktion im historischen Erkenntnisprozeß, sie ist nicht „Selbstzweck", sondern Mittel zur Erreichung eines Zieles. Die Forschenden stellen Fragen an
die Vergangenheit, bei deren Formulierung sie von „aktuellen" Problemen der Gegenwart, ihrem erkenntnisleitenden Interesse und dem
Forschungsstand (Vorkenntnisse) ausgehen. Die Quellen geben keine
direkte Antwort auf diese Fragen, sondern enthalten lediglich Daten verschiedenster Art, die als Anhaltspunkte für *mögliche* und
nicht mögliche Antworten dienen können. Die Kategorien „richtig"
− „falsch" spielen für „Antworten" als Erklärungsversuchen von
komplexen Erscheinungen („Problemen") keine Rolle, sie sind nur
auf einfache Aussagen − wie z. B. „Friedrich II. von Preußen lebte
von 1712−1786" − anwendbar. Kriterien für die Auswahl unter
möglichen Antworten enthalten die Geschichtstheorien. Geschichtstheorie kann sowohl den Anspruch auf gesamtgesellschaftliche Erklärung erheben − wie z. B. der Historische Materialismus −, aber
ebenso eine Theorie „mittlerer Reichweite" sein, die nur eine bestimmte, wenn auch komplexe Erscheinung erklären will, wie z. B.
die Faschismus-Theorien, die Imperialismus-Theorien oder die Theorien wirtschaftlichen Wachstums. In jedem Fall erleichtern sie die
Zuordnung und Integration von historischen Detailergebnissen, zugleich werden sie selbst durch diesen Prozeß geprüft, unter Umständen verworfen oder weiterentwickelt.

2. Quellenkunde

In der Methodenlehre der traditionellen Geschichtswissenschaft
nimmt die Quellenkunde, die Gruppierung der Zeugnisse der Vergangenheit nach äußerer Beschaffenheit und inhaltlicher Aussagekraft, einen hervorragenden Platz ein.

a) Überrest und Tradition

Die schon bei Ranke angedeutete Unterscheidung der Quellen nach
ihrem Erkenntniswert wurde in Anknüpfung und Auseinandersetzung mit Johann Gustav Droysens „Historik"[3] von Ernst Bern-

---

3 Johann Gustav Droysen, Historik. Vorlesungen über Enzyklopädie und
   Methodologie der Geschichte, hg. v. R. Hübner (1937), 3. Aufl., Darmstadt 1958.

heim[4] systematisiert und begrifflich klar gefaßt als „Überrest" und „Tradition".[5]

Überrest ist alles, was unmittelbar von den Begebenheiten übrig geblieben ist; man unterscheidet:

- *Sachüberreste* (körperliche Überreste, Bauwerke, Geräte, Erzeugnisse von Kunst, Gewerbe usw. aller Art);
- *Abstrakte Überreste* (fortlebende oder überlieferte Institutionen, Rechts- und Verfassungszustände aller Art, Tatsachen der Sitte, der Sprache usw.);
- *Schriftliche Überreste* (Schriftgut, das aus geschäftlichen oder privaten Bedürfnissen der jeweiligen Gegenwart entstanden ist), z. B. Urkunden über Rechtsgeschäfte – wie Grundstücksangelegenheiten –, Akten einer Behörde, private Briefe, Zeitungen, schöne Literatur.

Tradition dagegen bezeichnet Material, das eigens und absichtlich zum Zweck (historischer) Unterrichtung geschaffen worden ist (z. B. Annalen, Chroniken, Biographien, Autobiographien, Memoiren, zeitgenössische Geschichtserzählungen aller Art, mündliche Formen: Sage, Lied, Erzählung).

Diese Quellengruppierung orientiert sich an der Beziehung des Quellenstückes zum jeweils zu untersuchenden Gegenstand: der Überrest „berichtet" unabsichtlich über diesen Gegenstand, während z. B. eine Chronik diesen Gegenstand bereits unter bestimmten Gesichtspunkten beurteilt und einordnet, um der Nachwelt ihre Sicht der Dinge kundzutun. Diese Unterscheidung ist hilfreich, deckt jedoch nicht alle Möglichkeiten ab. So ist das bronzene Denkmal eines Feldherrn in der Absicht geschaffen und aufgestellt worden, den Feldherrn zu ehren und der Nachwelt seine Erfolge zu überliefern. Daß es sich um einen Feldherrn oder zumindest um die Darstellung von kriegerischen Erfolgen handelt, ist meist nicht nur aus der Inschrift des Denkmals ersichtlich, sondern auch aus der Art der Darstellung und der Verwendung von Kriegssymbolen. Zugleich berichtet es unabsichtlich z. B. über den Stand der Metallverarbeitung oder auch über die Geisteshaltung seiner Auftraggeber und einer

---

4 Ernst Bernheim, Lehrbuch der historischen Methode und der Geschichtsphilosophie, 3. u. 4. völlig neu bearbeitete und vermehrte Aufl., Leipzig 1903.

5 Die folgenden Definitionen von Überrest und Tradition schließen sich eng an die Formulierungen von Ahasver v. Brandt an: „Werkzeug des Historikers, Eine Einführung in die historischen Hilfswissenschaften", 9. erg. Aufl., Stuttgart, Berlin, Köln, Mainz 1980, S. 52–61 (Urban-Taschenbücher 33).

Zeit, in der man Feldherren Denkmäler setzte. Das Denkmal kann also sowohl Überrest wie Tradition sein, je nachdem wie die Fragestellung lautet.

Die Gruppe der Überreste eignet sich besonders zur Rekonstruktion von Ereignisabfolgen und „Fakten". Die Tradition wird bei Vorliegen von genügend Überresten vor allem als Kontrollinstrument oder als zeitgenössischer Deutungsversuch herangezogen. Nur wenn zu wenig Überreste vorhanden sind, dient sie als eigentliches Erkenntnismedium. Von besonderer Bedeutung ist die Tradition daher für die Erforschung von Altertum und Mittelalter. Aus der Definition von Tradition ist ersichtlich, daß ihr Aussagewert besonders für die Analyse der politischen, religiösen oder sozialen Ideen des jeweiligen Verfassers oder der jeweiligen Zeit zu beachten ist, also dann, wenn sie selbst Überrest ist.

b) Schriftliche Quellen und Sachquellen

Ein zweites wichtiges Prinzip der Quellengruppierung ist die Unterscheidung zwischen *schriftlichen Quellen* und *Sachquellen (Realien)*, die sich nicht mit der zwischen Überrest und Tradition deckt. Für die Erforschung der modernen Geschichte spielen die Sachquellen nicht die große Rolle wie für die Erforschung von Altertum und Mittelalter, wo der Mangel an schriftlicher Überlieferung von Anfang an auf die Sachquellen verweist. Aus den technischen Schwierigkeiten bei der Beschäftigung mit diesen Quellengruppen haben sich Spezialdisziplinen entwickelt: Münzkunde (Numismatik), Wappenkunde (Heraldik), Siegelkunde (Sphragistik), historische Bildbetrachtung (Ikonographie) und Archäologie.

Die besondere Wertschätzung der schriftlichen Quellen in allen Bereichen der Geschichte erklärt sich daraus, daß sie direkte Antworten auf die gestellten Fragen anzubieten scheinen. Da es die Erforschung der modernen Geschichte eher mit einer Quellenfülle als mit einem Quellenmangel zu tun hat, leuchtet die Bevorzugung der schriftlichen Quellen zunächst unmittelbar ein. Sie bedürfen zwar der kritischen Untersuchung ihrer Aussagen auf „Richtigkeit" und Zuverlässigkeit, aber es handelt sich immer schon um sprachlich formulierte Aussagen. Demgegenüber vermitteln die Sachquellen zwar eine unmittelbare Anschauung, aber sie müssen erst zum „Sprechen" gebracht werden, damit sie zu einer historisch relevanten Aussage beitragen können.

Schriftliche Quellen und Sachquellen haben für die moderne Geschichte unterschiedliche Aufgaben erfüllt: Dienen die schriftlichen Quellen zur Herstellung von „Fakten" und Ereigniszusammenhängen, so bleibt den Sachquellen meist nur die „Veranschaulichung". Als Erkenntnismedium im engeren Sinne werden sie erst dann herangezogen, wenn es an schriftlichen Zeugnissen fehlt oder wenn die schriftliche und bildliche Materialbasis nicht ausreicht.

Die Wahl der schriftlichen Quelle oder der Sachquelle hängt also ab von dem vorhandenen Fundus an Quellen und ihrem Aussagewert für die jeweilige Fragestellung. Die Fragestellung ihrerseits ist — ausgesprochen oder unausgesprochen — verknüpft mit einer Vorstellung von dem, was Geschichte ist, d. h. mit einem bestimmten Geschichtsbegriff. Es gehört mit zu den Aufgaben einer Quellenkunde, die Konsequenzen verschiedener Geschichtsbegriffe für die Wahl der Themen und ihre Bearbeitung wenigstens exemplarisch anhand der für die deutsche Geschichtswissenschaft wichtigen Konzeptionen von „politischer Geschichte" und „sozialer Geschichte" aufzuzeigen.

c) Quellenkunde der politischen Geschichte

Im Mittelpunkt des historischen Interesses stand lange die Rechts- und Verfassungsgeschichte sowie die politische Geschichte der „Haupt- und Staatsaktionen". Dafür ließ sich auf die umfangreiche Überlieferung zurückgreifen, die in den staatlichen Behörden angegliederten Archiven auf gesamtstaatlicher wie auf territorialer Ebene aufbewahrt wurden und werden: Urkunden, Akten, Verträge, Gesetzestexte. „Geschichte" stand also in engem Zusammenhang mit „großer Politik" und Staatstätigkeit im allgemeinen. Gleiches Interesse galt den Personen, die für diese Politik verantwortlich waren, den Staatsmännern und Fürsten, deren Leben aus den Akten sowie ihren „Selbstzeugnissen" (Briefe, Tagebücher, Memoiren, Autobiographien) zu erforschen war. „Geschichte" wurde begriffen als Ergebnis bewußten und zielgerichteten („intentionalen") politischen Handelns führender Persönlichkeiten.

Der Geschichtsbegriff war an eine zweite Qualifikation gebunden, die mit der ersten in engem Zusammenhang steht. Die Rekonstruktion der Vergangenheit als politische Geschichte von Staaten bindet den Geschichtsbegriff an eine Stufe kultureller Entwicklung, für die *Schriftlichkeit* ein wesentliches Merkmal ist. Völker, die keine Schrift entwickelt haben, waren damit zugleich *geschichtslos*, sie wurden der „Prähistorie" (Vorgeschichte) überlassen oder — wenn es sich um moderne „Naturvölker" handelte — der Ethnologie (Völkerkunde). Die Vor- und Frühgeschichte arbeitet auf der Grundlage von Boden(be)funden im weitesten Sinne, deren Aussagen über materielle Lebensbedingungen, technische Fähigkeiten und Sinngebung sie — wo möglich — mit den Aussagen schriftlicher Überlieferung verknüpft. Die Völkerkunde stützt sich zum einen ebenfalls auf die „materielle Kultur" der beobachteten „einfachen Gesellschaften", zum anderen aber auf die Analyse der jeweiligen Sprache(n) sowie der mündlichen Traditionen (Mythen, Sagen, Märchen). Sie ist nicht auf die Zufälle der Bodenfunde angewiesen, dafür den Tücken der „teilnehmenden Beobachtung" ausgeliefert, die das „Fremde" nur sehr begrenzt in den Blick bekommen und in seiner Fremdheit fassen kann.

Dieser Geschichtsbegriff gliederte ganze Kulturen und Kulturkreise aus dem Arbeitsfeld der Geschichtswissenschaft aus, zugleich die Bereiche und Personenkreise einer schriftlichen Kultur, die sich nicht schriftlich artikuliert hatten oder deren schriftliche Äußerungen durch den Zufall der Überlieferung nicht erhalten waren. Dies gilt für das „einfache Volk", also z. B. den größten Teil der deutschen Bevölkerung in Mittelalter und Neuzeit. Überliefert sind vor allem Dokumente der Herrscher, der Kirche, des Adels und der Städte. Über die Lage der Bauern, des Gesindes in Stadt und Land und der Abhängigen im Handwerk (Lehrlinge und Gesellen) berichten meist nur diese „herrschaftlichen" Aufzeichnungen (Einnahme- und Ausgaberegister der Grundherren, Gerichtsakten, Zunftordnungen, Stadtchroniken), Selbstzeugnisse dieses Personenkreises sind kaum vorhanden. Fast immer tritt „das einfache Volk" als Objekt herrschaftlichen Handelns in Erscheinung, selten mit eigenem politischen Willen wie z. B. im Bauernkrieg 1525.

Geschichtsbegriff und Quellenlage wirken hier zusammen, daß ein großer Teil gesellschaftlicher Entwicklung nicht zum Gegenstand der historischen Forschung wurde. Die Fixierung auf intentionales politisches Handeln und die damit verbundene Betonung der handelnden Person („Männer machen Geschichte") läßt das „einfache Volk" erst dann die Arena der Geschichte betreten, wenn es sich in gewaltsamen Aktionen äußert und damit ein politischer Faktor wird. Allerdings wird diese Aktivität negativ bewertet, da es nicht um planvolles und kalkuliertes politisches Handeln geht, sondern um spontane Bewegungen, die meist von kurzer Dauer sind und nicht eingebettet sind in eine kontinuierliche politische Arbeit. Die Akteure dieser Aufstände und Unruhen werden meist — in Anpassung an die Sprache der Quellen — verächtlich als „Pöbel" oder „Mob" bezeichnet.

Diese Ausgrenzung betraf nicht nur das „niedere Volk" als Untersuchungsgegenstand, sie bewirkte, daß gesellschaftliche Bereiche nur unter dem Aspekt von Rechts-, Verfassungs- und Ideengeschichte erfaßt wurden: Agrargeschichte wurde betrieben als Geschichte der Agrarverfassung, Verwaltungsgeschichte als Geschichte von Institutionen, Wirtschaftsgeschichte als Geschichte ökonomischer Vorstellungen. Das Zusammenwirken von „Verhältnissen" und „Personen" stellte die politische Geschichte nur für die Gruppe der jeweils Herrschenden dar (Adel, Fürsten). Für diese Aufgaben gibt es im Rahmen der modernen Geschichte umfangreiches schriftliches Material, Sachquellen spielen eine untergeordnete Rolle.

d) Quellenkunde der sozialen Geschichte[6]

Die Erforschung der sozialen Geschichte beschäftigt sich
— mit ländlichen und städtischen Unterschichten sowie mit gesellschaftlichen Randgruppen — ausgehend von den sozialen Fragen des 19. Jahrhunderts,
— mit einzelnen gesellschaftlichen Gruppen und Schichten „an sich" und mit ihrem Mit- und Gegeneinander,
— mit formellen wie informellen Personen- und Lokalverbänden (Haushalte, „Familien", Gemeinden, Korporationen, Sozietäten, Vereine, Spinnstuben, Straßengemeinschaften usw.),
— mit den zeit- und schichtenspezifischen Lebensweisen in Stadt und Land und ihrem Wandel sowie mit der subjektiven Wahrnehmung der Welt und der Verarbeitung von Erfahrung,
— mit Entwürfen der formellen und informellen Geschlechterbeziehungen und deren Wandel,
— mit der quantitativen und qualitativen Beschreibung von Gesellschaft, ihren Strukturen und deren Wandel.
Die hier angeführten Aspekte sind heute selbstverständlich Gegenstand von Politik, womit offen zutage liegt, daß Sozialgeschichte in diesem Sinne nur ganz begrenzt im Gegensatz zur politischen Geschichte oder unter Absehung von politischer Geschichte betrieben werden kann. Die Polarisierung von politischer Geschichte und Sozialgeschichte beruht vielmehr auf dem elitären Anspruch der politischen Geschichte, die es lange Zeit zu verhindern verstand, daß sich Sozialgeschichte auf den Universitäten institutionalisieren konnte. Die Sozialgeschichte benötigt vielmehr die Ergebnisse der politischen Geschichte ebenso wie die der Wirtschaftsgeschich-

6 Vgl. allgemein: Jürgen Kocka, Sozialgeschichte. Begriff — Entwicklung — Probleme, Göttingen, 2. Aufl. 1986.

te, mit der zusammen sie oft als Zwillingswissenschaft auftritt. Ökonomische Lage wie Grad politischer Partizipation sind wichtige Hinweise zur Gesellschaftsanalyse.

Für die Quellengrundlage zur Erforschung der sozialen Geschichte läßt sich wiederum feststellen: Lebens- und Wirkungsbereiche von Bürgern, Adel, Geistlichkeit und Herrschern in Politik, Wirtschaft, Rechtsprechung, Militär, Verwaltung und Kulturleben sind durch schriftliche Zeugnisse — wenn auch mit großen regionalen und zeitlichen Unterschieden — recht gut dokumentiert. Sachquellen (Bürgerhäuser, Adelssitze, bürgerliche und adlige Wohnkultur, Bibliotheken, kostbare Gebrauchsgegenstände) stehen allgemein zugänglich in Museen, Herrenhäusern und Schlössern zur Verfügung.

Mit dem Beginn der Frühen Neuzeit werden auch die Zeugnisse für Gesinde, Handwerker, Handwerksgesellen und ländliche Unterschichten zahlreicher, wenn auch selten in der Form der „Selbstzeugnisse". Bei der Bearbeitung von Fragen, die diesen Personenkreis betreffen, muß man damit rechnen, in den schriftlichen Zeugnissen überwiegend „herrschaftlicher" Herkunft eine begrenzte Sicht der Dinge vorzufinden. Selbstdarstellung war im Mittelalter und großen Zeitabschnitten der modernen Geschichte auf solche Bevölkerungsgruppen beschränkt, die (1) über ein Mindestmaß an Bildung verfügten (Lesen und Schreiben), die (2) Verwertungsmöglichkeiten beruflicher Art für diese Fähigkeiten besaßen (z. B. Kaufleute) und die (3) ausreichende Archivierungsmöglichkeiten hatten, um die Erhaltung der Schriftstücke zu garantieren. Diese Voraussetzungen trafen bis ins 19. Jahrhundert hinein nur für „Obrigkeiten" zu, sei es eine städtische, eine adlige, eine geistliche oder eine staatliche. Trotz der vielberufenen Quellenfülle für die moderne Geschichte ist für die Bearbeitung bestimmter Bereiche also mit einer Lückenhaftigkeit des Materials zu rechnen, die einerseits auf Verlust vorhandener Schriftstücke durch Unachtsamkeit und Katastrophen wie Brand, Überschwemmungen und Kriege zurückgeht, andererseits die oben dargestellten sozio-kulturellen Ursachen hat.

Die Sozialgeschichtsforschung kann den großen Bestand der amtlichen Akten, die von der politischen Geschichtsschreibung bevorzugt benutzt worden ist, mit Gewinn für seine eigenen Fragestellungen heranziehen und wird dabei teilweise zu neuen Ergebnissen kommen. Sie wird zugleich bei ihrer Materialsuche auf schriftliche Zeugnisse stoßen, die unter dem Gesichtspunkt der „Politik" überhaupt nicht oder kaum als Quelle benutzt worden sind, z. B. Wirtschaftsbücher für gewerbliche und landwirtschaftliche Betriebe

(Handelshäuser, Gutswirtschaften), Inventare von Bauernhöfen, Bürgerhäusern, Wirtschaftsbetrieben, Testamente von Bauern, Bürgern und Adligen.

Mehr und mehr Bedeutung für die Sozialgeschichte erlangen die Arbeiten von Nachbarwissenschaften, die sich früher als die Geschichtswissenschaft mit sozialen Fragen im weitesten Sinne beschäftigt haben: vor allem die *Soziologie* und die *Volkskunde.* Beide Disziplinen haben wesentliche Impulse durch die sich im 19. Jahrhundert herausbildende Industriegesellschaft empfangen. Die Soziologie bemühte sich um die Lösung aktueller gesellschaftlicher Probleme ausgehend von der „sozialen Frage" der Industrie- und Landarbeiter. Die Volkskunde entsprang dem eher romantisch-restaurativen Bemühen, den materiellen und geistigen Bestand der vorindustriellen ländlichen Gesellschaft gegen die Bedrohung durch die Massenkultur der Industriegesellschaft zu bewahren. Sie stützt sich — vergleichbar der Vorgeschichte und der Völkerkunde — neben den schriftlichen Zeugnissen vor allem auf Sachquellen (Kleidung, Häuser, Arbeitsgeräte, Spielzeug usw.) und abstrakte Quellen (Sitte, Brauchtum, Sprache). Die Volkskunde (heute auch als „europäische Ethnologie" oder „empirische Kulturwissenschaft" bezeichnet) hat in den vergangenen Jahrzehnten ein neues Forschungsfeld erschlossen: Die Kultur der Industriegesellschaft, gerade auch die „Massenkultur im Medienzeitalter", wird nicht mehr nur als negativer Ausdruck von Desintegration gewertet, sondern als moderne Ausprägung von Volkskultur als populärer Kultur. In der Auseinandersetzung mit den neuen Forschungsgegenständen wie mit den Konzepten der Nachbarwissenschaften Ethnologie und Soziologie, nicht zuletzt mit der historischen Rolle der Dorfbewohner im Nationalsozialismus, hat die Volkskunde einen neuen Zugang zu ihrem traditionellen Forschungsgebiet „Dorf" gefunden. Sie bearbeitet insbesondere den sozialen und kulturellen Wandel in der dörflichen Gesellschaft des 19. und 20. Jahrhunderts, wozu sie einerseits die sozialwissenschaftlichen Zugriffe (z. B. C. Lipp und W. Kaschuba), andererseits die eher ethnologisch inspirierten Sichtweisen des Blicks „von innen" (z. B. U. Jeggle) verbunden mit narrativer Beschreibung nutzt[7].

Eine ähnlich konstitutive Funktion wie für die Volkskunde erhalten die Sachquellen für die *Technikgeschichte,* die wesentliche Beiträge zur Erforschung der Industriellen Revolution leistet. Al-

7 U. Jeggle, G. Korff, M. Scharfe, B. J. Warneken (Hg.), Volkkultur in der Moderne. Probleme und Perspektiven empirischer Kulturforschung, Reinbek b. Hamburg 1986.

te Fabrikgebäude, verlassene Bergwerke, alte Maschinen bieten Einblick in die Bedingungen von Fabrikarbeit, die keine noch so gute Beschreibung oder Abbildung ersetzen kann.

Die Fragestellungen der Sozialgeschichte haben also zur Folge, daß neben dem traditionellen Komplex der schriftlichen Quellen auch die Sachquellen als primäres Erkenntnismedium herangezogen werden.

Außer der erneuten Bearbeitung bekannter Quellen, dem Aufsuchen von bisher nicht oder wenig beachteten schriftlichen Quellen ist für die Sozialgeschichte auf eine weitere *Quelle* der Erkenntnis zu verweisen: nämlich Denk- und Erkenntniswege der Sozialwissenschaften auf ihre Anwendbarkeit im Bereich der historischen Forschung zu überprüfen. Ein Beispiel bietet die Übernahme des *Interaktionsmodells*[8] als Interpretationsverfahren für schriftliche Quellen: Wurden früher z. B. Urkunden über Rechtsverhältnisse zwischen Grundherr und Bauer — auf Grund ihres herrschaftlichen Ursprungs — als herrschaftliches Diktat gewertet, dem sich der Bauer zu beugen hatte, so wird heute die Auffassung vertreten, daß die formale Fixierung eines Rechtsverhältnisses durch den Grundherrn nichts über die Art des Zustandekommens der inhaltlichen Bestimmungen besagt. Es ist durchaus denkbar, daß die Bestimmungen zwischen den Beteiligten ausgehandelt wurden, daß auch der Bauer in der Lage war, seine Ansprüche zu vertreten und teilweise durchzusetzen. Diese Vermutung läßt sich in solchen Fällen belegen, für die z. B. Gerichtsakten über den Streit zwischen Bauer und Grundherr überliefert sind, wie es für eine Reihe deutscher Territorien und Staaten in der Frühen Neuzeit der Fall ist, wo also die Möglichkeit besteht, außer der abschließenden Fixierung von grundherrlich-bäuerlichen Rechtsverhältnissen den Entstehungsprozeß zu verfolgen.

Einen anschaulichen Beleg für die Brauchbarkeit des Interaktionsmodells liefert die Analyse einer englischen Agrardepression und ihrer Folgen:

G. E. Mingay hat die Auswirkungen der Agrarkrise von 1730 bis 1750 in den Besitzungen des Herzogs von Kingston, eines der größten englischen Grundbesitzers seiner Zeit, untersucht.[9] Dabei stellt

8 Eine anregende Arbeit, die von diesem Interaktionsmodell ausgeht, hat Barrington Moore geschrieben: Soziale Ursprünge von Diktatur und Demokratie. Die Rolle der Grundbesitzer und Bauern bei der Entstehung der modernen Welt, Frankfurt 1974 (Suhrkamp Taschenbuch Wissenschaft 14).

9 G. E. Mingay, The Agricultural Depression, 1730–1750, in: Economic History Review, Second Series, vol. VIII, No. 3 (1956), S. 321–338.

er fest, daß sich in den Pachtverträgen dieses Zeitraumes die Pacht-
bedingungen für den Pächter (Länge der Laufzeit, Höhe der Pacht-
summe, Beteiligung an der Erstellung und Erhaltung der Gebäude,
Zahlung der öffentlichen Abgaben) verbesserten. Obwohl der landlord durch den Preisverfall für Getreide sowohl in seiner Eigenwirt-
schaft wie indirekt durch die Zahlungsunfähigkeit seiner Pächter
und Bauern betroffen war, reagierte er nicht mit „Zwangseinziehun-
gen" der Pachtgelder oder der Lösung der Pachtverhältnisse. Vielmehr versuchte er, die Pächter zu halten, da zahlreiche Pächter sich
durch „Flucht" ihren Verpflichtungen entzogen; er investierte in
dieser Krisenzeit in die Melioration der Ländereien und den Bau
von Wirtschaftsgebäuden, um ein Pachtverhältnis attraktiver zu machen. Hier bewirkte also eine Wirtschaftskrise zusammen mit dem
aktiven Verhalten der Bauern und Pächter (Flucht oder Lösung
des Pachtverhältnisses), daß in den Pachtverträgen, als rechtlicher
Fixierung des wirtschaftlichen Abhängigkeitsverhältnisses durch
den landlord, entscheidende Verbesserungen für die Pächter durchsetzbar wurden. Der Vertragstext allein läßt aber von diesen Zusammenhängen nichts erkennen. Wären die Pachtverträge die einzige
Überlieferung zum Verhältnis landlord—farmer—freeholder, so
müßte die Interpretation zunächst einmal von der Machtposition
des Großherren ausgehen, die Abhängigkeit beider Vertragspart-
ner von bestimmten wirtschaftlichen Konstellationen mit unterschiedlichen Auswirkungen für Grundherr und Bauer postulieren,
um im Anschluß an diese These nach Belegen zu suchen.

Mit den Denkanstößen der Interaktionsforschung sind seit etwa
zwanzig Jahren viele Bereiche vergangener Wirklichkeit histori-
siert worden, wodurch unser Verständnis von *Geschichte* erweitert worden ist. Ein Hauptarbeitsgebiet war und ist die *Protestfor-
chung*[10] mit ihren aktuellen Herausforderungen in der Dritten
Welt wie mit unseren abendländischen Erfahrungen in den Protest-
bewegungen im späten Mittelalter, in der Frühen Neuzeit und
selbstverständlich in den Widerstandsformen der industriellen Gesellschaft. Die Instrumente für diese Forschungen, die ursprünglich von einfachen Klassenkampfvorstellungen ausgingen, wurden
durch das zeitlich und räumlich breit ausgefächerte Arbeitsfeld
erheblich verfeinert und haben von den Analyseanforderungen für
jeweils spezifische Verhältnisse profitiert: von den ethnologisch
inspirierten Forschungsstrategien in den Ländern der Dritten Welt

10 Charles Tilly, Louise Tilly, Richard Tilly, The Rebellious Century 1830—
1930, Cambridge, Mass. 1975.

ebenso wie von den Anregungen der Kritischen Theorie, der Kommunikations- und Handlungstheorie sowie der Historischen Anthropologie. In diesem Forschungsprozeß verlagerten sich auch die Forschungsschwerpunkte von den spektakulären Ereignissen — wie etwa der „Große deutsche Bauernkrieg" von 1525 — zu strukturell angelegten Konflikten, z. B. zwischen Grundherren und Bauern. Diesen ‚Lernprozeß' dokumentiert die Studie Werner Troßbachs über bäuerlichen Protest in den kleinen hessischen Territorien zwischen Dreißigjährigem Krieg und dem Ende des Alten Reichs[11].

e) Film- und Tonaufnahmen als historische Quellen

Studierende werden zunächst geneigt sein, den Erzeugnissen der *modernen Massenmedien*, Film, Funk und Fernsehen, gegenüber den *traditionellen Massenmedien*, Flugblatt, Zeitung, Buch, einen besonderen Platz unter den Quellengruppen für die Erforschung der modernen Geschichte einzuräumen. Zweifellos eröffnen diese Medien neue Dimensionen für die Verbreitung von Informationen („Kommunikation") und neue Formen von „Unterhaltung" als sozialem Phänomen: die Verdichtung der Kommunikation in Bezug auf politische Meinungsbildung, die Verquickung mit Wirtschaftswerbung und Unterhaltung, die Reichweite dieser Medien in alle sozialen Schichten hinein und die gesteigerte Intensität der direkten Sinneseinwirkung. Insoweit sind sie Quellen für den soziokulturellen und technischen Entwicklungsstand der heutigen Gesellschaft. Doch hier steht zur Debatte, ob ihre gespeicherten *Erzeugnisse* als Film- und Tonaufnahmen eine besondere Quellengruppe darstellen und spezifischer Auswertungsmethoden bedürfen.

Gemeinsam mit den älteren Massenmedien ist ihnen die Absicht der Information, Meinungsbildung und Unterhaltung, ebenso ihre Benutzung zu Agitation und Propaganda. Zu historischen Quellen können Rundfunk und Fernsehen nur dann werden, wenn sie, als Film- oder Tonaufnahme gespeichert, ihre Manuskripte und Drehbücher aufbewahrt oder die Sendungen durch Besprechungen und Diskussionen in Tages-, Wochen- und Fachzeitungen der „Nachwelt" überliefert sind. Insofern können die Erzeugnisse der modernen Massenmedien als Film- und Tonaufnahmen zusammengefaßt werden.

11 Werner Troßbach, Soziale Bewegung und politische Erfahrung. Bäuerlicher Protest in hessischen Territorien 1648–1806, Weingarten 1987.

Die *Tonaufnahme* einer Podiumsdiskussion oder einer Parlamentsdebatte hält verbale Äußerungen fest, die sich jederzeit in einen Schrifttext übertragen lassen — was für wissenschaftliche Zwecke auch häufig geschieht —, wenn dabei auch „atmosphärische" Eindrücke wie Stimme des Sprechers und seine rhetorischen Fähigkeiten sowie die Reaktionen der Zuhörer usw. nicht adäquat erfaßt werden können. Diesen schriftlich fixierbaren Bestand enthalten bereits die Reichstagsprotokolle, z. B. Zwischenrufe der Abgeordneten, Unruhe und dgl., und vermitteln durchaus einen Eindruck von der Atmosphäre der Debatte.

In der *Filmaufnahme* sind verbale und bildliche Ausdrucksmittel kombiniert, eine schriftliche Fixierung stellt in jedem Fall eine Reduzierung der Aussagekraft dar. Aber: einem Film liegt im allgemeinen ein „Drehbuch" zu Grunde, also auch wieder ein „Text", der neben dem sprachlichen Beitrag Anweisungen für die Visualisierung enthält und somit Auskunft über den erwünschten optischen Eindruck gibt. Diese Verbindung zweier Medien ist an sich nichts Neues. In additiver Form wurde sie bewußt schon in den Flugschriften des Reformationszeitalters eingesetzt, wobei die bildliche Darstellung die Aussagen des Textes eindrucksvoll für des Lesens gar nicht oder wenig Geübte unterstützen sollte. Ähnlichen Zwecken dienen die „Bilderbogen" — zu ihnen rechnen übrigens auch die Comic-strips —, wobei allerdings der Aussagegehalt der bildlichen Darstellung im Vordergrund steht, die mündliche Erläuterung und der schriftliche Text mehr zurücktreten.

Dieses Beispiel veranschaulicht wiederum die Vielseitigkeit, mit der ein Quellenstück verwertet werden kann: der „Text" gibt die primäre inhaltliche Aussage; die Illustration dokumentiert den Entwicklungsstand bildnerischer Darstellung, die auf ein breites Publikum berechnet ist, ebenso wie den Stand der Kommunikation und der Kommunikationsmöglichkeiten zu einem bestimmten Zeitpunkt, in einer bestimmten historischen Situation.

Die praktische Arbeit mit Film- und Tonaufnahmen kann sich also weitgehend am Umgang mit den traditionellen Quellen orientieren (s. S. 157—176). Auch hier muß untersucht werden, ob es sich jeweils um einen „Überrest" handelt oder um Erzeugnisse, die auch zur Unterrichtung der Nachwelt („Dokumentation") dienen sollen. So lassen sich beispielsweise die „Nachrichten" in Rundfunk und Fernsehen zunächst einmal den „Überresten" zuordnen, die Kommentare jedoch der „Tradition". Kommentare werden dann zu Überresten, wenn es darum geht, die politische Haltung einer Zeitung oder einer Rundfunkanstalt zu einem bestimmten Problem oder in einem bestimmten Zeitraum zu untersuchen. Ebenso wie bei herkömmlichen

Texten muß festgestellt werden, ob eine Aufnahme echt oder gefälscht ist, welchen Standpunkt und damit welchen Blickwinkel im wörtlichen Sinne der Hersteller des Filmes oder der Tonaufnahme einnimmt, um das Produkt in seiner Aussagefähigkeit für die wissenschaftliche Fragestellung zu bewerten.

Bei Film und Tonaufnahmen läßt sich noch unterscheiden zwischen „künstlichen" Erzeugnissen und Aufnahmen des Tagesgeschehens und Alltagslebens. Für die Forschung ist zunächst die Dokumentation des politischen Lebens von primärer Bedeutung. Bei der Auswertung dieses Materials darf neben der üblichen Aufbereitung des Materials nicht vergessen werden, daß die im Mittelpunkt eines Geschehens Stehenden ihr Verhalten und ihre Äußerungen auf dieses Medium einstellen: so kann z. B. die kurze für ein Interview zur Verfügung stehende Zeit nicht ohne Auswirkungen auf den Inhalt der Ausführungen bleiben. Ebenso hat die Tatsache, daß wichtige Bundestagsdebatten in Rundfunk und Fernsehen übertragen werden, Folgen für die Reihenfolge der Redner, den Aufbau der vorgetragenen Reden, für ihre Argumentationsweise und für den sprachlichen Ausdruck, der auf „die Bürger und Bürgerinnen" Rücksicht nehmen muß.

Film- und Tonaufnahmen bedürfen also grundsätzlich keiner besonderen Auswertungsmethoden. Dagegen ist noch einmal auf die Frage einzugehen, ob sie eine besondere Quellengruppe darstellen, die gegenüber herkömmlichem Material neue Erkenntnismöglichkeiten zuläßt. Wie anfangs angedeutet, dokumentieren die Erzeugnisse der Massenmedien einen bestimmten sozio-kulturellen und technischen Entwicklungsstand, sie sind Zeugnisse und Erzeugnisse der „Massen- und Konsumgesellschaft" in den Industriestaaten, Zeugnisse und Mittel der „Manipulation". Sie können also für Massenverhalten und Massenbeeinflussung in besonderem Maße „Quelle" sein. Das Beispiel der Wochenschauen aus der Zeit des Nationalsozialismus dokumentiert beide Möglichkeiten besonders eindrucksvoll. Sie fangen „Massenverhalten" ein, das kaum noch verständlich ist in seiner Irrationalität, und machen es damit wenigstens im Nachhinein der Analyse zugänglicher, als es allein auf der Grundlage schriftlicher Zeugnisse möglich wäre.

In diesem Zusammenhang bedarf auch der Begriff „Manipulation" einer Erläuterung. „Manipulation" bezeichnet hier die mißbräuchliche Benutzung der meinungsbildenden Wirkung der Massenmedien zur einseitigen Beeinflussung der Zuschauer/Zuhörer unter bewußter Vernachlässigung wichtiger „Daten", vor allem wenn politisch-gesellschaftliche Probleme dargestellt oder behandelt werden. Manipulation wird hier als negativer Begriff der

„Information" gegenübergestellt. Manipulation ist bei Film und Fernsehen von besonderer Bedeutung, da die bildliche Anschauung des Zuschauers viel unmittelbarer, totaler und unbewußter auf seine Meinungsbildung Einfluß nimmt als Lesen und Zuhören (Zeitung, Rundfunk). Die Wirksamkeit der beabsichtigten Manipulation hängt nicht nur von ihrer geschickten Inszenierung ab, sondern auch von der Anfälligkeit der Zuschauenden, dem Grad ihrer „Manipulierbarkeit". Wie gegenüber Zeitungsnachrichten und -kommentaren hat sich auch gegenüber Film- und Fernsehen eine gewisse Distanz und Resistenz entwickelt. Kristallisationspunkte der Kritik sind im allgemeinen Sendungen, die den eigenen Erfahrungsbereich behandeln, z. B. die berufliche Situation. Die *Mediendidaktik* versucht, diese Kritikbereitschaft auch für solche Sendungen herzustellen, in denen das Medium zunächst über ein Informationsmonopol verfügt und die Zuschauenden diesem ausgeliefert sind. Allerdings stecken die Bemühungen der Mediendidaktik noch in den Kinderschuhen. Zwar kann sie auf das reichhaltige Arsenal von Mitteln zur effektiven Manipulation, Agitation und Propaganda zurückgreifen, aber es genügt nicht, diese Mittel einfach mit einem positiven Vorzeichen zu versehen. Es müssen neue „Strategien" für ein Zuschauerverhalten entwickelt werden, das ihm Distanzierung von massiver visueller Suggestion möglich macht. Eine Mediendidaktik in diesem Sinne wird es beispielsweise in einem kommerziell betriebenen Fernsehunternehmen schwerer haben, sich durchzusetzen, als in einer „öffentlich-rechtlichen" Rundfunkanstalt. Ebenso wird es Mediendidaktik in diesem Sinne nicht in einer staatlichen Film- und Fernsehproduktion geben können, deren Funktion ausdrücklich mit „Parteilichkeit" umschrieben wird wie in den sozialistischen Ländern. Manipulation wird primär bezogen auf die Bereiche „Politik" und „Gesellschaft", weniger auf den Bereich „Unterhaltung". Spielfilme und Unterhaltungssendungen gelten gemeinhin als „unpolitisch", mehr mit „menschlichen" Problemen befaßt. Mit dieser Einstellung, die den Zuschauenden mehr oder weniger unbewußt ist, liefern sie sich dem emotionalen Appell des jeweiligen Mediums stärker aus als bei politischen Sendungen. Die propagandistische Wirkung, die sich auf diesem Wege erzielen läßt, haben politische Systeme seit eh und je zu nutzen gewußt, wie etwa die Funktion des Spielfilmes im Dritten Reich und die propagandistische Vorbereitung des amerikanischen Kriegseintrittes durch Spielfilme hinreichend beweisen.

Die Probleme der inhaltlichen und technischen Manipulierbarkeit der Massenmedien und durch Massenmedien zeigen die besonderen Schwierigkeiten, aus den „Überresten" und „Traditionen" einer so dokumentationsfreudigen Gegenwart eine tragfähige Materialbasis herzustellen.

3. Historische Grundwissenschaften

Die Aufzählungen verschiedener Quellengruppen hat sicher bei manchen Lesern Zweifel daran geweckt, ob sie diese Zeugnisse der Vergangenheit überhaupt benutzen können, haben sie doch genügend Schwierigkeiten, z. B. den Brief der eigenen Großmutter in gotischer Schrift zu lesen. Technische Probleme dieser Art gibt es also durchaus schon für die Erforschung der *Zeitgeschichte*, definiert als Erfahrungszeitraum noch heute Lebender (in der historischen Periodisierung beginnend mit dem Ersten Weltkrieg). Auf einer anderen Ebene liegen die Probleme, die sich z. B. bei der Auswertung von Bildwerken als historischer Quelle ergeben (*historische Ikonographie*). Wie bei der Bearbeitung schriftlicher Quellen das „Lesen" gelernt werden muß, so hier eine spezifische Art des „Sehens", der Bildbetrachtung. Dabei muß man z. T. von der auf der Schule erlernten ästhetischen Betrachtungsweise abgehen und nach dem historischen Informationsgehalt einer bildlichen oder figürlichen Darstellung fragen. Vielfach sind es zunächst nicht beachtete Details, die sonst nicht belegbare oder bekannte Informationen vermitteln können. Ein Beispiel aus der Wirtschaftsgeschichte soll den Aussagewert von Bildwerken verdeutlichen. Aus schriftlichen Quellen (Wirtschaftsakten von Gütern, Zolllisten, Kaufmannsbüchern) sind Zahlen über Viehhaltung und die Verwertung von Tieren bekannt, aber es fehlen in den meisten Fällen wesentliche quantitative Angaben über Gewicht, Größe und Aussehen. Der Wirtschaftshistoriker Wilhelm Abel zieht neben Knochenfunden, die eine Rekonstruktion des Körperbaus der Tiere ermöglichen, auch bildliche Darstellungen heran: eine Hamburger Marktszene gegen Ende des 15. Jahrhunderts, die Bürger beim Rinder- und Schweinehandel mit holsteinischen Rittern und Bauern zeigt[12]. Die bildliche Darstellung der Schweine enthält selbstverständlich keine Gewichtsangabe, aber sie zeigt, daß das Hausschwein des 16. Jahrhunderts sich wesentlich von dem des 20. Jahrhunderts unterschied und eher dem Wildschwein glich (hochbeinig, behaart, mit langem Rüssel). Wirtschaftshistoriker können aus dieser bildlichen Darstellung ableiten, daß ein geringeres Durchschnittsgewicht und eine andere Fleischqualität für die Schweine dieses Zeitraums in Rechnung zu stellen ist, was bei der Berechnung des Fleischverbrauchs in dieser Zeit nicht ohne Bedeutung ist.

Diese beiden Beispiele demonstrieren, daß es je nach dem heranzuziehenden Material anderer Hilfsmittel bedarf, die das Ma-

---

12 Wilhelm Abel, Geschichte der deutschen Landwirtschaft, 2. Aufl., Stuttgart 1967, S. 91—94, Tafel XI und XII auf S. 128 (Deutsche Agrargeschichte, Bd. 2).

terial für die gewählte Fragestellung erschließen. In jeder Einführung in das Geschichtsstudium oder die Geschichtswissenschaft findet sich dementsprechend ein Katalog von *historischen Hilfswissenschaften* (heute wird der Begriff *Grundwissenschaften* bevorzugt), der einen Grundbestand (*Kanon*) umfaßt und je nach der fachlichen Interessenlage des Autors und dem Fortschritt der Wissenschaft neue Wissenschaften einbezieht.

Der *Kanon* der historischen Hilfswissenschaften steht in engem Zusammenhang mit den Interessen der beginnenden Geschichtswissenschaft im 19. Jahrhundert, die sich auf die Erforschung des klassischen Altertums (griechische und römische Geschichte) und des Mittelalters konzentrierte. Für den Umgang mit den hier wichtigen Quellengruppen der Urkunden (und Akten), der Münzen, Siegel und Wappen haben sich im Anschluß an Vorläufer, die teils praktisch-rechtlichen Bedürfnisse (z. B. Nachweis der ,,Echtheit" und damit Rechtskräftigkeit von Urkunden), teils dem Interesse von Liebhabern und Sammlern (Münzen) dienten, wissenschaftliche Disziplinen gebildet, die heute zahlreiche Hilfsmittel zur Verfügung stellen (*Diplomatik* = Urkunden- und Aktenlehre, *Paläographie* = Schriftkunde, *Chronologie* = Wissenschaft von den Zeitrechnungssystemen, *Sphragistik* = Siegelkunde, *Heraldik* = Wappenkunde, *Genealogie* = Personen- und Geschlechterkunde, insbesondere von Herrscherhäusern und Adelsgeschlechtern, aber auch von zahlreichen bürgerlichen ,,Geschlechtern"). Die Bezeichnung ,,Grundwissenschaften" ist ihrer Funktion für die Erforschung von Mittelalter und Altertum angemessen, da erst ihre Aufbereitung des Quellenmaterials dieses der historischen Bearbeitung im engeren Sinne zugänglich macht: grundwissenschaftliche und ,,historische" Arbeit sind für die Erforschung dieser Epochen vielfach gar nicht voneinander zu trennen. Die Beschäftigung mit diesen historischen Grundwissenschaften wurde lange Zeit als sichtbarster Ausdruck einer *antiquarischen* Geschichtswissenschaft angesehen, die über dem Detail die eigentliche Aufgabe des Historikers aus den Augen verlor und das Mittel zum Zweck machte. Das Berufsbild des Archivars ist noch heute mit diesem antiquarischen Aspekt belastet, obwohl sich sein Arbeitsfeld weitgehend vom Mittelalter zur Gegenwart verlagert hat.

Der Kanon der historischen Grundwissenschaften für die Erforschung von klassischem Altertum und Mittelalter erfüllt für die Erforschung der modernen Geschichte eine etwas andere Funktion. Hier steht der *instrumentale* Charakter dieser Wissensgebiete durchaus im Vordergrund, indem sie den Umgang mit den von ihnen bearbeiteten Quellengruppen erleichtern, aber nicht mehr wissenschaftskonstituierenden Charakter haben. Die Urkunden- und Aktenlehre hilft bei der Einordnung von Aktenstücken in eine Verwaltungs- und Regierungspraxis, aus der sie hervorgegangen sind. Bei der Bewältigung der Leseprobleme dagegen führt im allgemeinen das „Einlesen" weiter als eine vorhergehende Beschäftigung mit Paläographie. Zudem sind in den veröffentlichten schriftlichen Quellen (Quelleneditionen) die Texte von den Herausgebern meist so aufbereitet, daß der Benutzer in der Regel nicht mehr auf die Grundwissenschaften zurückzugreifen braucht. Dagegen sind für die Arbeit im Archiv, d. h. vor allem für die Bearbeitung handschriftlicher Texte, Kenntnisse der Grundwissenschaften weiterhin unerläßlich.

Ausführlicher soll auf die Rolle der *Chronologie* für die Erforschung der modernen Geschichte eingegangen werden, da ihre Bedeutung hier leicht unterbewertet wird: in der modernen Geschichte haben unterschiedliche Zeitrechnungssysteme nebeneinander bestanden, und zwar nicht nur im Verhältnis der europäischen zu den außereuropäischen Staaten, sondern auch innerhalb Europas: z. B. galt in den katholischen Ländern seit 1582 der Gregorianische Kalender, während in den protestantischen Ländern der Julianische Kalender fortbestand. Viele Schriftstücke aus diesem Zeitraum enthalten beide Datierungen. Wenn jedoch nur eine Datierung angegeben ist, muß sie unbedingt in Relation zu der jeweils anderen gesetzt werden, um grobe Fehler zu vermeiden.

Die Umstellung auf die Verbesserung des Gregorianischen Kalenders erfolgte in den protestantischen und orthodoxen Ländern zu unterschiedlichen Zeitpunkten: im evangelischen Deutschland im Jahre 1700, in England 1752, in Rußland erst 1918. Die Tatsache, daß von der sowjetischen „Oktoberrevolution" gesprochen wird, die jedoch nach unserem Kalender in den November fällt, findet in dem abweichenden Zeitrechnungssystem ihre Erklärung. Konkurrierende Zeitrechnungssystem sind keineswegs nur für Mittelalter und Frühe Neuzeit im Auge zu behalten: Im Verlauf der Französischen Revolution wurde der Versuch unternommen, an die Stelle der christlichen Zeitrechnung (vor Christi Geburt, nach Christi Geburt) einen Revolutionskalender zu setzen, der nach Jahren der „Freiheit", der „Gleichheit" und der „Republik" zählte. Ebenso sollte im faschistischen Italien die Jahreszählung nach dem Marsch auf Rom (28. Oktober 1922) den Beginn einer neuen Ära (= „Zeitalter") auch nach außen dokumentieren.

Eine weitere Schwierigkeit der älteren Zeitrechnung besteht darin, daß sie die Monatstage häufig nicht numerisch angibt, sondern einem Heiligen- oder Festtag zuordnet: so sollte beispielsweise die

Aufhebung der Erbuntertänigkeit in Preußen am „Martinitage"
1810 stattfinden. Da der Martinitag auch heute noch bekannt und
im Brauchtum verankert ist (Martinslieder, Martinsgans) läßt sich
das Datum — der 11. November — leicht herausfinden. Andere Fest-
tage dagegen sind heute gänzlich in Vergessenheit geraten, zudem
regional recht unterschiedlich bekannt, so daß die Heranziehung
der chronologischen Hilfsmittel unerläßlich wird.

Numismatik, Heraldik, Sphragistik und *Genealogie* finden im
Bereich der modernen Geschichte ein reiches Betätigungsfeld, wesentlicher werden jedoch neuere Hilfs- und Grundwissenschaften,
die sich aus diesen traditionellen Grundwissenschaften heraus entwickelt haben.

Ein enger Zusammenhang besteht zwischen Heraldik/Sphragistik
und der neueren *Insignienkunde* und *Symbolforschung.*

Die *Insignienkunde* als Wissenschaft von den Herrschaftszeichen bearbeitet nicht nur materielle Herrschaftszeichen, wie z. B.
Krone, Zepter und Thronsessel, sondern auch den sprachlichen
Ausdruck von „Herrschaft" in Devotionsformeln sowie den Nie-
derschlag von Herrschaft in Riten und Zeremonien. Der zeremo-
nielle Aspekt besitzt für die Beurteilung der internationalen Diplo-
matie eine nicht zu unterschätzende Aussagekraft: der zeitgenössische Beobachter kann z. B. bereits aus dem Arrangement eines
Staatsbesuches wichtige Schlüsse auf seine Bewertung durch Gast
und Gastgeber ziehen. Zeitungs- und Rundfunkkommentatoren be-
dienen sich vorzugsweise dieses Hilfsmittels, um ihre eigene Beurteilung abzusichern.

Die *Symbolforschung* beschäftigt sich mit Fahnen, Flaggen,
Uniformen, Orden und Abzeichen, die „Zugehörigkeit" und „Zu-
sammengehörigkeit" bestimmter Personengruppen signalisieren.
In erster Linie werden Militär und Verwaltung, also der staatliche
Bereich, mit dieser Quellengruppe in Verbindung gebracht, wohl
vor allem auf Grund der Rolle von „Symbolen" für die National-
staaten, ihren inneren und äußeren Zusammenhalt.

Die Ergebnisse der Symbolforschung helfen, die wechselnden
Bedeutungen eines Symbols, z. B. des Hakenkreuzes, sowie seine
Funktion als anschauliches Zeichen einer Ideologie, die Menschen-
gruppen zu einen vermag, zu erkennen. Ein weiter zurückliegendes
Beispiel dafür ist der Bundschuh als Zeichen der mittelalterlichen
und frühneuzeitlichen Bauernaufstände in Südwestdeutschland.

Im Anschluß an die *Numismatik* haben sich zwei Grundwissenschaften entwickelt: die *Geldgeschichte* und die *Metrologie.* Die
Geldgeschichte untersucht die Münz- und Geldsysteme und ist sowohl für die ältere Finanzgeschichte wie die neuere quantifizieren-

de Wirtschaftsgeschichte von grundlegender Bedeutung. Die Erforschung von Wirtschaftskonjunkturen, von Löhnen und Preisen hat als weitere Voraussetzung Kenntnisse von den jeweiligen Gewichten, den Hohl- und Flächenmaßen, die in großer Vielfalt bis ins 19. Jahrhundert hinein nebeneinander bestanden. Sie müssen erst in das gegenwärtig vorherrschende metrische System „übersetzt" werden, um sie zu quantifizierbaren und vergleichbaren Daten verarbeiten zu können.

Die Entwicklung dieser neuen grundwissenschaftlichen Disziplinen gründet sich — wie beim Kanon der klassischen Grundwissenschaften — auf bestimmte *Quellengruppen* (Herrschaftszeichen, Symbole) oder auf bestimmte Klassen von *Quellenaussagen* (Geld- und Maßangaben). Ihre Ergebnisse sind konstitutiv für die Arbeit in einer Reihe von historischen Teilbereichen, sie können jedoch auch für andere Bereiche wichtige Informationen liefern. Die Entscheidung, was eine Hilfs- oder Grundwissenschaft sei, hängt also nicht von dieser selbst ab, sondern von der Art ihres Verhältnisses zu anderen Wissenschaften. Mit der Ausweitung historischer Fragestellungen — z. B. innerhalb der Sozial- und Wirtschaftsgeschichte — werden neue Quellen oder neue Dimensionen bekannter Quellen „entdeckt", die neue Grundwissenschaften schaffen oder selbständige Wissenschaften zu Grundwissenschaften machen. Dies trifft besonders auf die *statistische Methode (Statistik)* zu, die für den Umgang mit Zahlenmaterial unentbehrlich ist. Unter *Statistik* versteht man

- die statistische *Methode* als mathematische Arbeitsweise zur Erstellung und Verarbeitung von Zahlenmaterial, ihr entspricht die *philologische Methode* bei der Textarbeit,
- die mit Hilfe dieser Methode erzielten *Ergebnisse* als quantifizierende Beschreibung der jeweiligen gesellschaftlichen Realität. Einen instruktiven Eindruck vom breiten Anwendungsbereich der Statistik vermittelt z. B. das Statistische Jahrbuch der Bundesrepublik.

Grundkenntnisse im Umgang mit Zahlenmaterial und Statistik sind insofern von besonderer Wichtigkeit, weil bestimmte Bereiche staatlicher und gesellschaftlicher Tätigkeit nur mit Hilfe von Statistiken bearbeitet werden können, z. B. Bevölkerungsstruktur und Bevölkerungsentwicklung, Wirtschaftsstrukturen und Wirtschaftsentwicklung.

Trotz ihrer großen Bedeutung für die Wirtschafts- und Sozialgeschichte wird die statistische Methode noch längst nicht an allen historischen Instituten angeboten. Die Notwendigkeit, diese *formale*

Fähigkeit zu erwerben, wird dadurch verdunkelt, daß der größere Teil der modernen Geschichte zum *vorstatistischen* Zeitalter rechnet, das erst im 19. Jahrhundert zu Ende ging. Das überlieferte quantifizierbare Material besitzt nicht den lückenlosen seriellen Charakter, daß es *Repräsentativität* beanspruchen könnte. Die mit diesem Material zu erzielenden Ergebnisse haben deshalb eine zeitlich und regional eng begrenzte Aussagekraft. Während sich die Historiker die Aufbereitung und Bearbeitung dieses Materials im allgemeinen selbst zutrauen, wozu sie allerdings die Hilfsmittel der Nachbarwissenschaften benutzen, übernehmen sie für die Analyse der komplizierteren und statistisch besser dokumentierten wirtschaftlichen und sozialen Verhältnisse des 19. und 20. Jahrhunderts das von Ökonomen, Demographen und Soziologen aufbereitete Zahlenmaterial. Da gegenüber diesem statistischen Material häufig einerseits Hilflosigkeit andererseits blindes Vertrauen zu beobachten ist, seien zwei Hinweise für die Benutzung von Statistiken gegeben:

1. Zahlen bieten kein handfesteres Material als verbale Äußerungen. Sie sprechen nicht für sich, sondern bedürfen wie jeder Text der Erläuterung und Interpretation.

2. Vielfach lassen sich die eigentlichen mathematischen Operationen nicht überprüfen, deren Ergebnis als Zahlenreihe, Graphik oder Tabelle herangezogen werden, aber diese Zahlen lassen sich in gleicher Weise hinterfragen wie *Texte*, nämlich mit den Mitteln der *Historischen Methode* (s. S. 157–176): gefragt werden muß, woher das Zahlenmaterial stammt, aus welchem Grund und für welchen Zweck es erhoben worden ist, mit welchem Erhebungsmodus und durch welche Personengruppe. Diese *qualitativen* Aussagen sind von entscheidendem Wert für die Beurteilung des Aussagewertes der *qualifizierten* Daten.

Die frühe amtliche Statistik des preußischen Staates eröffnet einen noch zu wenig beachteten Zugang zum Thema „Preußen zwischen Reform und Revolution". Für die Mark Brandenburg hat F. W. A. Bratring 1804–1809 eine „statistisch-topographische Beschreibung" vorgelegt, die alle politischen, wirtschaftlichen, gesellschaftlichen, rechtlichen und kulturellen Bereiche dieser Provinz darstellt.[13] Für seine „Betrachtungen über den Nationalreichtum des Preußischen Staates und über den Wohlstand seiner Bewohner" hat Leopold Krug

---

13 Friedrich Wilhelm August Bratring, Statistisch-topographische Beschreibung der gesamten Mark Brandenburg (3 Teile, Berlin 1804–1809), kritisch durchgesehene und verbesserte Neuaufl. v. O. Büsch und G. Heinrich, Berlin 1968 (Veröffentlichungen der Historischen Kommission zu Berlin, Bd. 22, Neudrucke Bd. 2).

umfangreiches statistisches Material aus allen preußischen Provinzen, herangezogen und ausgewertet.[14] Diese amtliche Statistik dokumentiert nicht nur den Stand der wirtschaftlichen Entwicklung Preußens, sondern erlaubt auch, die meist individuell und auf dem jeweiligen regionalen Hintergrund formulierten zeitgenössischen Aussagen auf ihre Tragfähigkeit und ihren Geltungsbereich zu überprüfen.

Dazu bedarf es allerdings einiger Anstrengungen, wie die Untersuchungen des Wirtschaftshistorikers Friedrich-Wilhelm Henning deutlich machen.[15] Henning fragt nach dem Entwicklungsstand des gewerblichen Sektors in Preußen um 1800 und stößt dabei in den verfügbaren zeitgenössischen Statistiken (Krug und regionale Statistiken) auf zwei Hauptschwierigkeiten:

1. „Gewerbe” erweist sich als ein Begriff, der abgegrenzt ist gegenüber Landwirtschaft und Handel, dem jedoch keine feste Personen- oder Berufsgruppe zugeordnet werden kann. Gewerbe kann ein Handwerker betreiben, ein Häusler auf dem Lande, ein abhängiger Lohnarbeiter oder ein Bauer während der Wintermonate, in denen wenig landwirtschaftliche Arbeit anfällt.

2. Die von Krug angeführten Zahlen für den Gesamtstaat Preußen stimmen nicht mit den Summen der regionalen Statistiken überein. Diese Diskrepanz geht nicht etwa auf Rechenfehler zurück, sondern auf die Tatsache, daß Krug die regionalen Statistiken in bestimmter Weise bearbeitet hat, ohne dies ausdrücklich anzugeben. Die Ursache für die abweichenden Zahlen liegt darin, daß die Aufstellung der regionalen Statistiken von den regionalen Verhältnissen und den regional unterschiedlichen Bezeichnungen für Berufsgruppen und Rechtsverhältnisse ausging, die Krug unter seinen gesamtstaatlichen Gesichtspunkten erst einmal auf einen Nenner bringen mußte.

Henning mußte daher die zeitgenössischen statistischen Angaben „bereinigen” oder „entmischen” — d. h. den jeweiligen Anteil der gewerblichen Arbeit an der Gesamtarbeitsleistung bestimmter Personen- und Berufsgruppen feststellen —, um eine annähernde Bestimmung des gewerblichen Sektors im Vergleich zu Landwirtschaft und Handel vornehmen zu können.

14 Leopold Krug, Betrachtungen über den Nationalreichtum des preußischen Staates und über den Wohlstand seiner Bewohner. (2 Teile, Berlin 1805), Neudruck Aalen 1970.
15 Friedrich-Wilhelm Henning, Die Wirtschaftsstruktur mitteleuropäischer Gebiete an der Wende zum 19. Jahrhundert unter besonderer Berücksichtigung des gewerblichen Bereiches (s. o., S. 90, Anm. 18).

Ein wichtiger Anwendungsbereich von Statistik im Rahmen des Themas „Preußen zwischen Reform und Revolution" ergibt sich aus der Frage nach den wirtschaftlichen und sozialen Auswirkungen der Bauernbefreiung. Die Schwierigkeiten, diese Frage mit Hilfe des statistischen Materials zu beantworten, sind bereits im Kapitel über die Arbeit mit der Fachliteratur erörtert worden (s. S. 112, 114 f.).

Als neue Grundwissenschaft kann die *Begriffsgeschichte* betrachtet werden. Sie bestimmt ihren Arbeitsbereich in Abgrenzung von der allgemeinen Sprach- und Wortgeschichte durch die Auswahl von Begriffen der *politisch-sozialen* Sprache und versteht sich als Teil der Sozialgeschichte. Die Begriffsgeschichte basiert

— auf den Ergebnissen der empirischen Forschung, die die Wandlung von Begriffsinhalten herausgearbeitet hat,

— auf der Weiterentwicklung der philologischen Methode zur sprachlichen Entschlüsselung eines Textes durch die Mittel der modernen Linguistik und Sprachphilosophie,

— auf der Zusammenarbeit mit der philosophischen Terminologiegeschichte.

Die Begriffsgeschichte gewinnt für die Behandlung des Themas „Preußen zwischen Reform und Revolution" besondere Bedeutung, da sie die Zeit nach 1770 als eine Epoche verstärkten politisch-sozialen Wandels ansieht, der sich auch in der Veränderung der politisch-sozialen Sprache fassen läßt. Dafür führt Reinhard Koselleck als prägnantes Beispiel Hardenbergs Verwendung von *Stand* und *Klasse* in der Rigaer Denkschrift an.[16]

Diesen Grundwissenschaften werden in der viel benutzten hilfswissenschaftlichen Einführung von A. v. Brandt „Werkzeug des Historikers" Zweigwissenschaften gegenübergestellt: Religionsgeschichte, Wirtschaftsgeschichte, Rechtsgeschichte, Bevölkerungsgeschichte, Kunstgeschichte, Sprachgeschichte, aber auch Technikgeschichte und Geschichte der Medizin. Zu ergänzen ist die erst seit kürzerem im Aufsteigen begriffene Geschichte der Naturwissenschaften. Prinzipiell kann also jede historische Vertiefung einer wissenschaftlichen Disziplin Zweigwissenschaft in diesem Sinne sein.

Die Eigenständigkeit der Zweigwissenschaften wird damit begründet, daß es sich um die Erforschung gesellschaftlicher Teilbereiche handelt und daß ihr Beziehungspunkt nicht primär „Geschich-

---

16 Reinhart Koselleck, Begriffsgeschichte und Sozialgeschichte, in: Soziologie und Sozialgeschichte, Aspekte und Probleme, hg. v. P. Chr. Ludz, Opladen 1972, S. 116—131 (Kölner Zeitschrift für Soziologie und Sozialpsychologie, Sonderheft 16).

te", sondern die jeweilige systematische Disziplin mit ihren Ansprüchen ist. Selbst ein so eng mit der Geschichtswissenschaft verbundener Forschungsbereich wie die Rechts- und Verfassungsgeschichte, betrieben von Historikern und Juristen, läßt die unterschiedlichen Interessen und die Eigenständigkeit der jeweiligen Fragestellungen klar erkennen.[17]

Gegenwärtig werden die Beziehungen zwischen Disziplin — Grundwissenschaften und Zweigdisziplinen weniger unter solchen systematisierenden und hierarchisierenden Zuordnungen gesehen als vielmehr unter dem Desiderat des möglichst schnell zu organisierenden Austausches, um bei der Rezeption das bisher übliche oft jahrzehntelange Hinterherhinken hinter dem aktuellen Forschungsstand zu vermeiden. Vor allem aber soll „Interdisziplinarität"[18] nicht länger ein „Reparaturphänomen" (J. Mittelstrass) bleiben, sondern im wirklichen Gespräch zwischen den Forschenden der verschiedenen Disziplinen zu neuen gemeinsamen Fragestellungen führen, die dann wiederum in den einzelnen Disziplinen mit deren spezifischen Erkenntnismöglichkeiten bearbeitet werden.

Besondere Bedeutung für die Erforschung der Transformationen der frühneuzeitlichen Gesellschaft Europas hat die relativ junge Teildisziplin „Historische Demographie" erlangt. Sie vereint die erprobten Arbeitsweisen der Genealogie (Ermittlung von Lebensdaten und Lebensläufen einzelner Personen, ihrer Familienbeziehungen und Heiratskreise, ihrer Herkunft und Nachfahren vor allem aus den Kirchenbüchern) mit denen der traditionellen Bevölkerungsgeschichte („Erforschung der zahlenmäßigen und sozialen Entwicklung und Zusammensetzung der Bevölkerung" und ihre ethnische und nationale Zusammensetzung) und den raffinierten Arbeitsweisen der Bevölkerungswissenschaft (= zahlenmäßige Bevölkerungsbeschreibung), deren Aufgabenstellung eindeutig vom staatlichen Interesse an der Zahl der Bevölkerung und eventuellen Steuerungsmaßnahmen geprägt sind.

Bezogen auf das Thema „Preußen zwischen Reform und Revolution" stellen sich vom Arbeitsgebiet der Historischen Demographie her Probleme, die über den Fragenkatalog des Handbuchvergleichs und die Kontroversen der Fachliteratur hinausgehen:

17 Otto Brunner, Hermann Krause und Hans Thieme haben diese Unterschiede auf dem Freiburger Historikertag 1967 klar herausgearbeitet. Ihre Vorträge sind abgedruckt in: HZ 209 (1969), S. 1–36.
18 Interdisziplinarität. Praxis — Herausforderung — Ideologie, hg. v. J. Kocka, Frankfurt/M. 1987.

— Sie lenkt die Aufmerksamkeit darauf, daß in England zur gleichen
  Zeit bereits die zweite Phase der Industriellen Revolution begonnen hatte: Dabei ist immer noch umstritten, ob das nachweis-
  bare Bevölkerungswachstum Voraussetzung oder Folge dieses
  wirtschaftlichen Wachstumsprozesses gewesen ist.
— Ein kennzeichnendes Bestreben der preußischen Könige im 18.
  Jahrhundert war auf „Peuplierung" gerichtet. Dieses Bestreben
  dokumentiert zunächst nur die Einsicht der preußischen Könige,
  daß allein eine zahlreiche und zahlungskräftige Bevölkerung den
  Wohlstand des Staates sichern könne. Zu untersuchen wäre also,
  ob die Peuplierungspolitik der preußischen Könige für das zu be-
  obachtende Bevölkerungswachstum seit 1750 verantwortlich war,
  ob das Bevölkerungswachstum und die damit entstehenden sozialen und wirtschaftlichen Folgen eine Voraussetzung für die Reformbestrebungen schon am Ende des friderizianischen Staates
  bot und in welcher Beziehung Bevölkerungswachstum und Industrialisierung in Preußen standen.

Allerdings liegen für die absoluten Bevölkerungszahlen im 18. Jahrhundert keine Bevölkerungsstatistiken im modernen Sinne vor, die
Bevölkerungszahlen müssen vielmehr auf indirektem Wege ermittelt
werden. Die bereits angeführten Topographien und „historisch-geo-
graphischen" Beschreibungen eines Territoriums enthalten die Angabe von „Feuerstellen", die die Zahl der selbständigen Haushalte angibt. Die Größe der Bevölkerung hängt ab von der Anzahl der Personen, die zu einem (selbständigen) Haushalt gerechnet werden. Dabei darf weder von heutigen Vorstellungen der „Kleinfamilie" noch
von heutigen Vorstellungen über die vorindustrielle „Großfamilie"
ausgegangen werden. Einen selbständigen Haushalt kann ebensowohl
ein Junggeselle bilden wie eine Wohngemeinschaft von Eltern — Kin-
dern — Großeltern — Gesinde. Ein Durchschnittshaushalt läßt sich
aus diesen Extremen ermitteln, aber dabei ist zu berücksichtigen,

— daß die Zahl der Geburten in der Vergangenheit zwar hoch war,
  daß die Zahl der überlebenden Kinder großen zeitspezifischen
  Schwankungen unterlag,
— daß die Zahl der überlebenden Kinder aber großen zeitspezifischen Schwankungen unterlag,
  aufweist.

Beide Punkte zeigen, daß man nicht für alle Zeiten und Regionen
von einem festen Umrechnungsfaktor der Haushalte (Feuerstellen)
in „Bevölkerung" ausgehen darf, daß beträchtliche Unterschiede
für die Gesamthöhe der Bevölkerung entstehen, je nachdem, ob man
z. B. von einem Multiplikator 4 oder 5 ausgeht (= 20 %).

Hilfsmittel der historischen Grundwissenschaften

Die folgenden Titel enthalten sowohl erste Informationen wie weiterführende Hinweise auf die jeweilige Fachliteratur:

Einführung in Historische Grundwissenschaften:
   A. v. Brandt, Werkzeug des Historikers. Eine Einführung in die historischen
   Hilfswissenschaften. 9. erg. Aufl., Stuttgart, Berlin, Köln, Mainz 1980
   (Urban-Taschenbücher Bd. 33), (zur Anschaffung empfohlen).
Chronologie:
   H. Grotefend, Taschenbuch der Zeitrechnung des deutschen Mittelalters
   und der Neuzeit, 11. Aufl., Hannover 1971.
Aktenlehre:
   H. O. Meisner, Archivalienkunde vom 16. Jahrhundert bis 1918, Göttingen
   1969.
Zeitungskunde (und -lehre):
   E. Dovifat, Zeitungslehre, 2 Bde., 5. Aufl., Berlin 1967 (Sammlung Göschen,
   1039–1040).
   K. Koszyk und K. H. Pruys, Wörterbuch zur Publizistik, München, Berlin
   4 1976 (dtv Taschenbuch 3082, München 1969).
Film- und Tondokumente:
   Zeitgeschichte im Film- und Tondokument, hg. v. G. Moltmann u. K. F.
   Reimers, Göttingen, Zürich, Frankfurt 1972.
Insignienkunde und Symbolforschung:
   A. Rabbow, Lexikon politischer Symbole, München 1970 (dtv-Taschenbuch
   Nr. 3084).
   E. Fehrenbach, Über die Bedeutung der politischen Symbole im National-
   staat, in: Historische Zeitschrift, Bd. 213 (1971), S. 296–357.
Geldgeschichte und Metrologie:
   F. Wielandt, Münzen, Gewichte und Maße bis 1800, in: Handbuch der deut-
   schen Wirtschafts- und Sozialgeschichte, hg. v. H. Aubin und W. Zorn,
   Bd. 1, Stuttgart 1971, S. 658–678.
   F. Verdenhalven, Alte Maße, Münzen und Gewichte aus dem deutschen
   Sprachgebiet, Neustadt/Aisch 1968.
   Hilfreich sind ebenfalls alte Konversationslexika sowie Quelleneditionen zur
   Wirtschaftsgeschichte, die in ihren Einleitungen meist Erläuterungen der vor-
   kommenden Maße, Gewichte und Münzen enthalten.
Historische Sozialwissenschaft
   Bevölkerungsgeschichte Europas. Mittelalter bis Neuzeit, hg. v. C. M.
   Cipolla, K. Borchardt (Verf.: J. C. Russell, R. J. Mols, A. Armengaud),
   München 1971 (Serie Piper, Bd. 19).
   Faire de l'histoire, hg. v. J. Le Goff u. P. Nora, 3 Bde. Paris 1974.
   Roderick Floud, Einführung in die quantitative Methode, Stuttgart 1980.
   Historische Sozialwissenschaft. Beiträge zur Einführung in die Forschungs-
   praxis, hg. v. R. Rürup, Göttingen 1977 (Kl. Vandenhoeck-Reihe 1431.
   A. E. Imhof, Einführung in die Historische Demographie, München 1977.

Begriffsgeschichte:
Grimm, Deutsches Wörterbuch (s. Liste, S. 62).
Geschichtliche Grundbegriffe (s. Liste, S. 61).
Historisches Wörterbuch der Philosophie (s. Liste, S. 62).

4. Quellensuche (Heuristik)

Die Studierenden werden sich mit den Quellen auf zwei Ebenen
ihrer Arbeit während des Studiums beschäftigen: zunächst bei der
Erarbeitung eines Themenbereiches mit Hilfe der Fachliteratur, die
in ihrer monographischen Form den wissenschaftlichen Arbeitsprozeß des Historikers im Zusammenwirken von Fragestellung, kritischer Aufarbeitung von vorliegenden Ergebnissen und eigener
Untersuchung bekannter und auch neuer Quellen darstellt. Die
Fachliteratur enthält neben diskutierenden und darstellenden
Teilen auch Quelleninterpretationen, die diese Arbeitsweise vor-
führen und auf die später zu leistende eigene Quellenarbeit vorbereiten können. In dieser ersten Phase geht es vor allem darum,
in exemplarischer Form zur Benutzung von Quellen hinzufüh-
ren, die Arbeitsmöglichkeiten zu ermitteln und sich die erforderlichen Hilfsmittel und Techniken anzueignen.

In einer zweiten Phase sollten Veranstaltungen ausgewählt werden, deren Arbeitsformen über die kritische Benutzung und Verarbeitung der Fachliteratur hinausgehen und unmittelbar mit den
Schwierigkeiten der *Forschung* konfrontieren. Erst die zweite
Phase vervollständigt die Grunderfahrung wissenschaftlichen Ar-
beitens. Der Anspruch der Universitätsausbildung, Forschung und
Lehre zu verbinden, kann unter den heutigen Studienbedingungen
in dieser Form des *forschenden Lehrens* realisiert werden. Ihm
kommt in jedem Studium — gleich mit welchem Berufsziel — eine
wichtige Rolle zu.

(a) Bei der Suche nach Arbeitsmaterialien (*Bibliographieren*, s. S. 65
bis 70) wird man neben der Fachliteratur im allgemeinen auch auf gedruckte Quellen aufmerksam. Gedruckte Quellen liegen in zwei Formen vor:

1. als Texte, die bereits als Druckerzeugnisse der Öffentlichkeit bekannt werden, z. B. Zeitungen, Zeitschriften, Memoiren und
   Autobiographien von Politikern, Persönlichkeiten des gesellschaft-
   lich-politischen Lebens, Handwerkern und Arbeitern, Gesetzes-

blätter, Gesetzbücher, Parlamentsprotokolle, Protokolle der Provinziallandtage, Farbbücher, Topographien und Statistiken.

2. als *Quelleneditionen*, d. h. als Abdruck von meist in Archiven aufbewahrten *politischen* und *wirtschaftlichen* Urkunden- und Aktenstücken, von Briefwechseln, Tagebüchern und Denkschriften. Die jeweilige Auswahl soll der Erarbeitung eines bestimmten Themenbereiches oder einer *historischen Epoche* dienen.

Um die Verwendungsmöglichkeiten der jeweiligen Edition beurteilen zu können, ist es unbedingt erforderlich, die einleitenden Bemerkungen der Herausgeber sorgfältig zu studieren. Sie geben Auskunft über die für die Zusammenstellung der Texte notwendigen Auswahlprinzipien und über die Grundsätze, nach denen die ursprünglichen Texte in der Schreibweise bearbeitet worden sind (*Editionsgrundsätze*). Die Auswahlkriterien für Material, das der Veröffentlichung für wert erachtet wird, sind entscheidend von der jeweiligen Geschichtsauffassung bestimmt. Es ist ein großer Unterschied, ob man wie Ranke „aus dem ausgeschütteten Material der Archive gleichsam nur mit spitzen Fingern vornehmlich jene Blätter zu eingehenderem Studium herausgreift, auf denen Relationen der Gesandten von ihren Missionen, Denkschriften, die sich über die politische Lage verbreiten, Denkwürdigkeiten hervorragender Staatsmänner, politische Testamente oder sonst zusammenfassende Übersichten aus der Feder der Handelnden oder ihrer Zeitgenossen aufgezeichnet waren"; oder ob man wie Droysen daran interessiert war, „wie aus den Geschäften Geschichte wird".[22] Auf Droysen und seine Schüler gehen die großen Aktenpublikationen des 19. Jahrhunderts zurück, die versuchen, einen Einblick in die gesamte Staatstätigkeit des preußischen absolutistischen Staates zu geben (Militär, Verwaltung, Finanzen, Wirtschaft).

Ebenso wichtig für die Auswahl der Texte ist die Absicht, die der Herausgeber mit der Edition verfolgt: So hat beispielsweise Wilhelm Altmann „Ausgewählte Urkunden zur Brandenburgisch-Preußischen Verfassungs- und Verwaltungsgeschichte" herausgegeben[23], die einen

---

22 Otto Hintze, Johann Gustav Droysen, in: Soziologie und Geschichte, 2. erw. Aufl., Göttingen 1964, S. 453–499, hier S. 490. (Bd. 2 der Gesammelten Abhandlungen s. o., S. 92, Anm. 21).

23 Wilhelm Altmann, Ausgewählte Urkunden zur Brandenburgisch-Preußischen Verfassungs- und Verwaltungsgeschichte, II. Teil, 1. Hälfte 1806–1848, Berlin 1897.

Überblick für die Verfassungs- und Verwaltungsentwicklung Preußens von 1806–1849 geben, und zwar „zum Handgebrauch zunächst für Historiker", also für den akademischen Unterricht. Diese Auswahl ist daher von ihrer ganzen Zielrichtung her auf dem exemplarischen Prinzip aufgebaut. Dagegen gehen die Herausgeber der dreibändigen Aktenpublikation über „Das Reformministerium Stein"[24] von anderen Voraussetzungen aus. Sie billigen der nur 13-monatigen Ministertätigkeit des Freiherrn vom Stein so große Bedeutung für die preußisch-deutsche Geschichte zu, daß sie größtmögliche Vollständigkeit bei der Veröffentlichung der Akten anstreben: 338 Aktenstücke auf 1147 Seiten. Zwar wurden auch in diesem Fall nicht alle Akten abgedruckt, aber die fehlenden Stücke sind in Regestenform aufgenommen, bei nicht vollständig abgedruckten Stücken der fehlende Teil kurz zusammengefaßt. Diese Edition ist im Gegensatz zu der Altmanns geeignet, einen repräsentativen Einblick in die Geschäftsführung im Ministerium Stein zu vermitteln, der Grundlage einer wissenschaftlichen Arbeit sein kann. Allerdings ist es auch in diesem Fall notwendig, sich der Zuverlässigkeit der Edition zu vergewissern, d. h. möglichst die Edition mit dem Archivmaterial zu vergleichen.

Gedruckte Quellen sind in den Seminar- und Universitätsbibliotheken meist in größerer oder kleinerer Auswahl vorhanden, für die Erforschung der modernen Geschichte stehen sie vergleichweise reichlich zur Verfügung.

Die erste Beschäftigung mit Quellen empfiehlt sich anhand dieses gedruckt vorliegenden Materials, das allerdings möglichst vollständig erfaßt und systematisch gesucht werden sollte. Den Ausgangspunkt dafür bilden die Quellenhinweise der Handbücher und der Fachliteratur, sie sind zu ergänzen durch die Angaben von „Bücherkunden" und „Quellenkunden". Bei der Quellensuche sollte man wie bei der Suche nach Fachliteratur berücksichtigen, daß die Orientierung an einem bestimmten „Stichwort" meist nicht genügend Material bringt, daß es eigener Überlegungen bedarf, in welchen Zusammenhängen Informationen für die gewählte Fragestellung auftauchen könnten, um herauszufinden, was „Quelle" sein könnte.

(b) Bei der Lektüre der *Fachliteratur* stößt der Leser sowohl im Text wie im Anmerkungsapparat auf Quellenzitate und Quellenhinweise. Sie sind für ihn dann besonders wertvoll, wenn es sich dabei um nicht

---

24 Das Reformministerium Stein. Akten zur Verfassungs- und Verwaltungsgeschichte aus den Jahren 1807/08, hg. v. H. Scheel, bearb. v. D. Schmidt, 3 Bde., Berlin 1966–1968.

gedrucktes Material handelt, das auf diese Weise erstmals in den Blick gerät und in die eigene Materialsammlung aufgenommen werden sollte. Der in jeder wissenschaftlichen Untersuchung enthaltene Nachweis der benutzten Quellen (das „Quellenverzeichnis" als Teil des Literaturverzeichnisses, gegliedert in gedruckte und ungedruckte Quellen), der entweder am Beginn oder am Ende der Abhandlung stehen kann, muß sorgfältig durchgesehen werden, um die eigene Kartei der Quellen zu ergänzen und zu kontrollieren. Manchmal enthalten gerade Untersuchungen zur neuesten Geschichte einen *Dokumentenanhang* mit Quellenstücken, die dem Verfasser wichtig erscheinen. Problematisch ist in solchen Fällen die Auswahl wegen der fehlenden Möglichkeit, das einzelne Stück in einen größeren Zusammenhang einzuordnen.

Die Fachliteratur nennt nicht nur ihre Quellenbasis, sondern beschreibt ihren Inhalt und Aussagewert, so daß der Leser Hinweise auf die Verwertbarkeit der jeweiligen „Zeugnisse" erhält und entscheiden kann, ob sie für ihn überhaupt Quellen darstellen. Ebenso erleichtern ihre Hinweise die Entscheidung, welches Quellenwerk und welches Quellenstück bei der eigenen Arbeit zuerst herangezogen werden sollte.

(c) Bei diesem ersten Arbeitsschritt der systematischen Suche nach Quellenstücken zur Herstellung einer Materialbasis ergibt sich zwangsläufig der Vergleich von mehreren Werken der Fachliteratur im Hinblick auf die von ihnen benutzte Quellengrundlage. Damit liefert die Quellensuche ein wichtiges Kriterium für die Beurteilung der Fachliteratur. Der Vergleich kann — unter Zuhilfenahme der Rezensionen, Sammel- und Forschungsberichte — ermitteln, in welchem Verhältnis Thema und Materialbasis stehen:
— ob beispielsweise bei Werken mit ähnlicher Quellengrundlage auch ähnliche Ergebnisse erzielt wurden;
— ob unterschiedliche Ergebnisse auf eine unterschiedliche Quellenbasis zurückgehen; für den Themenbereich der Regulierung der gutsherrlich-bäuerlichen Verhältnisse, der „Bauernbefreiung", der immer noch einen zentralen Forschungsgegenstand darstellt, bringt H. W. Graf Finckenstein eine bemerkenswerte Beobachtung zu diesem Problem: „Z. B. standen im Archiv des Statistischen Landesamtes in Berlin, als ich dort Ende der 20er Jahre meine Untersuchungen begann, auf der Liste derjenigen, die sich dort mit dem Aktenstudium beschäftigt hatten, als einziger G. F. Knapp mit einigen seiner Assistenten und Schüler. Sie hatten die Akten aus dem Beginn des 19. Jahrhunderts und besonders auch aus der

Reformzeit durchgesehen. Die Akta Generalia der statistischen Erhebungen und der Berichte der Generalkommissionen, die nur allgemeine Korrespondenzen bringen, waren von ihnen durchgesehen worden, aber die im gleichen Repositorium liegenden statistischen Akten, aus denen eine wichtige Kontrolle der Meinungen und der wirklichen Erfolge hätte gefunden werden können, waren nicht berührt worden."[25]

— ob in einer Untersuchung bestimmte Quellengruppen nicht als Quellen erkannt worden sind, übersehen wurden, unbekannt waren oder bewußt vernachlässigt wurden;

— ob die meist nicht vermeidbare Auswahl von Quellen der Fragestellung angemessen ist.

Diese Überprüfung der Materialbasis einer Untersuchung gibt Auskunft über die Absicherung der vorgetragenen Argumentation und die Qualität der Auseinandersetzung mit der bisher geleisteten Forschungsarbeit. Diese Kontrollfunktion tritt zu der bereits dargestellten Prüfung der Relevanz der Fragestellung, ihrer theoretischen Begründung und der Stimmigkeit der Argumentation. Will man sich der Verläßlichkeit einer Untersuchung versichern, bedarf es der allmählichen Erlernung dieser Kontrollmechanismen und ihrer ökonomischen Handhabung; denn in der späteren Berufspraxis ist die Sicherheit gerade im „Kontrollieren" des Informationsträgers „Fachliteratur" — bei den zeitlichen Belastungen eines Berufes — unbedingt erforderlich, um sich möglichst schnell ein zutreffendes Urteil bilden zu können.

(d) Die systematische Materialsuche ist nicht nur ein Gebot der Arbeitsökonomie und der wissenschaftlichen Sorgfaltspflicht, sondern soll vor allem klären, ob für die Behandlung des selbstgewählten oder vorgegebenen Themas eine ausreichende Quellen- und Literaturbasis vorhanden ist. Wenn gedruckte Quellen vorhanden sind, muß festgestellt werden, ob sie in der Seminar- oder Universitätsbibliothek vorhanden sind, ob sie gegebenenfalls durch die „Fernleihe" besorgt werden müssen oder ob dies in der zur Verfügung stehenden Zeit überhaupt möglich ist. Manches Thema wird sich mit den am Hochschulort erreichbaren oder beschaffbaren Materialien nicht bearbeiten lassen, und ist daher für bestimmte Formen der wissenschaftlichen Arbeit, wie z. B. die Seminararbeit („Referat") nicht geeignet. Es wird also Aufgabe der jeweils zuständigen Hochschullehrer sein,

25 H. W. Graf Finck von Finckenstein, Die Entwicklung der Landwirtschaft in Preußen und Deutschland 1800–1930, Würzburg 1960, S. 130 f.

vor der Vergabe von Themen zu prüfen, wieweit Studierende es in der dafür vorgesehenen Zeit bearbeiten können und welche Ansprüche sie unter den gegebenen Arbeitsbedingungen z. B. an Vollständigkeit der Materialbasis stellen dürfen.

Wenn sich bei der Materialsuche herausstellt, daß keine oder kaum gedruckte Quellen vorhanden sind – in diesen Fällen mangelt es meist auch an Fachliteratur zu dieser Themenstellung – ist zunächst zu klären, ob überhaupt Quellen zu diesem Komplex überliefert sind und wenn ja, in welchen Archiven und Bibliotheken (Handschriftenabteilung) sie aufbewahrt werden. Über die Bestände vieler staatlicher, städtischer und privater Archive liegen gedruckte Bestandsverzeichnisse vor, die erste Informationen geben. Reichen diese Angaben nicht aus, so kann man eine schriftliche Anfrage an das jeweilige Archiv richten.

Es ist jedoch durchaus möglich, daß zu einer Fragestellung kein Quellenmaterial vorhanden ist, entweder weil sie Tatbestände oder Personen betrifft, die von der schriftlichen Überlieferung nicht erfaßt sind – außer der Tatsache ihrer Existenz –, deren schriftliche Äußerungen nicht archiviert wurden oder weil Quellenbestände im Laufe der Zeit durch Unachtsamkeit, Kriege, Brände, Überschwemmungen verloren gegangen sind. Für die Arbeit an dem in diesem Bande exemplarisch durchgeführten Thema „Preußen zwischen Reform und Revolution" ist es äußerst nachteilig, daß die Gutsarchive der preußischen Rittergüter, soweit sie überhaupt den Zweiten Weltkrieg überstanden haben, nicht ohne weiteres zugänglich sind, da sie u. a. wertvolle Aufzeichnungen über Besitz- und Rechtsverhältnisse von Rittergutsbesitzern und Bauern in der ersten Hälfte des 19. Jahrhunderts enthalten. In diesem Fall hilft nur weiter, die Literatur, die noch diese Gutsarchive benutzen konnte, auf Nachrichten durchzusehen.

(e) Ist die Quellenlage so, daß das Material nur durch die Arbeit in Archiven erschlossen werden kann, scheiden diese Themen für die normale Seminararbeit aus, es sei denn, der Aufbewahrungsort der Quellen ist am Hochschulort selbst. Allerdings bedarf die Arbeit mit den handschriftlichen Quellenstücken der Archive der intensiven Anleitung durch die Lehrenden, so daß die Benutzung dieser Materialien zunächst in der exemplarischen Einarbeitung bestehen wird. Erst nachdem Sicherheit im Umgang mit dem Material gewonnen ist, kann man an die Behandlung von Fragestellungen gehen, wie sie anhand gedruckten Materials üblich sind. Die Bearbeitung von Themen, die vor allem auf Archivarbeit fußen, ist aus diesen

Gründen meist nur für akademische Examensarbeiten, Dissertationen („Doktorarbeiten") und Magisterarbeiten möglich. Der besondere Nimbus, der heute immer noch mit der Archivarbeit verbunden ist, ist unter dem Gesichtspunkt der „Wissenschaftlichkeit" nicht gerechtfertigt. Es ist eine weitverbreitete Meinung, daß der Fortschritt der Wissenschaft nur durch neues Material vorangetrieben werde, daß erst das Auftauchen neuer Quellen es ermögliche, „Lücken" in den Kenntnissen der Vergangenheit zu füllen. Die Benutzung von gedrucktem oder handschriftlichem Material oder gar „nur" die Verarbeitung von Fachliteratur bedeutet kein mehr oder weniger an „Wissenschaftlichkeit": entscheidend ist die Ergiebigkeit der Ergebnisse. Es gibt genügend Beispiele dafür, daß die Auswertung von lange gedruckt vorliegendem Material unter neuen Gesichtspunkten und mit neuen Arbeitstechniken wichtige neue Erkenntnisse gebracht hat. Zudem ist beispielsweise die Editionsleistung der Acta Borussica[26] noch in keiner Weise von der Forschung ausgeschöpft worden, ebenso sind Wirtschaftsakten für die Stadtwirtschaft und spätmittelalterliche Territorien vielfach noch kaum benutzt, obwohl sie seit fast hundert Jahren gedruckt vorliegen. Gerade bei Berücksichtigung dieses Tatbestandes kann die Aufarbeitung der bisherigen Editionsleistung einen wichtigen wissenschaftlichen Fortschritt bedeuten, anregend und richtungsweisend für die Forschung sein. Richtig ist es dagegen, sich klar zu machen, daß diese unterschiedlichen Arbeitsansätze auch unterschiedliche Ergebnisse erbringen, die jedoch für die Wissenschaft gleich wichtig sind, sei es nun als Erweiterung der bisherigen Kenntnisse oder als neue konzeptionelle Überlegungen mit einer weiterführenden Forschungsstrategie.

(f) Handelt es sich um einen Arbeitsauftrag (z. B. eine Dissertation), der selbständige Quellenarbeit im Archiv voraussetzt, wird es zunächst um den dargestellten Weg der Einarbeitung in die Fachliteratur und die Aufarbeitung der leichter greifbaren gedruckten Quellen gehen und darum, nach der Information über die Quellenbestände der einzelnen Archive einen Archivreiseplan zusammenzustellen. Bei der Planung der Archivarbeit ist zu berücksichtigen, daß wesentliche Bestände zur preußisch-deutschen Geschichte in den Archiven der DDR lagern, die nicht ohne weiteres zugänglich sind. Dies ist nicht unerheblich für die Themenstellung, falls keine Benutzererlaubnis zu erhalten ist.

26 Acta Borussica. Denkmäler der Preußischen Staatsverwaltung im 18. Jahrhundert, hg. v. d. Preußischen (früher Königlichen) Akademie der Wissenschaften, Berlin 1892–1936.

Eine weitere Beschränkung der Arbeitsmöglichkeiten in den Archiven betrifft vor allem die Zeitgeschichte. Die Akten als Quellen für die Zeitgeschichte stehen im allgemeinen erst nach einer *Sperrfrist* der wissenschaftlichen Benutzung zur Verfügung. Diese Sperrfrist beträgt im westlichen Ausland meist 50–60 Jahre, während in Deutschland nach dem Zweiten Weltkrieg die Archive geöffnet werden mußten. Die generelle Sperrfrist gilt für Schriftgut nach dem 3. Mai 1945, eine Einschränkung der freien Benutzung von Archivalien aus der Zeit zwischen dem 9. November 1918 und dem 3. Mai 1945. Diese Einschränkung betrifft Schriftstücke, aus deren Verwendung noch lebenden Personen Nachteile entstehen könnten (Schutz der Persönlichkeit nach dem Grundgesetz). Das bedeutet für die Wissenschaft, daß sie Themen, die sie für wichtig erachtet, gar nicht oder nur vorläufig bearbeiten kann: denn die Arbeit auf der Grundlage von Zeitungsberichten, Film- und Tonaufnahmen, offiziellen Darstellungen, veröffentlichten Tagebüchern, Briefen, Erinnerungen und Interviews kann zwar wichtige Einblicke in eine bestimmte historische Situation, die Rolle bestimmter Personen, die Stimmung der ,,Massen" vermitteln, aber dieses Bild bleibt für politische Fragestellungen so lange unbefriedigend, wie die ,,amtlichen" Quellenstücke fehlen. Die in Publikationsorganen, wie etwa in der nachträglichen Veröffentlichung von ,,Erinnerungen" eines Politikers verfolgten politischen oder persönlichen Absichten, die nicht nur der Information dienen wollen, sondern möglicherweise der Rechtfertigung oder der Meinungsbeeinflussung, bedürfen vieler ,,Korrekturen", um ein wissenschaftlich vertretbares Bild zu entwerfen. Dennoch gibt es Beispiele, daß durch sorgfältige Auswertung des allgemein zugänglichen Materials ein Bild entworfen wurde, das durch die amtlichen Quellen nicht umgestoßen werden konnte.

(g) Die praktische Arbeit mit den Quellen, zu der nur teilweise in den Lehrveranstaltungen angeleitet wird, sollte von der durch die Fachliteratur angebotenen Hilfe ausgehen, die Anregungen für Quelleninterpretationen enthält und in die Probleme von Auswahl und Benutzung der Quellenstücke einführt. Dazu empfiehlt es sich, aus den gedruckten Quellen oder Quelleneditionen ein Quellenstück auszuwählen, das allgemein als eine ,,zentrale" Quelle für das zu behandelnde Problem gilt und in mehreren Untersuchungen herangezogen worden ist. In diesem Band soll dies am Beispiel des ,,Oktoberediktes" gezeigt werden (s. S. 160–173). Die eigene Analyse dieses Textes, die möglicherweise noch ergänzende Stücke mit einbeziehen muß, sollte abschließend mit der in den Untersuchungen vorgetragenen verglichen werden. Der Vergleich wird auf eigene Mängel in der Interpretation aufmerksam machen, wie auf solche von ,,gestandenen" Historikern. Auch bei diesem Vorgehen entwickelt sich der eigene Lernprozeß im Zusammenwirken von Aneignung und Auseinandersetzung mit der bisherigen Forschung.

5. Historische Methode

Anhand der Erschließung und Auswertung eines Quellentextes hat die Geschichtswissenschaft ein systematisches Vorgehen entwickelt, die *historisch-kritische Methode.* Diese Methode ist für die Interpretation von Quellen aus allen historischen Epochen und für alle Teilbereiche der Geschichtswissenschaft anwendbar. Der Begriff Methode, d. h. ,,Erkenntnisweg", umfaßt hier nicht nur Arbeitstechnik, sondern den gesamten Weg vom bloßen sprachlichen ,,Verstehen" eines Textes bis zur Bestimmung seiner Aussagekraft und seiner Einordnung in einen größeren historischen Zusammenhang. Das Attribut ,,kritisch" qualifiziert diesen Methodenbegriff in dreierlei Hinsicht:

(a)   als philologisch-hermeneutische Textkritik,
(b)   als historische Kritik,
(c)   als Ideologiekritik.

(a) Textkritik: Grundlegend für historisches Arbeiten mit Texten ist die Textkritik, d. h. der methodische Zweifel an der ,,Echtheit" des Textes in bezug auf die Urheberschaft des vorgeblichen Verfassers, auf die Angabe der Entstehungszeit und auf den Wortlaut selbst. Mit den philologischen Hilfsmitteln — insbesondere Sprachgeschichte, Wortgeschichte, Stilkritik — lassen sich als Ausgangspunkt für die weitere Arbeit ein gesicherter (authentischer) Text und zuverlässige Angaben über seine(n) Verfasser und die Entstehungszeit herstellen.

Eng verbunden mit dieser philologischen Textkritik ist die Deutung eines Textes, und zwar die *textimmanente Auslegung,* die *Hermeneutik.* Die hier vorgenommene reinliche Trennung von ,,Kritik" und ,,Deutung" ist allerdings bei der praktischen Arbeit mit den Quellen selten durchführbar. Auch in die Textkritik gehen immer schon Elemente der Deutung ein, und im Versuch der Deutung werden sich häufig neue Gesichtspunkte für die Textkritik ergeben.

Trotzdem ist die Stufung des Arbeitsprozesses nach dem jeweils vorrangigen Ziel sinnvoll und praktikabel, so lange sie nicht rein schematisch wird und die ständige Wechselwirkung beider Erkenntnisweisen nicht verhindert.

Dieser Methodenbegriff der philologisch-hermeneutischen Kritik hat sich im 19. Jahrhundert herausgebildet, gefördert durch zwei Momente: Das bevorzugte Forschungsgebiet war die Geschichte des griechisch-römischen Altertums und des germanisch-romanischen Mittelalters, für die der Bestand schriftlicher Quellen begrenzt ist und die Quellen, die der „Tradition" zuzuordnen sind, einen bedeutenden Anteil ausmachen. Insbesondere bei dieser Quellengruppe muß man allen Scharfsinn und alle philologische Akribie zeigen, um aus den heterogenen Angaben dieser Texte den Kern herauszuschälen, der einen Beitrag zur Tatsachenerforschung bringen kann. Das „Handwerkszeug" für diese schwierige Aufgabe brachten die meisten Historiker von ihrer philologischen oder theologischen Ausbildung mit, da es zunächst noch keine eigene historische Fachausbildung gab.

(b) Historische Kritik: Die Geschichtswissenschaft kann nicht bei Texten und ihrer philologisch-hermeneutischen Auslegung stehen bleiben. Zur historischen Kritik gehören die weiterführenden Fragen,
— in welcher Beziehung der jeweilige Text zu den zeitgenössischen „Realitäten" steht,
— auf welchen Ausschnitt dieser Realität er sich bezieht,
— aus welcher Perspektive diese Realität betrachtet wurde und
— welche Realität, d. h. Wirksamkeit, dem Text selbst zukam.

(c) Ideologiekritik: An diese historische Kritik, die sich vornehmlich auf eine kritische Überprüfung überlieferter „Fakten" und „Verhältnisse" richtet, schließt sich die „Ideologiekritik" an sowohl als Frage nach dem politischen und „weltanschaulichen" Standpunkt des Verfassers eines Textes als auch nach dem Standpunkt der Forschenden als den Trägern der Forschung. Die enge Beziehung, die zwischen Themenwahl, Problemsicht und Arbeitsweise der Forschenden und ihrer politisch-gesellschaftlichen Umwelt besteht, ist schon lange erkannt worden. Bislang wurde diese „subjektive" Einschränkung der Erkenntnismöglichkeiten überbetont und oft als Argument gegen die „Objektivität" der jeweiligen Forschenden benutzt, dagegen die Anregung zu neuen Fragestellungen nicht erkannt oder unterschätzt.

Vielfach wurde und wird mit dem Begriff „Historische Methode" neben dem spezifisch wissenschaftlichen Arbeitsprozeß auch die Eigenart historischen Erkennens bezeichnet, und zwar in Abgrenzung zu den Erkenntnismöglichkeiten der Naturwissenschaften und denen der systematischen Sozialwissenschaften. Diese Abgrenzung hängt mit der Entstehung des wissenschaftlichen Faches Geschichte im 19. Jahrhundert zusammen. Probleme der Methodologie standen zunächst hinter der empirischen Arbeit zurück, allgemeine Reflexionen über die Geschichte waren das Feld der Geschichtsphilosophen. Erst mit der Institutionalisierung der wissenschaftlichen Disziplin Geschichte als Universitätsfach wurde das Bedürfnis nach einer ,,Wissenschaftslehre der Geschichte" dringender, das Johann Gustav Droysen veranlaßte, für seine Hörer eine Vorlesung über ,,Enzyklopädie und Methodologie der Geschichte" (seit 1857) zu halten, die seit 1858 auch gedruckt als ,,Grundriß der Historik" vorlag (s. o., S. 124, Anm. 3). Droysen stellte unter wissenschaftssystematischen Gesichtspunkten die bis dahin praktizierten Methoden zusammen, darüber hinaus unternahm er eine Grundlegung der Geschichtswissenschaft unter Einbeziehung der Geschichtsphilosophie und des praktischen Nutzens der Geschichte. Kernbegriff dieser ,,Historik" ist das ,,Verstehen" als Alternative zum naturwissenschaftlichen ,,Erklären" und Deduzieren aus Gesetzmäßigkeiten. Auf Grund der andersartigen Beziehung zwischen dem Naturwissenschaftler und seinem Objekt und der des Historikers zu seinem Objekt (Menschen und Resultate menschlichen Handelns) wird eine besondere Art des historischen Erkennens gefordert, das ,,Verstehen" als Nacherleben, Sich-Hineinversetzen (Intuition). Dieser Verstehensbegriff der Geschichtswissenschaft wurde von Wilhelm Dilthey zum Grundbegriff des Erkennens in den Geisteswissenschaften überhaupt erhoben und sollte den Autonomieanspruch der Geisteswissenschaften begründen. Die Verabsolutierung dieser Erkenntnismöglichkeit und die damit häufig verbundene Abwehr rationaler Überprüfungstechniken für so gewonnene Forschungsergebnisse haben dazu beigetragen, die Methode des ,,Verstehens" in Mißkredit zu bringen. Dennoch ist der Begriff des ,,Verstehens" nicht ohne Einfluß auf die systematischen Sozialwissenschaften geblieben: Max Weber hat eine ,,verstehende Soziologie" entwickelt und auch die empirische Soziologie hat die Rolle des Verstehens und der Intuition im soziologischen Erkenntnisprozeß akzeptiert (St. Ossowski, s. o., S. 90). Dem entspricht, daß Droysens ,,Historik", die bis heute grundlegend für eine wissenschaftliche Theoriebildung der Geschichte geblieben ist, gerade bei den neueren Versuchen, Geschichte und Soziologie einander anzunähern, zum Bezugs- und Ausgangspunkt für Historiker und Soziologen geworden ist.

6. Anleitung zur Quellenkritik und Quelleninterpretation

Es wäre Selbsttäuschung, wollte man heute so an die gedruckten Quellen herangehen, als ob man sie gerade im Archiv entdeckt habe und sie daher ganz „unvoreingenommen" betrachten könne. In der Mehrzahl der Fälle führt der Weg zu den Quellen über die Angaben der Fachliteratur, die zugleich eine bestimmte Deutung der herangezogenen Quellenstücke vermittelt. Besonders bei der Erarbeitung eines neuen Gebietes wird diese Deutung oft als reine Information mißverstanden. Erst der Vergleich mit anderen Werken der Fachliteratur und dem Quellenstück selbst legt den Interpretationscharakter dieser „Information" offen.

Man sollte es daher vermeiden, von einer fiktiven Unvoreingenommenheit auszugehen. Es ist vielmehr ökonomisch, in der Fachliteratur anzutreffende kontroverse Urteile — beispielsweise über den Charakter der preußischen Reformen — als Fragen an die Quellen zu formulieren. Dazu kann auf eine im Abschnitt über die Arbeit mit der Fachliteratur dargestellte Kontroverse zurückgegriffen werden, und zwar auf die unterschiedliche Beurteilung der preußischen Reformen als „liberal", „revolutionär", „fortschrittlich" oder „konservativ", „reaktionär" und „herrschaftsstabilisierend". Um diese übergreifenden Aussagen überprüfen zu können, müssen sie in einen Fragenkatalog umgesetzt werden, der es gestattet, eine zentrale Quelle wie etwa das „Oktoberedikt" vom 9. Oktober 1807, das allgemein als erster Schritt der preußischen Regierung zur Neugestaltung von Staat und Gesellschaft nach der Niederlage gegen Napoleon gilt, gezielt zu befragen, z. B.:

(1)   Was will das Edikt ändern?
(2)   Welche Intentionen verfolgten die Verfasser?
(3)   Wer ist Träger des Reformwerkes?
(4)   Wer hat Interesse an Veränderungen?
(5)   Wie wurden die Reformen verwirklicht?
(6)   Über welchen Zeitraum erstreckte sich die Ausführung?
(7)   Was hat sich durch das Edikt — direkt oder indirekt — geändert?
(8)   Wer ist Nutznießer der Reformen?

(9)   Wie hat sich die Durchführung der Reformgesetzgebung auf
       die staatliche, gesellschaftliche und wirtschaftliche Entwick-
       lung Preußens im 19. Jahrhundert ausgewirkt?

Die letzte Frage nimmt die Ausgangsthesen der Fachliteratur in etwas veränderter Form wieder auf, um auf den Gesamtrahmen aufmerksam zu machen, der bei der Interpretation zu berücksichtigen
ist.

Dieser Fragenkatalog ist selbstverständlich nicht durch die Bearbeitung eines zentralen Quellenstückes zu beantworten, obwohl seine Beantwortung Rückwirkungen auf die Beurteilung der Quelle hat.
Diese Wechselwirkung impliziert, daß ein Quellenstück nicht für sich
allein, aus sich selbst heraus verstanden werden kann. Es ist daher
davon auszugehen, daß die zentrale Quelle ein guter Ansatzpunkt
der Quellenarbeit ist, daß aber ergänzende Quellenstücke herangezogen werden müssen, und zwar sowohl Quellenstücke derselben
Quellengruppe wie Quellenstücke aus anderen Quellengruppen mit
anderen Aussagemöglichkeiten.

Die Anleitung zu Quellenkritik und Quelleninterpretation gilt
für die Bearbeitung aller Quellengruppen, seien es schriftliche Quellen (,,Texte''), Sachquellen, abstrakte Quellen oder Film- und Tondokumente, wenngleich die einzelnen Gesichtspunkte für die jeweilige Quellengruppe oder das jeweilige Quellenstück durchaus unterschiedliches Gewicht haben können. Zuweilen nehmen Quelleneditionen dem Benutzer einen großen Teil der mehr technischen Arbeit ab: Datierung, Verbesserung des Textes, Erklärung der Sachwörter und der unbekannten Begriffe, Lebensdaten der erwähnten
Personen. Bei Dokumenten der Zeitgeschichte ist man dagegen überwiegend auf die eigenen kritischen Fähigkeiten angewiesen, um die
nur scheinbar leichteren Texte der Zeitgeschichte für die Analyse
aufzubereiten.

Das folgende *Schema* kann nur die Funktion des jeweiligen Ar-
beitsschrittes im Prozeß der Quelleninterpretation aufzeigen, nicht
alle möglichen Varianten für die jeweilige Quellengruppe darstellen.
Es legt den Schwerpunkt auf die Arbeit mit Texten, die für die Erforschung der modernen Geschichte den größten Teil der Materialgrundlage ausmachen. Die erläuternden Wort- und Begriffsbeispiele
sind dem ,,Oktoberedikt'' entnommen.

Gliederung des Schemas

---

(1)   *Quellenkritik*
Quellenbeschreibung
Textsicherung
„äußere Kritik"
„innere Kritik":   (a) sprachliche Aufschlüsselung
                      (b) sachliche Aufschlüsselung

---

(2)   *Quelleninterpretation (Auswertung)*
(a) Inhaltsangabe (Regest)
(b) Eingrenzung des
    Aussagebereiches: Kontrolle durch   *Einordnung* in ein
                      andere *Quellen,*   genetisches
                      Fachliteratur   biographisches
                                         soziales
                                         wirtschaftliches
                                         rechtliches
                                           politisches
                                         ideologisches
                                         kulturelles
                                         Umfeld mit Hilfe
                                         von Fachliteratur und
                                         ergänzenden Quellen
(c) Bestimmung des Erkenntniswertes
    für die eigene Fragestellung
    (Ergebnis und Zusammenfassung

---

(1) Quellenkritik

Quellenbeschreibung:
— *Art der Quelle, Bestimmung der Quellengruppe:* z. B. *Akten* des
deutschen Außenministeriums, *Bild*material des deutschen Presse-
dienstes, *Tonband*aufzeichnung einer Wahlkampfrede. Die Bestimmung der Quellengruppe weist bereits auf Grenzen der Aussagefähigkeit hin.
— *Überlieferung:* Der Fund- oder Aufbewahrungsort eines Quellenstückes muß angegeben werden: z. B. Archiv, Bibliothek, Doku-
mentationsstelle, Privatbesitz oder die Quellenedition. Dieser Hinweis erfüllt zwei Aufgaben: einmal muß das Quellenstück wiederauffindbar sein, zum anderen kann bei Stücken, die undatiert sind
oder deren Verfasser unbekannt ist, die Geschichte der Überlie-

ferung (= Geschichte der Aufbewahrungsorte und Besitzer),
wichtige Anhaltspunkte für die Identifizierung des Verfassers
oder die Datierung ergeben.
— Äußerer Erhaltungszustand: Es ist wichtig festzustellen, ob z. B.
ein Aktenvorgang vollständig oder bruchstückhaft vorliegt, ob
die Lesbarkeit des Textes durch die schlechte Qualität des
Schreibmaterials beeinträchtigt worden ist. Letzteres gilt gerade
für „moderne" Schriftstücke, die oft auf stark holzhaltigem Papier und mit schlechter Tinte/Farbband/Bleistift geschrieben
worden sind.

Textsicherung:
Grundlegend für die weitere Arbeit ist die gesicherte Textbasis. Der
Benutzer eines Textes muß sich vergewissern, daß ihm der *authentische* Wortbestand vorliegt, wenn dies zweifelhaft erscheint, stellt
sich die Aufgabe, einen authentischen Text herzustellen.

Textsicherung bedeutet (1) ganz elementar das „Lesenkönnen"
einer Quelle (= paläographische Sicherung) und (2) die Bereinigung des Textes von fremden Einschüben (Interpolationen) mit
Hilfe der philologischen Methode. In dieser Funktion spielt sie
vor allem für die Erforschung von Mittelalter und Altertum eine
wichtige Rolle. Vielfach gelingt gerade diese Aufgabe zunächst nicht
vollständig, da oft erst weitere Beobachtungen bei der sprachlichen
und sachlichen Aufschlüsselung sowie bei der Auswertung im engeren Sinne dazu führen, die Authentizität eines Textes zu erkennen
oder anzuzweifeln. Dieser Text ist in diesen Fällen also Ergebnis des
gesamten Interpretationsverfahrens.

Der Bereich der Textsicherung für die Erforschung der modernen
Geschichte soll mit einigen Beispielen umrissen werden.

Textsicherung ist nicht für alle Quellengruppen problematisch.
Handelt es sich beispielsweise um einen Gesetzestext wie das „Oktoberedikt", der in amtlichen zeitgenössischen Drucken greifbar ist,
kann die Arbeit erst einmal mit dieser Textgrundlage beginnen. Liegen amtliche Dokumente (z. B. Aktenstücke) in Form einer Quellenedition vor, so wurde die Arbeit der Textherstellung also vor allem
die Übertragung der handschriftlichen Fassung in eine Druckvorla-
ge von den Herausgebern geleistet. Schwierigkeiten kann es z. B.
dann geben, wenn es sich um ein korrigiertes oder auch inhaltlich
mehrfach geändertes Konzept handelt. Dabei ist zu fragen, ob die
späteren Zusätze oder Streichungen vom ursprünglichen Verfasser
stammen oder von andern Personen, die möglicherweise durch einen

Schriftvergleich oder die Heranziehung der Behördengeschichte ermittelt werden können. Der authentische Text ist in diesem Fall
der Text mit sämtlichen Änderungen. Auf diese Änderungen verweist die Edition im Anmerkungsapparat, der dafür nicht wie sonst
üblich mit Zahlen durchnumeriert ist, sondern mit kleinen lateinischen Buchstaben.

Ein aktuelles Beispiel für Probleme der Textsicherung sind die
Memoiren des Reichskanzlers Heinrich Brüning (1930–1932), die
nach seinem Tode im Jahre 1970 – posthum – erschienen sind.[27]
Brüning hat seine Memoiren nach Aufzeichnungen über seine
Amtszeit angefertigt, die er 1934 nach seiner Flucht in die Schweiz
niedergeschrieben hatte. Bei seinem Tode waren die Memoiren
nicht vollendet, sie wurden entsprechend seinem Testament „komplettiert". Dieser Vorgang hat sich zu einem Rechtsstreit entwickelt, der hier nicht weiter zu interessieren braucht. Uns muß
vielmehr die Frage beschäftigen, welche Teile von Brüning selbst
stammen und welche Teile von seiner Mitarbeiterin Claire Nix später ergänzt worden sind. Da Claire Nix erklärt hat, sie habe diese
Ergänzungen nach stenographischen Aufzeichnungen Brünings verfaßt, dürfte es schwer fallen, hier mit Hilfe sprachlicher Analyse
Brünings Stil herauszuarbeiten, um seine eigenen Formulierungen
festzustellen. – Zu den Problemen, die jeder Autobiographie und
allen Memoiren ohnehin anhaften (Rechtfertigungsabsichten, Gedächtnislücken, nachträgliche Rationalisierungen der eigenen Handlungen), die mit Hilfe der „Quellenkritik" (s. „äußere Kritik") bearbeitet werden müssen, kommt hier also die Aufgabe hinzu, einen
authentischen Text herstellen zu müssen, bevor die „eigentliche"
Arbeit beginnen kann.

Probleme der Textsicherung bieten auch die Reichstags- und Parlamentsreden. Bei den Stenogrammen der Reichstagsreden können
sich Hörfehler bei der Mitschrift eingeschlichen haben, die gedruckten Reden können sinnentstellende Druckfehler enthalten. Zwar
stellen die in gedruckter Form vorliegenden Reden die offizielle Fixierung dar, aber der Benutzer muß wissen, daß die Redner die Möglichkeit haben, die stenographischen Mitschriften oder die Tonbandabschriften stilistisch zu überarbeiten, d. h. der Wortlaut der tatsächlich gehaltenen Rede oder der Diskussion kann mehr oder weniger
stark verändert werden und damit auch inhaltlich einen anderen Ak-

27 Hanno Kühnert, Der Reichskanzler und die Richter. Die Authentizität der
postum [!] erschienenen Brüning-Memoiren ist umstritten, in: Süddeutsche Zeitung, Nr. 127, 4. Juni 1974, S. 14.

zent erhalten. Zum Problem werden mögliche Abweichungen dann, wenn es um die Rekonstruktion schwerwiegender Entscheidungen im Parlament geht oder um Kontroversen, die durch die nachträgliche „Bereinigung" der Diskussionsbeiträge nicht mehr recht faßbar sein können. Wenn der Urtext samt den Änderungen erhalten ist, können Änderungen jedoch auch anregend sein und auf neue Zusammenhänge aufmerksam machen. Dann ist zu fragen, aus welchen Gründen größere Änderungen erfolgten: wollte der Redner eine schroffe Äußerung mildern, hat er seine Meinung nachträglich geändert oder hat er nur eine geheime Information aus der offiziellen Fassung gestrichen.

Eine aktuelle Form der Textsicherung ist z. B. die Überprüfung von Äußerungen führender Politiker, wie sie von den Massenmedien, vor allem in der Presse und in Flugblättern, verarbeitet werden. Damit mit diesen „Äußerungen" gearbeitet und argumentiert werden kann, bedarf es der Rückversicherung ihrer „Echtheit". Dazu bietet es sich an, die verschiedenen Nachrichtenträger (Tageszeitungen, Rundfunk und Fernsehen) zu vergleichen und nach ihren Informanten (Presse- und Informationsdienst, Korrespondentenberichte, offiziöse und offizielle Mitteilungen) zu fragen.

Äußere Kritik:

Entstehungszeit, Entstehungsort, Verfasser und Adressat eines Textes sind festzuhalten oder auch erst herauszufinden. Sind diese Angaben im Text nicht enthalten, können Ergebnisse der Quellenbeschreibung herangezogen werden, um sie zu ermitteln: handelt es sich um ein „Original" (d. h. die Urschrift — keine Abschrift), geben Schreibmaterial (Papier, Pergament, Tinte, Schreibmaschinentyp) und die Schrift selbst bereits wichtige Hinweise für die grobe zeitliche Einordnung. Ebenso kann die Geschichte des Archivs oder der Bibliothek, aus der der Text stammt, Anhaltspunkte für die Herkunft, zeitliche Entstehung und den Verfasser ergeben. Weitere Indizien sind der sprachlichen und sachlichen Aufschlüsselung des Textes sowie der eigentlichen Auswertung zu entnehmen. Bei vielen Quellentypen ist die Herstellung dieses äußeren Rahmens relativ unproblematisch, da sie ihn ausdrücklich setzen: z. B. Briefe, Tagebücher, Zeitungen. Allerdings ist die Möglichkeit von Vor- und Rückdatierungen, von Pseudonymen der Verfasser und fiktiven Schriftstücken zu beachten, die „Echtheit" vortäuschen wollen. — Quelleneditionen nehmen dem Benutzer meist diesen Teil der Arbeit ab.

Schon in dieser Arbeitsphase sollte mit der Sammlung von Zusatz-

informationen begonnen werden, die die Lage von Verfasser und
Adressat zum Zeitpunkt der Entstehung des Textes beleuchten,
um später Absichten und Wirkungen beurteilen zu können.

Innere Kritik:
(a) Sprachliche Aufschlüsselung:
Die Probleme der Sprache und des Verstehens werden am deutlichsten, wenn es sich um einen fremdsprachigen Text handelt, der erst
übersetzt werden muß, bevor er der Bearbeitung zugänglich ist. Das
Verstehen von Texten, die in der eigenen Sprache abgefaßt sind,
setzt die gleiche sorgfältige Untersuchung des ,,Wortgutes" voraus.
Bei älteren Texten fällt der Abstand zum modernen Wortgebrauch
sofort ins Auge, während bei Texten der Zeitgeschichte das gleiche
Wortbild oft nur eine gleiche inhaltliche Bedeutung vortäuscht. Ein
anschauliches Beispiel dafür ist der Bedeutungswandel von ,,Demo-
kratie". Bezeichnete in der Zeit des deutschen Vormärz ,,Demokra-
tie" eine radikale Verfassungsforderung, ,,Demokraten" wurden von
Behörden und Polizei mißtrauisch beobachtet, so ist Demokratie
heute ein positiv belegter Begriff. Die heutige Verwendung von Demokratie in den ,,westlichen" wie in den ,,sozialistischen" Staaten
mit recht verschiedenen Inhalten weist auf den zweiten Faktor hin,
der auf die Veränderung von Wortinhalten einwirkt: es ist die jeweilige Ideologie mit ihren Wertungen. Daher ist der Ideologiege-
halt solcher zentraler Begriffe in Recht, Verfassung, Staat und Gesellschaft bei der Interpretation zu beachten.
  Diese *philologische* und *ideologiekritische* Arbeit erfolgt in mehreren Ebenen:
— Erklärung von unbekannten Wörtern, vor allem von Fremd- und
  Sachwörtern: z. B. Edikt, Instruktion, Suspension,
— Erklärung von heute nicht mehr geläufigen Wortinhalten: z. B.
  Garten,
— Erklärung von Begriffen, die ganze Sachkomplexe bezeichnen:
  z. B. Erbuntertänigkeit.

(b) Sachliche Aufschlüsselung:
Die Aufklärung unbekannter Sachverhalte, auf die ein Text anspielt,
ist eng verbunden mit der sprachlichen Aufschlüsselung, wie vor allem das letzte Beispiel zeigt. Dennoch kann die Erarbeitung von
Sachwissen, herausgefordert durch unbekannte Begriffe, als eine
zweite mehr inhaltliche Stufe des Textverständnisses angesehen werden. Dabei wird es vor allem um zwei Bereiche gehen:

- Erklärung von Anspielungen auf bestimmte Personen und Ereignisse: „nach eingetretenem Frieden".
- Erklärung und Information über Fragen der sozialen, wirtschaftlichen, rechtlichen und politischen Organisation: z. B. Landrat, Kreditwesen in Preußen um 1800, Untertänigkeitsverhältnisse in den preußischen Provinzen.

(2) Quelleninterpretation (Auswertung)

(a) Inhaltsangabe (Regest)
Sprachliche und sachliche Aufschlüsselung des Textes sind Vorstufen für eine inhaltliche Zusammenfassung. Um eine Übersicht über den Inhalt zu gewinnen, werden zunächst die einzelnen Abschnitte (bei längeren Texten) auf „einen Nenner" gebracht, bei kürzeren Texten die Reihenfolge der einzelnen Gedanken festgehalten. Dieses schrittweise Vorgehen wird den Gedankengang des Textes klarer machen, man wird Schwerpunkte leichter erkennen und entscheiden können, welche Punkte im Zentrum der Argumentation stehen und welche Ausführungen mehr erläuternden Charakter haben. Das bedeutet, daß sich bei diesem recht schematisch anmutenden Durchgang Kernbereiche herausschälen lassen, die die folgende Arbeit der *Inhaltsangabe* erleichtern. Bei Inhaltsangaben von Schriftstücken mit Urkundencharakter – wie im Falle des Oktoberediktes – spricht man von *Regest.* Für das Regest ist eine bestimmte Reihenfolge der „merkwürdigen" Daten vorgeschrieben: Datum, Ort, Aussteller, Adressat, kurze Nennung der behandelten Angelegenheit. Bei der Edition von Urkunden ist es üblich, jeder Urkunde ein Regest vorauszustellen, um einen schnellen Überblick zu ermöglichen. In der neuen Verwaltungs-, Rechts- und Regierungspraxis erhalten Gesetze, Verordnungen bereits bei ihrer Veröffentlichung einen „Titel", der den jeweiligen Sachverhalt charakterisiert, so heißt das „Oktoberedikt" offiziell „Edikt über den erleichterten Besitz und den freien Gebrauch des Grundeigentums so wie die persönlichen Verhältnisse der Landbewohner betreffend". Diese Form des „Kopfregestes" dient der allgemeinen Orientierung, sie reicht für eine wissenschaftliche Bearbeitung nicht aus. Eine Inhaltsangabe ist also auch in diesen Fällen angebracht. Eine Inhaltsangabe für das Oktoberedikt könnte folgendermaßen lauten:

Memel, 9. Oktober 1807. König Friedrich Wilhelm III. von Preußen hebt die in Preußen bestehenden Beschränkungen beim Erwerb von Grundeigentum

und der Erlernung und Ausübung eines Gewerbes, die bisher an den „Stand"
(Adel, Bürger, Bauer) der jeweiligen Person gebunden waren, auf. Gleichzeitig hört die Erbuntertänigkeit der Bauern auf, die ihre Höfe „erblich
oder eigentümlich oder erbzinsweise oder erbpächtlich" besitzen. Am
Martinitage (11. November) 1810 werden alle anderen Bauern ebenfalls
„freie Leute". Anlaß dieser Verordnung ist der wirtschaftliche Notstand
Preußens nach der Unterwerfung durch Napoleon. Die Herstellung der frei-
en Verfügbarkeit über das Grundeigentum und der persönlichen Freiheit
der Landbewohner (Freizügigkeit) soll der Volkswirtschaft neue Impulse
geben.

Die Inhaltsangabe soll sich auf die Zusammenschau derjenigen Angaben beschränken, die im Text selbst enthalten sind (textimma-
nent), und zwar auf die vom Verfasser intendierten Angaben.(Hier
ist bereits eine Antwort auf Frage 1 – s. o., S. 160 möglich.) Informationen über Hintergründe dürfen an dieser Stelle noch nicht ein-
fließen. Diese Forderung ist besonders einleuchtend, wenn die
Quellenangaben in eine Karte, in eine Tabelle oder eine Graphik
übertragen werden sollen. Die Inhaltsangabe erfüllt die Aufgabe einer Bestandsaufnahme. Gerade die *anschaulichen* Beispiele einer
Inhaltsangabe weisen den weiteren Arbeitsweg: eine Tabelle ohne
Erläuterung, ohne Kommentar ist wertlos. Sie bedarf der Erklärung,
soll sie für die Beantwortung einer Fragestellung herangezogen werden. Damit ist die zweite Stufe der inhaltlichen Auswertung erreicht,
die *Interpretation* im engeren Sinne.
„Interpretation" bezeichnet landläufig sowohl den Vorgang der
inhaltlichen Auswertung der Quellen wie das Ergebnis dieser Auswertung. Diese beiden Stufen der Auswertung werden im folgenden
unterschieden als „Eingrenzung des Aussagebereiches" und „Bestimmung des Erkenntniswertes für die eigene Fragestellung".

(b) Eingrenzung des Aussagebereiches
Die Inhaltsangabe stellt den Abschluß der *textimmanenten* Arbeit
dar. Um Aussagekraft und Informationswert der Quelle beurteilen
zu können, müssen ihre expliziten sprachlichen Aussagen in mehr-
facher Hinsicht kritisch hinterfragt werden, z. B.:
— Welche Absichten verfolgten die Verfasser des Textes?
— Gibt es Informationen über die Lage von Verfasser und Adres-
  sat zum Zeitpunkt der Abfassung des Textes?
— In welchen größeren historischen Zusammenhang gehört der
  Text?
— Gibt es andere zeitgenössische Äußerungen zum gleichen Thema?
Die *äußere* und *innere Textkritik* hat bereits Angaben erbracht, die

zur Beantwortung dieser Fragen herangezogen werden können. In diesem ersten Arbeitsgang werden meist Informationen erarbeitet, die weit mehr sind als bloße Hilfen zum „Verstehen" eines einzelnen Wortes oder eines Textes.

Für die Frage nach dem größeren historischen Zusammenhang kann sowohl auf die *Handbücher* und *Nachschlagewerke* zurückgegriffen werden, die den gesicherten Bestand an Fachwissen verfügbar machen, wie auf die *Fachliteratur* im engeren Sinne.

Die Fachliteratur und die benutzten *Quelleneditionen* verweisen auf die Kontroll- und Ergänzungsmöglichkeiten durch weitere Quellen. Selbst bei der exemplarischen Quellenarbeit ist davon auszugehen, daß zur Beantwortung vorher entwickelter Fragen immer mehrere Quellenstücke und möglichst auch Texte verschiedener Quellengruppen berücksichtigt werden müssen. Die gegenseitige Kontrolle und Ergänzung von Quellenaussagen kann in verschiedener Weise, die von der *Ziel*richtung der Fragestellung abhängig ist, realisiert werden.

Ein für die Geschichtswissenschaft kennzeichnendes Verfahren ist die Verfolgung und Rekonstruktion der *Entstehungs-* und *Wirkungsgeschichte* eines Textes oder einer Gruppe von Texten, z. B. die Gesetzgebung der preußischen Reformära. Der Entstehungsgeschichte des ersten Reformgesetzes, des Oktoberediktes, kann auf mehreren Wegen nachgegangen werden:

— Ausgangspunkt kann hier die Entstehungsgeschichte als Aktenvorgang im Ministerium sein, wie sie Georg Winter untersucht hat (s. o., S. 90), oder die Entstehungsgeschichte als Endpunkt der preußischen Reformbestrebungen vor 1806, wie sie Otto Hintze entwickelt hat (s. o., S. 117).

— Ein zweiter meist eng damit verknüpfter Schritt besteht darin, nach den Verfassern des Ediktes und ihren Intentionen zu fragen, d. h. die Entstehungsgeschichte mit Hilfe der Biographien unter besonderer Berücksichtigung von Herkunft, Bildungsweg, sozialer und wirtschaftlicher Situation zu erhellen. Als Quellengruppen sind dafür vor allem Briefe, Tagebücher, Memoiren oder publizistische Äußerungen der jeweiligen Beamten und ihres Freundeskreises heranzuziehen.

— Schon unter der biographischen Perspektive werden die Abhängigkeiten einzelner Personen von Herkunftsgruppen (z. B. „Adel") und Berufsgruppen (z. B. „Beamter") sowie von allgemeinen politischen und geistigen („ideologischen") Positionen sichtbar. Daraus ergibt sich für die Entstehungsgeschichte die Frage, inwieweit die Verfasser des Ediktes mit ihren eigenen Intentionen Gruppeninteressen repräsentieren sowie bewußt verfolgt haben und wieweit ihre sozial- und wirtschaftspolitischen Vorstellungen von außerpreußischen Vorbildern abhängig waren (Frankreich/England). Die Quellen für diese Fragen müssen Gruppeninteressen artikulieren oder erkennen lassen

a) für soziale Gruppen, die sich nach dem Geburtsstand unterscheiden: Adel, Bürger, Bauer;

b) für soziale Gruppen, die sich nach ihrem „Beruf" unterscheiden: z. B. Beamter, Kaufmann, Handwerker;

c) für soziale Gruppen, die Schranken von geburtsständischer und berufsständischer Gruppierung zum Teil negieren, wie z. B. literarische Zirkel, Salons in den größeren Städten und auf den Adelssitzen sowie „gelehrte Gesellschaften";

d) für politische Gruppen (Korporationen), d. h. hier politische Stände.

Die Quellengruppen für die individuelle Biographie können ebenfalls unter dem Gesichtspunkt der Gruppeninteressen befragt werden. Hinzu kommen publizistische Quellen im weitesten Sinne: Zeitungen, Zeitschriften, Broschüren, Flugschriften und -blätter als Diskussionsforum eines vorwiegend „gebildeten" Publikums. In diesem Medienbereich wurde z. B. eine ausführliche Diskussion über die Abschaffung der Erbuntertänigkeit der preußischen Bauern ausgetragen. Für die politische Diskussion im Rahmen einer Ständeverfassung müssen Protokolle, Vorlagen und Berichte über die ständischen Versammlungen herangezogen werden. So bieten etwa die Akten über den ostpreußischen Landtag von 1798 eine wichtige Materialgrundlage, um die politischen Positionen von Adel, Städten und Kölmern und ihre Meinung zur Reformbedürftigkeit des preußischen Staates festzustellen.[28]

Das hier vorgestellte Spektrum verschiedener Gruppeninteressen läßt sich mit dem Begriff der „politischen Öffentlichkeit" fassen, womit zugleich zum Ausdruck kommt, daß dieser Personenkreis auch tatsächlich Einfluß auf politische Prozesse und Entscheidungen nehmen konnte.

Das bisher skizzierte Verfahren hat die Tendenz, die Entstehungsgeschichte immer weiter zurückzuverfolgen und immer mehr Faktoren in den Entstehungsprozeß einzugliedern. Die kontrollierende und ergänzende Funktion eines solchermaßen „zusammengesetzten" Interpretationsversuches erweist sich damit als Mittel, den zunächst punktuellen Ansatz zu erweitern und den unlöslichen Zusammenhang von

28 Hermann Eicke, Der ostpreußische Landtag von 1798, Göttingen 1910.

„Ereignis", „Verhältnissen" und „Personen", der für jede historische Erklärung herzustellen ist, sichtbar werden zu lassen. (Hier kann versucht werden, die Fragen 2–4, s. o., S. 160 zu beantworten.)

Um die *Wirkungsgeschichte* des Oktoberediktes, die für die Bewertung der Reformen ebenso wichtig ist wie die Entstehungsgeschichte, erfassen zu können, kann man folgende Quellengruppen benutzen:

— Zuerst müssen Ausführungsgesetze und -bestimmungen des programmatischen Oktoberediktes zusammengestellt[29], ihre Übereinstimmung oder Abweichung vom Oktoberedikt oder dem „Geist" seiner Bestimmungen festgestellt, die Ursachen für Abweichungen erklärt und der zeitliche Rahmen dieser zunächst nur *gesetzlichen* Realisierung abgesteckt werden.

— Anschließend ist nach Quellengruppen zu fragen, die Informationen über die tatsächliche Realisierung des Ediktes enthalten. Dazu gibt es amtliche Quellen, nämlich die Protokolle staatlicher Beamter, die z. B. über die Durchführung der Regulierungen des gutsherrlich-bäuerlichen Verhältnisses in den verschiedenen preußischen Provinzen berichten. Weiter gibt es zeitgenössische amtliche Statistiken in regelmäßigen Abständen, die Angaben über die Zahl der Bauern, der Kleinstellenbesitzer, der Landarbeiter und der Rittergutsbesitzer sowie über die Verteilung des ländlichen Grundbesitzes auf Rittergüter und bäuerliche Betriebe machen. Der Vergleich dieser Angaben zu verschiedenen Zeitpunkten sowie die Korrelierung dieser Angaben mit der Entwicklung der preußischen Agrargesetzgebung kann zu Aufschlüssen über den Zusammenhang von Agrargesetzgebung und der Veränderung der ländlichen Besitz- und Sozialstruktur führen.[30]

Einen wichtigen Beitrag zur Erforschung der Auswirkung des Oktoberediktes als „Bauernbefreiung" stellt die publizistisch ausgetragene Diskussion über die Ursachen des *Pauperismus* auf dem Lande dar.[31] Die zeitgenössische Pauperismusdiskussion lenkt die Aufmerksamkeit zudem auf eine weitere Dimension, die bei der Bear-

---

29 Dazu s. Ernst Rudolf Huber, Deutsche Verfassungsgeschichte seit 1789, Bd. 1, Reform und Restauration 1789–1830, 2. Aufl., Stuttgart 1967.

30 Dazu Hartmut Harnisch, Vom Oktober-Edikt des Jahres 1807 zur Deklaration von 1816, in: JbWg 1978, Sdbd., S. 231–293 u. Hanna Schissler, Preußische Agrargesellschaft im Wandel, Göttingen 1978.

31 Dazu s. Wilhelm Abel, Massenarmut und Hungerkrisen im vorindustriellen Deutschland, Göttingen 1972 (Kleine Vandenhoeck-Reihe 352–354) (mit Literaturhinweisen).

beitung der preußischen Reformen in der neueren historischen Forschung eine immer größere Bedeutung gewinnt, nämlich die Rolle der Reformen für den ökonomischen Wandlungsprozeß, der als Industrialisierung oder Industrielle Revolution bezeichnet wird. (Landes, s. o., S. 100, Anm. 28. – Durch die Aufarbeitung der Wirkungsgeschichte können die Fragen 5–8 beantwortet werden.)

Die Untersuchung der Entstehung und der Auswirkungen des Oktoberediktes führt auf ein grundlegendes methodisches Problem bei der Benutzung von Gesetzestexten als historischer Quelle. Die Entstehungsgeschichte zeigt, wie weit sich die Diskussion um die Bestimmungen dieses Ediktes zurückverfolgen läßt sowohl bei den federführenden Beamten wie in der öffentlichen Diskussion im damaligen Preußen. Sie zeigt weiter, daß der Anspruch des Gesetzestextes, neues Recht zu setzen, nur teilweise zutreffend ist, da beispielsweise die Aufhebung der Erbuntertänigkeit für die Mehrzahl der preußischen Bauern, nämlich die königlichen Domänenbauern, bereits vor Erlaß des Ediktes abgeschlossen war, das Edikt die Ausdehnung der persönlichen Befreiung auf die Bauern des Adels und auf alle Provinzen bewirken wollte. Für die königlichen Domänenbauern hat das Oktoberedikt in dieser Bestimmung also nur bestätigenden, für die Privatbauern dagegen rechtsetzenden Charakter. Ob dieser normative Anspruch des Gesetzes dann auch durchsetzbar wurde, kann erst die Wirkungsgeschichte erweisen. Das Neuartige, „Revolutionäre" dieses Gesetzes ist daher nicht in seinen einzelnen inhaltlichen Bestimmungen zu sehen, als vielmehr in der Tatsache, daß der preußische König in den Herrschaftsbereich des Adels eingriff und durch die Ausdehnung der persönlichen Freiheit auf alle Landesbewohner eine allgemein preußische Staatsbürgerschaft schaffen wollte und damit die ständische Abschirmung der Privatbauern und der untertänigen Leute überhaupt durch die Gutsherrschaft aufhob.

Wenn ein Gesetzestext als historische Quelle benutzt werden soll, muß also geklärt werden,
– ob seine Bestimmungen eine bestehende Praxis legitimieren, d. h. als rechtmäßig anerkennen,
– ob seine Bestimmungen eine Vereinheitlichung einer sehr verschiedenartigen Praxis anstreben, wobei sie teils legitimierenden, teils normativen Charakter haben,
– ob seine Bestimmungen sich in keiner Weise auf bereits bestehende Verhältnisse beziehen und somit rechtsetzend sind,
– ob seine Bestimmungen tatsächlich rechtswirksam geworden sind, wenn ja, in welcher Weise (vollständig, teilweise),

— unter welchen konkreten historischen Bedingungen ein bestimmtes Gesetz „machbar" und „durchsetzbar" ist.

Das sich anschließende Vergleichen und kritische Kombinieren der Quellenaussagen zu einer historischen Aussage hat zudem die Funktion, eine kritische Distanz zu den Einzelaussagen herzustellen und vor der unreflektierten Übernahme der Quellensprache und der in ihr enthaltenen Wertungen zu warnen.

Die mit Hilfe der Quellen gewonnenen Aussagen werden anschließend eingeordnet in ein genetisches, biographisches, wirtschaftliches, soziales, rechtliches, politisches, ideologisches und kulturelles Umfeld. Diese Dimensionen sind bei der Auswertung zu beachten, aber nicht alle sind im Einzelfall von gleicher Bedeutung, so daß sich je nach dem Text eine unterschiedliche Gewichtung dieser Dimensionen bei der Bearbeitung ergeben wird.

(c) Bestimmung des Erkenntniswertes für die eigene Fragestellung (Ergebnis und Zusammenfassung)

Die Erfahrung mit Quellenarbeit zeigt, daß die Gefahr besteht, sich in der Quellenlektüre und ihrer Erschließung zu verlieren und darüber zu vergessen, daß die Quellenarbeit nur Mittel zum Zweck ist, nämlich der Beantwortung der Ausgangsfragen dienen soll. Die Quellenarbeit darf sich also nicht auf Quellenkritik, ihre Erläuterung und Kommentierung beschränken, sondern hat die Bestimmung des Erkenntniswertes für die eigene Fragestellung zum Ziel. Ebenso wichtig ist dieses Ziel, wenn man bei der Quellenarbeit die Orientierung verloren hat und mit der Sammlung von Aussagen und Gegenaussagen nichts anzufangen weiß. Die Rückbesinnung auf die Ausgangsfrage(n) und ihre Implikationen wird helfen, den Stoff zu ordnen, zu gliedern und Lücken zu entdecken. Das Beispiel des Oktoberediktes hat auf eine andere Schwierigkeit aufmerksam gemacht: in einer zeitlich begrenzten Arbeit (Referat oder Staatsexamensarbeit) ist die ausführliche Bearbeitung aller eingangs entwickelten Fragen nicht möglich. In solchen Fällen ist es nicht nur berechtigt, sondern sinnvoll und notwendig, sich auf die Bearbeitung eines ausgewählten Fragenkomplexes zu beschränken, jedoch den Gesamtzusammenhang und die komplexe Problemlage in einer „problemorientierten Einleitung" der schriftlichen Arbeit zu skizzieren.

Die Bestimmung des Erkenntniswertes für die eigene Fragestellung muß als *Ergebnis* der Quellenarbeit ausdrücklich formuliert werden. Dieses Ergebnis „ergibt" sich keineswegs von selbst aus den dargestellten Stufen der Quellenarbeit: unter dem Aspekt der Ausgangsfrage(n) sind Quellenlage, Quellenkritik, Quelleninterpretation und die Auseinandersetzung mit den Thesen der Fachliteratur zu berücksichtigen und in ihrer Gewichtung zu erwägen. Als Arbeitsweg empfiehlt sich hier — wie bei der Inhaltsangabe — zunächst die schlichte Aneinanderreihung der Teilergebnisse, die dann schwerpunktmäßig gebündelt werden können, um sie den inhaltlichen und theoretischen Aspekten der Ausgangsfrage zuzuordnen.

Die *Zusammenfassung* und Verknüpfung von Teilergebnissen bereitet dann besondere Schwierigkeiten, wenn man von der Vorstellung ausgeht, ein Ergebnis müsse in der vollständigen und umfassenden Beantwortung der Ausgangsfrage bestehen. Die Erfahrung zeigt dagegen, daß die Quellenarbeit oft nur teilweise befriedigende Antworten erlaubt. Vielleicht muß man sogar erkennen, daß die Ausgangsfrage falsch oder schief gestellt war, daß die geleistete Arbeit scheinbar „umsonst" gewesen ist. Solche Erfahrungen wirken leicht entmutigend und verunsichernd, wenn außer Betracht gelassen wird, daß ein Ergebnis nicht den Charakter der Endgültigkeit haben kann. Gerade die Neuformulierung einer Fragestellung kann einen wichtigen Lernprozeß abschließen und zum Ausgangspunkt einer weiterführenden Analyse werden.

Eine weitere Schwierigkeit wird dann auftauchen, wenn man davon ausgeht, daß die Quellenarbeit eindeutige Antworten erbringen könne. Bereits die in der Fachliteratur ausgetragenen Kontroversen zeigen, daß mehrere Interpretationen ein und desselben Vorganges möglich und begründbar sind. Eindeutigkeit ist nur bei einfacheren Tatsachenfeststellungen erreichbar. Für den Historiker besteht dagegen die Aufgabe gerade darin, komplexe Vorgänge soweit wie möglich aufzuklären, ihre Mehrdimensionalität zu erkennen und in differenzierter Abwägung der Argumente zur Darstellung zu bringen.

7. Technische Auswertung der Quellen

Die technische Auswertung der Quellen orientiert sich grundsätzlich an denselben Prinzipien wie die technische Auswertung der Fachliteratur (s. S. 97—111).

(1) Bibliographieren:

Quelleneditionen, ursprünglich gedruckte Quellen und Quellenstükke aus Archivbeständen werden bibliographisch auf einer eigenen Karteikarte erfaßt (zur äußeren Form des Bibliographierens, s. S. 71 bis 73). Die Karte sollte auch den Fundort verzeichnen (z. B. Seminarbibliothek mit Signatur, Archivsignatur, evtl. eigener Mikrofilm) und einen Vermerk enthalten, ob das Stück benutzt worden ist oder nicht. Bei Quelleneditionen und Archivmaterial empfiehlt es sich, für jedes benutzte Quellenstück ebenfalls eine eigene Karte anzulegen, auf der neben dem „Titel", der Datierung, dem Fundort auch die Stellung innerhalb des jeweiligen Aktenbestandes festzuhalten ist. Damit wird es bei der eigentlichen Arbeit mit den Quellen möglich, das jeweilige Quellenstück in seinem Entstehungszusammenhang auszuwerten, es zugleich aber nach anderen Gesichtspunkten mit anderen Quellenstücken zusammenzustellen (z. B. chronologisch, personenbezogen, sachbezogen), und es ohne großen Zeitaufwand wieder in seine „Ruhestellung" zurückzuordnen.

(2) Speicherung:

a) *Inhaltsangabe – Regest:* Handelt es sich um längere Texte, ist es für die weitere Arbeit hilfreich, sich nach der ersten Lektüre und der Erschließung des Textes eine Inhaltsangabe auf der Rückseite der Karte zu notieren, um dieses Überblickswissen jederzeit zur Verfügung zu haben (z. B. in Form der Gliederung des Textes in Hauptpunkte mit Stichworten). Handelt es sich um stark formalisierte Texte, z. B. Schuldeinträge, Eintragungen von Grundstücksbewegungen, bei denen nur Namen und Höhe der Geldbeträge variieren, die wegen ihrer „massenhaften" Überlieferung serienmäßig ausgewertet werden müssen, besteht die Aufgabe darin, eine standardisierte Karteikarte oder Lochkarte zu entwerfen, in die die wesentlichen Angaben zeitsparend übertragen werden können. Dies ist allerdings erst dann möglich, wenn sich der Bearbeiter eine gewisse Übersicht über die Varianten und Abweichungsmöglichkeiten der jeweiligen Serie verschafft hat. In manchen Fällen empfiehlt es sich sogar, diese Angaben nicht auf eine Karteikarte, sondern gleich in eine Tabelle zu übertragen, die gleichartige Angaben für viele Personen, Gegenstände oder Orte übersichtlich gliedert und zusammenfaßt.

b) *Exzerpieren:* Die Regeln des Exzerpierens von Quellenstücken sind gegenüber denen bei der Auswertung der Fachliteratur etwas abgewandelt, da sie eine andere Aufgabe erfüllen. Das wörtliche Exzerpt spielt eine größere Rolle als die gedankliche Zusammenfassung und komprimierende Paraphrase, da die jeweilige Formulierung konstitutiv für einen empirischen Befund ist. Bei der oben dargestellten Auswertung von „Massenquellen" fallen Inhaltsangabe und Exzerpt zusammen. Verfügt man über einen Mikrofilm, der jederzeit leicht benutzbar ist, kann sich das Exzerpieren häufig auf eine Skizzierung des Gedankenganges in Stichworten oder auf eine kurze Zusammenfassung beschränken (Inhaltsangabe — Regest).

c) *Sachwortkartei:* Parallel zur Speicherung der Textaussagen sollten die in die sprachliche und sachliche Aufschlüsselung des Textes investierte Arbeit in einer Sachwortkartei gespeichert werden. Für jedes Sachwort und jeden Sachkomplex wird eine Karte angelegt, auf der der Begriff kurz erläutert wird und die Herkunft der Information verzeichnet wird (zum Aufbau der Sachkartei s. S. 51—57).

VII. Formen schriftlicher Arbeit

In der Orientierungsphase verschaffen sich die Teilnehmer eines Seminars einen Überblick über einen historischen Komplex und entwickeln einen Katalog von Fragen zum Seminarthema, hier also „Preußen zwischen Reform und Revolution", die als Themen von studentischen Arbeitsgruppen oder einzelnen Teilnehmern bearbeitet werden können (s. Kapitel III). Für die einzelnen Arbeitsschritte und die Abfassung einer schriftlichen Arbeit gelten unabhängig davon, ob es sich um eine Kollektiv-, Gruppen- oder Einzelarbeit handelt, prinzipiell die gleichen Regeln. Zunächst wird bibliographiert, um das zur Untersuchung des Themas erforderliche Material zu beschaffen (s. Kapitel IV). Die Auswertung der Literatur führt zur Präzisierung der Fragestellung und zur Eingrenzung der Schwerpunkte. Danach wird eine *vorläufige Gliederung* aufgestellt, die sich an den Schwerpunkten der Untersuchung orientiert. Diese vorläufige oder hypothetische Gliederung ermöglicht die Konzentration auf wesentliche Fragen beim weiteren Literaturstudium (s. Kapitel V). Wird eine Kollektiv- oder Gruppenarbeit angefertigt, so vergibt die Arbeitsgruppe Aufträge an die einzelnen Mitglieder entsprechend den einzelnen Gliederungsabschnitten. Bei der Bearbeitung eines Themas sollte man sich freilich immer darüber im klaren sein, daß es sich nur um eine vorläufige Gliederung handelt, die jederzeit umgestoßen oder modifiziert werden kann, wenn neue Erkenntnisse dies nötig erscheinen lassen. Anderenfalls wird die Gliederung schon in einem relativ frühen Stadium der Arbeit zu einem Korsett, das jeden Ansatz zur Veränderung des einmal gefaßten Konzepts einschnürt. Veränderungen des Konzepts und damit der Gliederung können vor allem dann notwendig werden, wenn sich bei der Auswertung der Quellen (s. Kapitel VI) neue Gesichtspunkte — und damit oft auch ein neuer Durchgang durch die Fachliteratur — ergeben.

In jedem Falle bleibt die hypothetische Gliederung die Leitlinie, nach der das gesammelte exzerpierte Material aus Fachliteratur und Quellen geordnet wird. Die im Verlauf der Arbeit mehr oder minder stark veränderte vorläufige Gliederung ist das Gerüst für die *Fixierung der Ergebnisse,* die dieser Arbeitsprozeß gezeitigt hat. Eine Fixierung der Arbeitsergebnisse ist auf jeder Stufe des Arbeitsprozesses möglich. Von der jeweils erreichten Stufe hängt die Form dieser Fixierung ab, aber auch die Funktion, die sie für den oder die Verfasser und für die Adressaten hat. Denn schriftliche Arbeiten haben einerseits eine Bedeutung für den Erkenntnis-, Arbeits- und Ausbildungsprozeß des einzelnen Verfassers oder einer Gruppe von Verfassern, andererseits erfüllen sie bestimmte Funktionen im Diskussions- und Arbeitsverlauf einer Gruppe und eines Seminars, also der Adressaten. Je nach der Stufe, auf der sie im Arbeitsprozeß stehen und je nach der Funktion, die sie für die Adressaten haben, lassen sich folgende Typen schriftlicher Arbeiten unterscheiden:

1. Das Arbeitspapier (Informationsmaterial);
2. Das Diskussionspapier („Thesenpapier");
3. Die schriftliche Hausarbeit („Referat").

Zwei weitere Formen schriftlicher Arbeit stehen nur mittelbar im Zusammenhang mit der Erarbeitung eines Themas:

4. Das Protokoll als Fixierung der Diskussionsergebnisse und des Diskussionsgangs im Plenum bzw. in einer Arbeitsgruppe und
5. die Klausur als Versuch, den jeweiligen Erkenntnis- und Problemstand eines Einzelnen ohne Hilfsmittel in Form eines Essays zusammenhängend darzustellen.

1. Das Arbeitspapier (Informationsmaterial)

Eine vorläufige Fixierung der Arbeitsergebnisse kann vorgenommen werden, wenn die Sammlung von Material aus Fachliteratur und Quellen so weit gediehen ist, daß daraus Informationen zu entnehmen sind, die über das Handbuchwissen hinausgehen. Dieses Material wird nach bestimmten Gesichtspunkten, die sich aus der hypothetischen Gliederung ergeben haben, geordnet. Die studentische Arbeitsgruppe oder ein einzelner Bearbeiter gewinnt damit einen Überblick über die geleistete und die noch zu leistende Arbeit. Darüber hinaus kann das gesammelte Material oder Auszüge daraus den Teilnehmern eines Seminars vervielfältigt oder als Tafelbild (Statistiken, Jahreszahlen) zugänglich gemacht werden, um für die Plenumsdiskussion über ein Spezialthema eine Informationsgrundlage zu legen oder um für das gesamte Seminarthema Nachschlagematerial zur Verfügung zu stellen, auf das man immer wieder zurückkommen kann. Da der Auswahl des Materials eine bestimmte Akzent- und Zielsetzung vorausging, handelt es sich auch bei einer solchen Materialsammlung nicht um „wertneutrale" Informationen, jedoch ist hier im Vergleich zum Diskussionspapier oder zur schriftlichen Hausarbeit der Anteil der eigenen Interpretationsleistung am geringsten. Das Arbeitspapier kann folgendes Informationsmaterial enthalten:

1. Chronologische Übersichten (oft in Form der synchronoptischen Tabelle, z. B. außenpolitische, wirtschaftliche, kulturelle Entwicklung 1789–1815 in Deutschland).
2. Statistische Tabellen oder in graphische Darstellungen umgesetzte Statistiken (z. B. zur Bevölkerungsentwicklung in Preußen 1786–1848).
3. Graphische Darstellungen von Verfassungskonstruktionen oder andere Organisationsschemata (z. B. Städteordnung und Verwaltungssystem in Preußen nach den Stein-Hardenbergschen Reformen).
4. Genealogische Übersichten (z. B. die Verwandtschaftsverhältnisse zwischen Bourbonen, Wittelsbachern und spanischen und österreichischen Habsburgern im Zusammenhang mit dem Spanischen Erbfolgekrieg).
5. Geographische Skizzen (z. B. zur Standortverteilung von Manufakturen und Fabriken in Preußen zwischen 1800 und 1850 oder zum Streckenverlauf der ersten Eisenbahnen in Deutschland bis 1864).
6. Gegenüberstellung von zwei Quellentexten, die den Entstehungs- und Veränderungsprozeß beispielsweise eines Gesetzestextes dokumentieren (z. B. Steins Nassauer Denkschrift und die preußische Städteordnung).
7. Gegenüberstellung von Passagen aus der Literatur, die zwei kontroverse Interpretationen dokumentieren (z. B. Lehmann contra v. Meier über den Einfluß der Französischen Revolution auf Stein).

2. Das Diskussionspapier („Thesenpapier")

Das Diskussions- oder Thesenpapier erfordert einen weiteren Arbeitsschritt. Es ist ein Versuch, die mit der Materialsammlung verbundene Problematisierung auch schriftlich festzuhalten. Diese noch relativ skizzen- oder thesenhafte Fixierung des Arbeitsstandes führt zu einer Verfeinerung der hypothetischen Gliederung, zu einer stärkeren Akzentuierung der erörterten Probleme und kann als Vorstufe für eine spätere Hausarbeit dienen.

Für das Plenum hat das Diskussionspapier die Funktion, die Diskussion eines Problems anzuregen oder überhaupt erst in Gang zu setzen. Um diese Aufgabe erfüllen zu können, muß das Diskussionspapier kurz sein, d. h. höchstens 5 Seiten DIN A 4 umfassen, und zeitig genug, d. h. spätestens eine Woche vor der betreffenden Sitzung vorliegen. Das Diskussionspapier soll enthalten:

a) *wichtige Informationen zum Thema,* die alle wesentlichen Ereignisse und Daten knapp, eventuell stichwortartig zusammenfassen. Das kann z. T. in Form von Tabellen und graphischen Darstellungen geschehen (s. a. Arbeitspapier). Ergänzend dazu wird auf einige zentrale Quellen und/oder Literaturangaben (mit exakten bibliographischen Angaben!) hingewiesen. Diese Hinweise müssen ihrem Umfang nach so ausgewählt sein, daß jeder Seminarteilnehmer sie in der zur Verfügung stehenden Zeit bewältigen kann. Auch die technischen Schwierigkeiten, die die Benutzung der Fachliteratur in der Seminar- und Universitätsbibliothek durch zahlreiche Teilnehmer mit sich bringt, sind beizeiten zu prüfen. — Das Papier soll nicht alles enthalten, was die Arbeitsgruppe oder der Einzelverfasser über das Thema weiß; der oder die Verfasser muß/müssen aber in der Lage sein, auf Fragen aus dem Plenum weitere Informationen zu geben.

b) *das Urteil,* das sich eine Gruppe oder der einzelne Bearbeiter über das behandelte Problem gebildet hat. Dieses Urteil wird als Aussage, als *These,* mit einer kurzen Begründung formuliert. Damit erfüllt das Diskussionspapier einerseits die Aufgabe, den einzelnen Teilnehmer oder eine Arbeitsgruppe zur vorläufigen Klärung seiner bzw. ihrer Ansichten zu bringen, andererseits hat diese Formulierung von Thesen zusammen mit ihrer Herleitung und Begründung die Funktion, die Plenumsdiskussion anzuregen oder in Gang zu bringen. Die Thesen sollten daher durchaus provozierend formuliert werden.

Diese anregende oder auslösende Funktion wird das Diskussionspapier insbesondere dann erfüllen, wenn es zu einem Problem zwei unterschiedliche oder kontroverse Thesen vorstellt. Dabei kann die Intensität der Kontroverse unterschiedlich stark akzentuiert sein:

1. Der Verfasser oder die Arbeitsgruppe waren nicht in der Lage, sich für eine bestimmte Interpretation in der Fachliteratur zu entscheiden. Im Diskussionspapier werden daher die verschiedenen Interpretationen und ihre Begründungen nebeneinander gestellt. Darüber hinaus werden offene Fragen formuliert, deren Diskussion und eventuelle Beantwortung im Plenum zur Klärung der Standpunkte beitragen.

2. Der Verfasser oder die Arbeitsgruppe haben sich eine These aus der Fachliteratur zu eigen gemacht oder eine von der einschlägigen Literatur abweichende eigene These aufgestellt. Diese Stellungnahme wird u. a. dadurch begründet, daß man andere Auffassungen zu widerlegen versucht. Diese vom Verfasser oder von der Gruppe nicht akzeptierten Thesen müssen dennoch als ernsthafte Alternativen in die Plenumsdiskussion eingebracht werden. In der Diskussion über die Gründe der Kontroverse kann sich eventuell herausstellen, daß sie nur scheinbar ist, weil eine These auf unzureichende Informationen aufgebaut war oder weil ihre Verfechter ihren Standpunkt nicht genügend reflektiert hatten. Der Nutzen der Diskussion liegt dann in der Vermittlung der zusätzlichen Informationen und in der weiteren Klärung der Standpunkte.

3. Die Mitglieder einer Arbeitsgruppe haben sich nicht auf eine These einigen können und setzen nun die kontroverse Diskussion im Plenum fort. Wenn diese Kontroverse einen zentralen Punkt des Themas betrifft und nicht nur auf mangelnde Kenntnisse zurückgeht oder aus gruppendynamischen Schwierigkeiten resultiert, ist zu erwarten, daß sie einen starken Impuls ausüben wird auf die Aktivierung des Plenums, die Problematisierung der Standpunkte und die Vermittlung zusätzlicher Informationen.

3. Die schriftliche Hausarbeit („Referat")

a) Funktion

Der Begriff Referat deutet darauf hin, daß es sich um einen Vortrag handelte, den ein Seminarteilnehmer über ein bestimmtes Thema hielt und an den sich eine Diskussion im Seminar anschloß. In diesem Sinn, als knapper, möglichst frei gesprochener Vortrag, hat das Referat auch heute noch eine Funktion im Seminar. Je weniger der Referent an einem ausgefeilten Manuskript klebt, je mehr er sich von einem trockenen Schreibstil freimacht, desto eher ist eine aktive Beteiligung des Plenums in der anschließenden Diskussion zu erwarten. Der mündliche Vortrag braucht nicht alle Details und Belege zu enthalten, wenn Informationsmaterial oder ein Diskussionspapier verteilt wird, das die wesentlichen Punkte der vorgetragenen Argumentation in Thesen zusammenfaßt und mit Material absichert.

Mit der sich verstärkenden wissenschaftlichen Arbeitsteilung und

Spezialisierung haben sich die Referate immer mehr zu umfangreichen wissenschaftlichen Abhandlungen entwickelt, die in Form und Aufbau Aufsätzen in Fachzeitschriften ähneln. In dieser Form kann das historische Referat seine ursprüngliche Aufgabe, ein wissenschaftliches Gespräch in Gang zu setzen, nur noch dann erfüllen, wenn es rechtzeitig vor dem Termin, an dem das betreffende Problem im Plenum des Seminars zur Diskussion steht, fertiggestellt ist und den Seminarteilnehmern in Mehrfachexemplaren zur Einsicht vorliegt. Das Verlesen ausführlicher wissenschaftlicher Abhandlungen dagegen schläfert die Zuhörer ein und lähmt die Diskussionsbereitschaft.

Wichtiger als seine Funktion für die Arbeit im Seminar ist daher heute die Funktion des Referats für die wissenschaftliche Ausbildung des Verfassers. Das Referat gilt allgemein als Vorübung für schriftliche Examensarbeiten, für Dissertationen und wissenschaftliche Aufsätze. Es wird oftmals gar nicht mehr für einen bestimmten Diskussionszusammenhang im Plenum ausgearbeitet — statt dessen wird meist ein kurzes Diskussionspapier, das die bisherigen Ergebnisse der Arbeit am Referat fixiert, verteilt —, sondern am Ende des Semesters oder auch in den Ferien abgegeben und nicht im Plenum diskutiert, sondern allein mit dem betreuenden Dozenten besprochen. Berücksichtigt man diesen Aspekt, so scheint die Bezeichnung „schriftliche Hausarbeit" angebrachter als die Bezeichnung „Referat".

b) Aufbau

Die schriftliche Hausarbeit ist die abschließende Fixierung der Arbeitsergebnisse eines Einzelnen oder einer Gruppe. Grundlage für diese endgültige Fixierung der Arbeitsergebnisse ist eine *Gliederung,* die sich nicht mehr wie die vorläufige oder hypothetische Gliederung am Prozeß der Arbeit orientiert, sondern an der Darstellung der Ergebnisse, die dieser Prozeß gezeigt hat. Das kann z. B. bedeuten, daß die endgültige Gliederung auf einige Punkte der hypothetischen Gliederung verzichten muß, weil zu diesen Problemen nicht genügend Material vorhanden oder zugänglich war oder weil sich die Materie als zu komplex erwies, als daß sie sich in der zur Verfügung stehenden Zeit hätte erforschen lassen. Dieser Sachverhalt wird dann — am besten in der Einleitung — mitgeteilt und begründet. Unterschiede zwischen der endgültigen und der vorläufigen Gliederung können sich auch daraus ergeben, daß für den Arbeitsprozeß eine vorläufige Gliederung nach Sachproblemen praktisch erschien, während für die Darstellung der Ergebnisse eine Mischung aus chronologischer und systematischer Gliederung angemessener erschien.

Beim Aufstellen einer Gliederung für eine historische Hausarbeit wird man in der Regel nach dem chronologischen Prinzip verfahren, da dies der Darstellung historischer Entwicklungsprozesse am meisten entspricht. Die chronologische Gliederung wird meist verbunden mit einer systematischen Untergliederung, um inhaltlich zusammengehörige Komplexe nicht durch eine mechanische Verwendung des chronologischen Prinzips auseinanderzureißen.

Die Gliederung für eine schriftliche Hausarbeit zum Thema ,,Die Reform des Erziehungswesens in Preußen'' könnte z. B. folgendermaßen aussehen:

I.   Einleitung
    1. Forschungsstand und Materiallage
    2. Fragestellungen und Schwerpunkte der Arbeit

II.   Das preußische Schulwesen vor den Reformen
    1. Die schulrechtlichen Bestimmungen des Allgemeinen Landrechts von 1794 und ihre Bedeutung
    2. Die Entwicklung der einzelnen Schultypen bis 1810

III.   Die Konzeption der Nationalerziehung
    1. Pestalozzis Konzept
      a) Der pädagogische Ansatz
      b) Die Elementarmethode
      c) Kritik der Pestalozzischen Konzeption
    2. Fichtes Reden an die deutsche Nation
      a) Funktion und Bedeutung der Nationalerziehung
      b) Vorschläge zur Durchführung der Nationalerziehung
      c) Kritik der Fichteschen Konzeption

IV.   Humboldts Reform des Bildungswesens
    1. Humboldts Neuhumanismus und sein Bildungsbegriff
      a) . . .
      b) . . . etc.
    2. Die Rolle des Staates
    3. Die Bildungsreform
      a) Institution und ihre Aufgaben
      b) Schulreform-Pläne
      c) Schulreform-Politik

V.   Schluß

Handelt es sich bei der schriftlichen Hausarbeit um eine Gruppenarbeit, so muß die endgültige Gliederung ebenso wie die Einleitung unbedingt von der Gruppe gemeinsam festgelegt werden. Danach werden Abschnitte des darstellenden Teils einzelnen Mitgliedern der Gruppe zur Bearbeitung übertragen. Die Ergebnisse dieser Einzelstudien sollen dann nicht erst in einer — vermutlich unter Zeitdruck stehenden — Endredaktions-Sitzung diskutiert werden, sondern müssen noch während der Abfassung regelmäßig miteinander koordiniert werden. Nur so ist gewährleistet, daß tatsächlich eine integrierte Gesamtleistung und nicht bloß eine „Buchbindersynthese" von mehreren Einzelarbeiten entsteht.

Die *Einleitung* der Hausarbeit wird in den meisten Fällen erst nach Fertigstellung des Manuskripts endgültig formuliert werden, weil ihr Inhalt z. T. vom Gang der Argumentation und den erzielten Ergebnissen abhängig ist. Dennoch sollte schon eine mehr oder minder vorläufige Einleitung verfaßt werden, bevor mit der Ausarbeitung des darstellenden Teils begonnen wird. Die Einleitung der Hausarbeit sollte enthalten:

1. Eine Entwicklung der Problemstellung: Zielsetzung und leitende Fragestellungen der Arbeit müssen hier formuliert werden. Dabei soll die Schwerpunktbildung und die Relevanz des Themas deutlich werden.
2. Die Eingrenzung des Themas. Dabei wird zugleich begründet, warum sich der darstellende Hauptteil der Arbeit auf einen bestimmten Schwerpunkt (Teilaspekt) der Gesamtproblematik konzentriert.
3. Vorstellung der Quellen- und Literaturlage. Hier wird ausgeführt, welche Materialien der Forschung bisher zur Verfügung standen, was davon oder auch zusätzlich dazu dem Verfasser zur Verfügung steht und welche Einschränkungen oder Erweiterungen für die Erkenntnismöglichkeiten dieser Arbeit sich daraus ergeben. Hierzu gehört auch eine kurze Charakterisierung der Hauptquelle(n), von der (denen) aus der Verfasser die in der Literatur zu findenden Thesen überprüft.
4. Eine Beschreibung des Forschungsstandes. Hierbei werden kontroverse Standpunkte skizziert und im Hinblick auf ihre Zeit- und Interessegebundenheit kurz erörtert. Außerdem wird dargestellt, unter welchen übergreifenden Fragestellungen das hier zur Debatte stehende Spezialproblem bisher in der Literatur behandelt wurde.
5. Eine Erläuterung der Methode, die angewandt werden soll, um die eingangs formulierten Ziele zu erreichen.
6. Erläuterung und Begründung des Aufbaus des darstellenden Teils der Arbeit.

Über Anlage und Durchführung des *Hauptteils* einer schriftlichen Hausarbeit lassen sich keine allgemeinverbindlichen Regeln aufstellen, da dies von Thema zu Thema verschieden sein wird. Grundsätzlich gilt:

1. Der Aufbau der Darstellung muß durchsichtig sein; die Argumentation muß logisch und folgerichtig entwickelt und sachlich begründet werden. Auch ein Leser, der nicht in das Thema eingearbeitet ist, muß die Darlegungen verstehen und den Gedankengang nachvollziehen können.

2. Die Darstellung muß nachprüfbar sein. Es muß jeweils ersichtlich sein, auf welchen Voraussetzungen die gemachten Aussagen beruhen. Daher werden die zugrundegelegten Quellen genannt, die grundlegenden Aspekte (Ausgangsfragen, übergreifende Gesichtspunkte, methodische Fragen), von denen her die Bearbeitung des Themas erfolgt, dargestellt und schließlich alle Übernahmen aus den Quellen, alle Anregungen und Interpretationen aus der Literatur belegt. Diesem Zweck dient der Anmerkungsapparat (s. u., S. 188 f.).

3. Wissenschaftlich kontroverse Standpunkte müssen in ihren Grundpositionen skizziert und im Hinblick auf ihre Zeit- und Interessegebundenheit kritisch erörtert werden. Diese kontroversen Standpunkte sollen nicht nur allgemein und grundsätzlich, beispielsweise in der Einleitung, erwähnt werden; sie müssen auch in der Untersuchung von Einzelproblemen im darstellenden Teil diskutiert werden. Nur so läßt sich vermeiden, daß die für die eigenen Thesen unbequemen Interpretationen einfach ausgeblendet werden und so das Bild einer einhelligen Meinung in der Forschung vorgetäuscht wird.

4. Der Stil einer Hausarbeit sollte klar und sachlich sein, ohne in trockenes Amtsdeutsch auszuarten. Formelhafte Wendungen sind daher ebenso zu vermeiden wie die übermäßige Benutzung von substantivierten Verben (Nominalstil − wie in diesem Satz!). Auch saloppe oder emotional gefärbte Wendungen (und sei es nur die Zuteilung auf- oder abwertender Adjektive an bestimmte Personen oder Ereignisse) oder Partikel wie ,,natürlich'', ,,selbstverständlich'', ,,leider'' sollen vermieden werden. Sie suggerieren unterschwellig eine bestimmte Interpretation, ohne sie jedoch klar auszusprechen und zu begründen. Allerdings sollte der Verfasser eine klare Stellungnahme nicht scheuen und diese sachlich vortragen. − Die gebräuchliche Zeitform der historischen Darstellung ist das Präteritum. Das Präsens wird nur in argumentierenden und raisonierenden Passagen, in denen der Verfasser sich mit der Li-

teratur auseinandersetzt oder eine Quelle interpretiert, benutzt. Ein Tempuswechsel in der Darstellung (meist vom Präteritum zum Präsens, „wenn es spannend wird") wirkt verwirrend und muß daher vermieden werden.

Ein besonderes Problem jeder schriftlichen Hausarbeit stellen die *Zitate* dar, also wörtliche Übernahmen aus den Quellen und der benutzten Literatur. Offenbar weit verbreitet ist die Ansicht, daß möglichst viele Zitate und entsprechend viele Anmerkungen den wissenschaftlichen Charakter einer Hausarbeit ausmachen. Das führt dann manchmal zu einer durch ein paar überleitende Floskeln verbundenen Aneinanderreihung von Zitaten, die alles andere als wissenschaftlich ist. Denn nicht eine möglichst große Zahl von „schönen" Zitaten, sondern die Art und Weise, wie Zitate eingesetzt werden, lassen u. a. auf den Grad der Wissenschaftlichkeit einer solchen Arbeit schließen. Zur sinnvollen Verwendung von Zitaten sollen folgende Hinweise dienen:

1. Zitate aus den für die Argumentation wichtigen Quellen genießen Priorität vor Zitaten aus der Literatur, die ja zum Teil dieselben Quellen benutzt hat. Das Quellenzitat dient hier als „Beweisstück" das die eigene Argumentation stützt und absichert. Ein solches Zitat steht daher auch nicht unkommentiert in der Darstellung, sondern fügt sich sinnvoll in den Argumentationszusammenhang ein und wird in diesem Zusammenhang interpretiert.

2. Zitate aus der Literatur sind sinnvoll, wenn darin der Standpunkt, die spezifische Interpretation eines historischen Komplexes durch einen Historiker treffend zum Ausdruck kommt. Auch hier dient das Zitat wieder als „Beweisstück": diesmal freilich nicht für die eigene Argumentation, sondern für die Interpretation des erörterten historischen Prozesses durch einen anderen Historiker. Auch hier wird das Zitat interpretiert im Argumentationszusammenhang für oder wider den betreffenden Autor. Sinnvoll sind diese Zitate aus der Literatur vor allem, wenn man zwei oder mehrere unterschiedliche Interpretationen neben- oder gegeneinanderstellt und sich mit ihnen auseinandersetzt.

3. Zitate aus Quellen oder aus der Literatur können verwendet werden, wenn ihre Charakterisierung einer historischen Situation oder einer historischen Persönlichkeit eindeutig mit der eigenen Interpretation übereinstimmt und die Formulierung so pointiert und präzise ist, daß man selbst keine prägnantere Formel finden könnte. Bei dieser — mehr stilistischen — Verwendung von Zitaten ist aber große Vorsicht am Platze, denn sie kann leicht dazu führen, daß viele „schöne" Zitate aneinandergereiht werden, die alle dasselbe sagen und daher im Grunde funktionslos sind.

4. Zitate aus der Literatur dürfen nie die eigene Argumentation und Interpretation ersetzen. Mögen die Gedankengänge wissenschaftlicher Autoritäten auch noch so überzeugend sein, man sollte sich nie der Mühe entziehen, eine eigene Formulierung zu erarbeiten, weil erst durch die Anstrengung, einen Gedankengang auf den Begriff zu bringen, auch wirklich gesichert ist, daß man ihn nachvollzogen und „begriffen" hat. – Selbstverständlich wird auch eine solche sinngemäße, nicht wörtliche Übernahme einer Argumentation oder Interpretation aus der Literatur in einer Anmerkung als solche gekennzeichnet.

5. Als Faustregel kann gelten: kein Zitat „spricht für sich selbst". Jedes Zitat aus den Quellen oder aus der Literatur muß interpretationswürdig sein und seine Interpretation aus dem Argumentationszusammenhang erhalten. Ist das nicht der Fall, so ist das Zitat überflüssig, bestenfalls eine stilistische Figur.

6. Zitate aus Quellen und Literatur sollen grundsätzlich aus „erster Hand", d. h. aus dem Originalwerk gegeben werden. Das Extrahieren von Zitaten aus anderen Zitaten birgt die Gefahr in sich, daß man das Zitat aus dem Zusammenhang reißt, in dem es ursprünglich stand, und in einen falschen Zusammenhang einordnet. Die Überprüfung der Literatur durch die Quellen wird illusorisch, wenn man die Quellen nur ausschnittweise aus eben dieser Literatur kennt. Ausnahmen von dieser Regel sind nur möglich, wenn die in der Literatur zitierte Stelle nur schwer oder gar nicht zugänglich ist (beispielsweise unveröffentlichtes Archivmaterial). In der entsprechenden Anmerkung muß der Quellenbeleg versehen werden mit dem Hinweis „zitiert nach . . . ".

7. Zitate werden durch Anführungszeichen gekennzeichnet und müssen wortgetreu übernommen werden. Auslassungen von Worten oder Satzteilen, die für die Aussage des Zitats ohne Bedeutung sind, sind zulässig. Sie werden durch drei Punkte gekennzeichnet. Problematisch ist der Einbau von Zitaten in Satzgefüge, weil es dabei selten ohne Umstellungen und Veränderungen – die durch Klammern gekennzeichnet werden müssen – abgeht.

8. Fremdsprachige Zitate sollten in der Originalsprache verbleiben, zumindest wenn es sich um Fremdsprachen handelt, deren Kenntnis beim deutschsprachigen Historiker vorausgesetzt werden kann, wie Englisch, Französisch und Latein. Bei Arbeiten, die entsprechend speziell sind, gilt dies auch für andere Fremdsprachen, Russisch oder Spanisch beispielsweise. Jede Übersetzung stellt in gewisser Weise schon eine Interpretation dar. Die deutsche Übersetzung eines fremdsprachigen Textes würde immer schon der Inter-

pretation vorgreifen oder diese präjudizieren. Eine Kompromißlösung wäre, neben der deutschen Übersetzung im Text das
fremdsprachige Original in der Anmerkung zu bringen, so daß
sich der sprachkundige Leser selbst sein Urteil bilden kann.

Der *Schluß* der Hausarbeit zieht das Fazit aus dem Arbeitsprozeß.
Er nimmt die in der Einleitung gestellten Fragen wieder auf und beantwortet sie, soweit die Arbeit solche Antworten ergeben hat. Ein
anderes Ergebnis könnte sein, daß die Ausgangsfragen zwar offen
bleiben, aber präziser formuliert werden können und damit geeignet sind, die Richtung anzugeben, in der über dieses Problem weiter
gearbeitet werden muß. Ferner werden die Ergebnisse der Arbeit —
beantwortete und offene Fragen — eingeordnet in einen größeren
historischen Zusammenhang. Dabei können Schlußfolgerungen auf
die weitere Entwicklung gezogen oder Vergleiche mit anderen historischen Prozessen angestellt und Hinweise auf weitere mit den Ergebnissen zusammenhängende Probleme gegeben werden. — Bei
Gruppenarbeiten muß der Schluß wie die Einleitung unbedingt gemeinsam von der Gruppe verfaßt werden.

Der *Anmerkungsapparat* einer schriftlichen Hausarbeit dient der
Selbstkontrolle und der Überprüfung der Forschungsergebnisse. Daher sind mit Angabe der Seitenzahl nicht nur wörtliche Zitate zu
belegen, sondern alle Behauptungen, die im Text aufgestellt werden,
alle Anregungen, die man der Literatur verdankt, und auch alle Ereignisketten, die relativ bekannt sind, die der Verfasser aber schließlich auch nur aus anderen Büchern kennt. Im letzten Fall wird praktischerweise eine Sammelanmerkung gemacht, die z. B. lautet „Die
folgenden Ausführungen fußen im wesentlichen auf . . . ".

Anmerkungen werden fortlaufend numeriert auf jeder Seite als
„Fußnoten" oder ebenfalls fortlaufend numeriert im Anhang am
Schluß der Arbeit gebracht. Eine Einteilung und Neunumerierung
der im Anhang befindlichen Anmerkungen nach einzelnen Kapiteln
erschwert die Übersicht.

Belegstellen werden in den Anmerkungen folgendermaßen aufgenommen (siehe hierzu auch den Abschnitt über die Aufnahme bibbliographischer Angaben) Vorname, Name des Autors, Titel des Buches, Erscheinungsort und -jahr, Seitenangabe, also:

1) H. W. Graf Finck von Finckenstein, Die Entwicklung der Landwirtschaft
   in Preußen und Deutschland 1800—1930, Würzburg 1960, S. 114.

Bei Zeitschriftenaufsätzen oder Beiträgen in Sammelbänden kommen
hinzu: Name der Zeitschrift bzw. Titel und Herausgeber des Sammelbandes, Band, Erscheinungsjahr, also:

2) Hanna Schissler, „Bauernbefreiung" oder Entwicklung zur agrarkapitali-
stischen Gesellschaft? in: SoWi 8 (1979), S. 136–142.

Erstreckt sich eine zitierte oder sinngemäß übernommene Passage
über mehrere Seiten, so ist Anfang und Ende der Passage anzugeben
und nicht lediglich S. 29 ff. (= folgende) zu schreiben. Stehen zwei
gleichlautende Belege unmittelbar hintereinander, so wird der zweite mit „ebenda" oder – bei veränderter Seitenzahl – mit „ebenda,
S. . . . " bezeichnet, also:

3) Jürgen Kocka, Preußischer Staat und Modernisierung im Vormärz: Marx-
istisch-leninistische Interpretation und ihre Probleme, in: Preußische Reform 1807–1810, hg. v. B. Vogel, Königstein i. Ts. 1980, S. 56–58.
4) Ebenda, S. 60–63.

Bei wiederholter Angabe eines Autors mit *einem* Werk wird nur beim
ersten Mal der vollständige Titel angegeben, in allen weiteren Fällen
begnügt man sich mit dem Autorennamen und der Seitenzahl. Die
Hinzufügung von a. a. O. = am angegebenen Ort ist überflüssig. Also:

5) Schissler, S. 141 (statt noch einmal wie in Anm. 2 den gesamten Titel zu
wiederholen).

Bei wiederholter Angabe eines Autors mit *mehreren* Werken wird
ebenfalls beim ersten Mal der vollständige Titel angegeben, in allen
weiteren Fällen jedoch nur der Autorenname und eine verkürzte
Form des Titels (Kurztitel), also:

6) Kocka, Preußischer Staat, S. 50 (statt des ausführlichen Titels in Anm.
3).

In diesem Falle ist die Hinzufügung von a. a. O. zum Autorennamen
nicht nur überflüssig, sondern auch irreführend, da daraus nicht ersichtlich wird, welcher Titel des Autors nun mit dem „angegebenen
Ort" gemeint ist.
In den Anmerkungsapparat gehören außer den Belegstellen aus
Quellen und Fachliteratur auch alle Erläuterungen und Ergänzungen, die den Text ergänzen, den Gedankengang aber unterbrechen
würden. Dazu gehören z. B. detaillierte Beispiele, die die Argumentation im Text unterstützen; Auseinandersetzungen mit Einzelfra-
gen der Forschung (etwa über die Datierung oder Echtheit eines Do-
kuments) u. ä. Grundsätzlich gilt, daß der Text ohne diese ergänzenden Anmerkungen voll verständlich sein muß. Ist das nicht der

Fall, so hat die Anmerkung keinen ergänzenden Charakter mehr, sondern ist so wichtig, daß ihr Inhalt in den Text gehört.

Am Ende der Arbeit steht das *Quellen- und Literaturverzeichnis*. Es enthält alle für die Arbeit herangezogenen Quellen und die Fachliteratur. Aufgeführt werden alle Bücher und Aufsätze, denen der Verfasser Zitate, Material, einzelne Gedanken, Anregungen und generelle Informationen entnommen hat. Das Verzeichnis wird gegliedert in 1. Quellen, 2. Fachliteratur (oder Darstellungen).

Unter 1. Quellen wird das Material aufgeführt, das als Quellengrundlage für die Arbeit gedient hat, also z. B. Aktenpublikationen, Memoiren, Statistiken, zeitgenössische Abhandlungen, Flugblattsammlungen etc. Diese verschiedenen Quellen werden in der alphabetischen Reihenfolge ihrer Verfasser bzw. Herausgeber bzw. Titel (s. dazu den Abschnitt über die Aufnahme bibliographischer Angaben) aufgeführt. Ist das Quellenmaterial sehr umfangreich und vielfältig gewesen, können Untergliederungen nach a) Aktenpublikationen, b) Memoiren, c) Statistiken etc. vorgenommen werden.

Unter 2. Fachliteratur (oder Darstellungen) werden alle Publikationen aufgeführt, die nicht unter Quellen fallen, sondern ihrerseits wiederum diese und andere Quellen benutzt haben. Auch hier werden die Titel in der alphabetischen Reihenfolge ihrer Autoren oder Herausgeber oder Titel angeordnet. Aufsätze werden nicht gesondert zusammengefaßt (obwohl dies manchmal auch in wissenschaftlichen Publikationen geschieht!), sondern unter dem Namen ihres Verfassers in der gleichen alphabetischen Reihenfolge wie die Bücher eingeordnet.

Nachdem das Manuskript der Arbeit $1\frac{1}{2}$-zeilig mit der Maschine auf DIN A 4-Bögen geschrieben wurde (Anmerkungen 1-zeilig) erhält sie ein Titelblatt und ein Inhaltsverzeichnis. Das *Titelblatt* enthält folgende Angaben:
1. Titel der Arbeit,
2. Namen des oder der Verfasser mit Adresse, Semesterzahl und Angabe der Studienfächer,
3. Bezeichnung der Lehrveranstaltung, in der die Arbeit angefertigt wurde,
4. Angabe des Semesters, in dem die Arbeit geschrieben wurde.

Das *Inhaltsverzeichnis* entspricht der Gliederung, nach der die Arbeit aufgebaut wurde. Zusätzlich zu den Kapiteln und Abschnitten dieser inhaltlichen Gliederung werden am Schluß aufgeführt: Anmerkungen (wenn sie nicht als Fußnoten erscheinen, sondern am Ende der Arbeit zusammengestellt wurden), Quellen- und Literaturverzeichnis, eventuell Tabellen und Dokumente, wenn solche im

Anhang wiedergegeben werden. Gliederung und Inhaltsverzeichnis können sich wie das Beispiel auf S. 183 am herkömmlichen Schema einer bestimmten Aufeinanderfolge von römischen und arabischen Ziffern und großen und kleinen Buchstaben oder am Dezimalschema orientieren:

Herkömmliches Schema

I. Einleitung
    1. Forschungsstand und Materiallage
    2. Fragestellungen . . .
II. Das preußische Schulwesen vor den Reformen
    1. Die schulrechtlichen Bestimmungen . . .
    2. Die Entwicklung der einzelnen Schultypen
III. Die Konzeption der Nationalerziehung
    1. Pestalozzis Konzept
       a) Der pädagogische Ansatz
       b) Die Elementarmethode
       c) Kritik . . .
    2. Fichtes Reden an die deutsche Nation
etc. etc.

Dezimalschema

1.   Einleitung
1.1.   Forschungsstand und Materiallage
1.2.   Fragestellungen und Schwerpunkte . . .
2.   Das preußische Schulwesen vor . . .
2.1.   Die schulrechtlichen Bestimmungen des Allgemeinen Landrechts . . .
2.2.   Die Entwicklung der einzelnen Schultypen bis 1810
3.   Die Konzeption der Nationalerziehung
3.1.   Pestalozzis Konzept
3.1.1. Der pädagogische Ansatz
3.1.2. Die Elementarmethode
3.1.3. Kritik der Pestalozzischen Konzeption
3.2.   Fichtes Reden . . .
etc. etc.

Zu jedem Kapitel und Unterkapitel wird die Seitenzahl genannt. Die Bezeichnung der einzelnen Gliederungsabschnitte werden innerhalb der Arbeit als Kapitelüberschriften vollständig wiederholt.

4. Das Protokoll

Das Protokoll dient der Fixierung und späteren Kontrolle der Arbeitsergebnisse und des Diskussionsverlaufs in Gruppen- und Plenumssitzungen. Es wird vervielfältigt, an die Teilnehmer verteilt und zu Beginn der nächsten Sitzung verlesen, wenn nötig besprochen und korrigiert. Damit dient es zugleich der Weiterführung der Arbeit nach der turnusmäßigen Unterbrechung im Sitzungsablauf.

Das Protokoll einer Gruppensitzung wird in der Regel nur stichwortartig geführt werden und festhalten, welche Arbeitsergebnisse die Gruppe in einer Sitzung erzielt hat, welche Fragen offen blieben und welche Arbeitsaufträge von welchen Gruppenmitgliedern übernommen wurden. Die Fixierung der Ergebnisse dient zugleich als Vorformulierung einer späteren Endfassung (Diskussionspapier oder schriftlichen Hausarbeit).

Das Protokoll der Plenumssitzung eines Seminars sollte folgende Punkte enthalten:

1. Formalia: Raum, Datum, Uhrzeit, Zahl der Teilnehmer, Name des Diskussionsleiters, Namen des/der Protokollführer, Bezeichnung der Veranstaltung.
2. Änderungen, Ergänzungen und Bemerkungen zum Protokoll der vorhergehenden Sitzung.
3. Die Wiedergabe der wichtigsten Schritte des Diskussionsverlaufs. Festzuhalten sind die Probleme, von denen die Diskussion ausging, die Bereiche, die im Verlauf der Diskussion angesprochen wurden, die verschiedenen Positionen, die sich im Verlauf der Diskussion entwickelten, und die Ergebnisse der Diskussion. Dabei kann es sich handeln um Ergebnisse im engeren Sinne, über die im Plenum weitgehende Einigkeit hergestellt wurde, um die Präzisierung von nach wie vor kontroversen oder abweichenden Standpunkten und um offene Fragen. — Der Protokollant muß hierbei nicht immer dem tatsächlichen Verlauf der Diskussion folgen; er kann zusammenfassen, straffen, systematisieren, muß dies im Protokoll aber auch zum Ausdruck bringen (Beispiel: „In der nun folgenden, ziemlich chaotisch verlaufenden Diskussion schälten sich im wesentlichen zwei kontroverse Standpunkte heraus . . .”).
4. Die Fixierung der nächsten Arbeitsschritte im Plenum, der eventuell an Einzelne oder Gruppen vergebenen Arbeitsaufträge u. ä.

In einem zweiten Teil sollte das Protokoll eingehen auf die Lernsituation im Seminar, wie sie der Protokollant beobachtet hat. Ziel dieses Protokolls ist es, den Verlauf der Plenumsdiskussion kritisch zu verfolgen und eventuell Veränderungen in der Durchführung der Lehrveranstaltung zu bewirken. Diese didaktische Funktion können die Beobachtungen des Protokollanten allerdings nur erfüllen, wenn

sie vom Plenum diskutiert werden. Erst diese Plenumsdiskussion kann Entscheidungen herbeiführen, die eventuell Veränderungen in der Konzeption der Lehrveranstaltung, in der Diskussionsstruktur, im Verhalten von Dozenten und Studenten etc. bewirken.
Das Protokoll zur Lernsituation sollte eingehen auf:

1. Verlauf der Diskussion: z. B. schleppend — lebendig; sachbezogen — häufig abschweifend; konzentriert auf einige Schwerpunkte — sich in Einzelheiten verlierend; die Diskussion konzentrierte sich auf das Thema, auf Verfahrensfragen, auf Probleme der Seminararbeit etc.

2. Diskussionsleitung: z. B. straff — locker; beschränkte sich auf Registrieren von Wortmeldungen, überließ Gang der Diskussion sich selbst; beeinflußte den Gang der Diskussion aktiv durch Thesen, Zusammenfassungen und direktes Ansprechen von ,,Experten''; kanalisierte die Diskussion zu sehr in eine bestimmte Richtung, vernachlässigte dafür andere.

3. Diskussionsbeteiligung: z. B. es beteiligen sich alle, nur wenige, immer dieselben; die Diskussion fand hauptsächlich innerhalb der referierenden Gruppe statt; die Diskussion spielte sich zwischen Referenten/Experten und Dozenten ab; die Diskussion bezog das ganze Plenum, einzelne Plenumsmitglieder mit ein; die Diskussionsbeiträge richteten sich vorwiegend an den Dozenten, an den Referenten, an den Diskussionsleiter, an andere Teilnehmer im Plenum.

4. Rolle des Dozenten (eventuell von Tutoren oder Assistenten, die zusätzlich an der Veranstaltung teilnehmen) im Diskussionsverlauf: z. B. fördert oder hemmt die Diskussion durch kurze oder ausführliche Sachbeiträge; strukturiert durch Fragen und Zusammenfassungen, unterbricht Diskussion durch Monologe.

5. Die Klausur

Zahlreiche Prüfungsordnungen (Staatsexamen, Magister) fordern die Ableistung einer schriftlichen Arbeit unter Aufsicht, also eine Klausur, als Teil des Examens. Klausuren werden zuweilen auch verlangt als Zulassungsarbeiten für die Aufnahme in bestimmte Seminare oder als Abschlußarbeiten, um einen Teilnahmeschein für ein Seminar zu erhalten. In der Klausur sollen die Kandidaten beweisen, daß sie in der Lage sind, ohne Hilfsmittel (ausgenommen eventuell Lexika für fremdsprachige Texte) einen Essay über ein historisches Thema, auf das sie sich in großen Zügen vorbereiten konnten, zu schreiben.

Bei den Aufnahme- oder Abschlußklausuren ist der thematische Rahmen der Klausur durch das Thema der betreffenden Lehrveranstaltung gegeben, und die Bewerber können sich meist anhand ihrer Notizen aus der Veranstaltung oder einer Literaturliste darauf vorbereiten. Bei Examensklausuren wird in der Regel im Vorgespräch zwischen Kandidaten und Prüfern ein Bereich abgegrenzt, aus dem dann die Klausurthemen gestellt werden. Entweder wird dabei ein größerer Komplex abgesteckt, aus dem drei Klausurthemen zur Wahl gestellt werden, oder es werden schon im Vorgespräch drei engere Bereiche benannt, aus denen dann jeweils ein Klausurthema formuliert und den Kandidaten zur Wahl vorgelegt wird. In beiden Fällen soll die Vorbesprechung den Kandidaten Möglichkeiten zur gezielten Vorbereitung geben.

Klausurthemen werden als Fragen oder Aufforderungen formuliert. Bei der Abfassung der Klausur sollte man sich immer wieder dieser Frage oder Aufforderung vergewissern, weil sonst leicht die Gefahr besteht, daß man einen Essay über den vorbereiteten Themenkomplex schreibt und dabei eventuell das Thema der Klausur verfehlt. Es gibt prinzipiell drei Arten von Themenstellungen:

1. Fragen oder Aufforderungen ohne Arbeitshilfen, z. B. ,,Schildern Sie die sozio-ökonomischen Voraussetzungen der preußischen Reformen'', oder spezieller: ,,Schildern Sie die Auswirkungen der preußischen Reformen unter besonderer Berücksichtigung der Agrargesetzgebung.''

2. Fragen oder Aufforderungen mit Arbeitshilfen:
   a) Als Arbeitshilfe ist ein zentrales Quellenstück beigefügt, das interpretiert und in seinen historischen Zusammenhang eingeordnet werden soll, z. B. ,,Erörtern Sie die Auswirkungen der Französischen Revolution auf Preußen. Berücksichtigen Sie dabei die einleitenden Bemerkungen Hardenbergs zu seiner Rigaer Denkschrift vom 12. September 1807.''
   b) Als Arbeitshilfe werden eine oder mehrere Thesen aus der Fachliteratur beigefügt. Aufgabe der Klausur ist es, dazu Stellung zu nehmen und die Thesen im Zusammenhang mit dem Forschungsstand zum Thema zu diskutieren, z. B. ,,Diskutieren Sie die Folgen der preußischen Agrargesetzgebung mit Hilfe der beigefügten Beurteilungen durch Knapp und Finck von Finckenstein.''

Die beigefügten Quellenstücke oder Thesen aus der Fachliteratur geben dem Kandidaten konkrete Anhaltspunkte, worauf er seinen Essay stützen kann. Er sollte diesen Vorteil nützen und keinen allgemeinen ,,Besinnungsaufsatz'' schreiben, in dem das beigefügte

Material nur illustrierende Funktion hat, sondern den Text entsprechend den Regeln der Quelleninterpretation (s. o., S. 160—174) interpretieren, seine Entstehungs- und Wirkungsgeschichte verfolgen und diesen Spezialkomplex in einen größeren historischen Entwicklungszusammenhang einordnen. Wird als Ausgangspunkt eine Quelleninterpretation angeboten, so empfiehlt sich als erster Schritt für die Konzipierung der Klausur eine kurze Inhaltsangabe des Quellentextes. Ist das Klausurthema ohne jeden Bezug zu einem beigefügten Text formuliert worden, so fehlt dieser Ausgangs- und Anhaltspunkt. Für diese Themen gilt erst recht, was auch für Themen mit beigefügtem Material gilt: Da jede Klausur zeitlich terminiert ist, sollte für die vorbereitenden Arbeitsschritte, wie Wahl des Themas aus den drei Möglichkeiten, Konzipierung der Gliederung, Stoffsammlung etc. von vornherein eine angemessene Zeit eingeplant werden. Die Fragen oder Aufforderungen der Themenstellung können Hilfen für die Gliederung der Klausur enthalten. Grundgerüst ist dabei das übliche Schema Einleitung—Hauptteil—Schluß. Unter den Bedingungen einer Klausur kann die Einleitung nicht ausführlich auf den Forschungsstand zum Thema eingehen. Es empfiehlt sich daher, von kontroversen Thesen in der Fachliteratur auszugehen und von daher Zielsetzung und Aufbau der Klausur zu skizzieren. Der anschließende Hauptteil nimmt entweder den beigefügten Text zum Ausgangspunkt seiner Argumentation oder argumentiert — wenn kein Text vorliegt — auf der Grundlage von Informationen über Ereignisse und Vorgänge, die zu Beginn des darstellenden Teils eingeführt worden sind. Der Schluß faßt die Ergebnisse der Argumentation noch einmal zusammen und setzt sie in Beziehung zu den in der Einleitung formulierten Ausgangsfragen.

VIII. Hinweise zu Aufbau und Organisation des Studiums

Aufbau und Organisation des Studiums orientieren sich an den Erfordernissen des gewählten Faches und den Anforderungen des späteren Berufes. Die mit dieser Doppelorientierung verbundenen Probleme wurden bereits im Abschnitt über die „Grundprobleme des Geschichtsstudiums" (s. o., S. 25—29) angesprochen, dabei die scheinbare Konkurrenz von Fachwissenschaft und Berufspraxis herausgearbeitet und ein Lernzielkatalog entwickelt, der als Ausgangspunkt für die Studienplanung dienen kann. Im Kapitel über „Lehrangebot und Studienplanung" (s. o., S. 30—40) wurden die Lehrveranstaltungstypen der Universität, ihre Arbeitsweisen und ihre Funktion für den Studiengang vorgestellt und erläutert. Trotzdem wird sich für viele Studenten die Planung eines sinnvollen Studienganges, der für die verschiedenen Abschnitte des Studiums—Eingangsphase, Hauptphase, Examensphase — die Anforderungen der Fachwissenschaften und der praxisbezogenen Studienteile miteinander verknüpft, als schwierige Aufgabe darstellen.

Abgesehen von einigen neuen Universitäten, die ihren Studenten einen „integrierten" Studiengang von Fachwissenschaft, Fachdidaktik und Erziehungswissenschaften mit bestimmten inhaltlichen und methodischen Schwerpunkten anbieten, beschränken sich Universitäten und Pädagogische Hochschulen meist darauf, formale Nachweise der erfolgreichen Teilnahme an bestimmten Veranstaltungstypen für Alte, Mittlere und Neuere Geschichte, für Einführungen in Soziologie, Politologie, Volkswirtschaftslehre und Philosophie zu fordern. Die Veranstaltungen der Erziehungswissenschaften und der Fachdidaktik stehen im allgemeinen völlig unverbunden neben dem Fachstudium. Diese Beschränkung auf formale Bestimmungen wird mit dem Postulat der „akademischen Freiheit" begründet, die durch einen integrierten Studiengang — hier verstanden als „Verschulung" — gefährdet werde.

Damit stehen die Studierenden vor der Aufgabe, im Rahmen des jeweiligen Lehrangebotes die formalen Anforderungen mit thematischen Veranstaltungen ihrer Wahl auszufüllen. Die Entscheidung für ein Thema wird in der Eingangsphase meist an Vorkenntnisse und Interessen aus der Schulzeit oder aus privater Lektüre anknüpfen. Andere Kriterien der Auswahl stehen meist noch nicht zur Verfügung, sondern lassen sich erst nach eigenen Erfahrungen mit den Lehrveranstaltungen und den individuellen Arbeitsmöglichkeiten im Hochschulbereich finden. Ein Grunderlebnis vieler Studienanfänger wird darin bestehen, daß die ausgewählte seminaristische Veranstaltung aufgrund des attraktiven Themas eine Massenveranstaltung ist. Damit wird zum einen die wissenschaftliche Einarbeitung in einen neuen Themenbereich, der sich meist sehr viel komplizierter darstellt als erwartet, erschwert, zum anderen werden die meisten Teilnehmer in eine passive und rezeptive Rolle gedrängt, da nur eine begrenzte Zahl von Teilnehmern in einer Veranstaltung zu Worte kommen kann. Zudem wird in einer Großveranstaltung die Verunsicherung gegenüber den Sachproblemen wie gegenüber der eigenen Arbeitsweise schwerer abzubauen sein, da der Kontakt zum Dozenten kaum möglich ist. Gerade Studienanfänger fühlen sich in solchen Lernsituationen durch die Sachkompetenz des Dozenten und anderer Studenten leicht eingeschüchtert, so daß sie es kaum wagen, Fragen zu sachlichen und praktischen Problemen zu stellen, die für ihre erfolgreiche Weiterarbeit jedoch unerläßlich wären. Die Folgerungen, die aus solchen Erfahrungen für die Auswahl der Lehrveranstaltungen und damit für die Studienplanung zu ziehen sind, liegen auf mehreren Ebenen, entsprechend den verschiedenen Lernebenen des Studiums.

Bevor Kriterien für die inhaltliche Studienplanung erörtert werden, sollen einige Hinweise auf die *formalen Lernziele* vorgetragen werden, die über dem Fachinteresse leicht in Vergessenheit geraten. Das Studium stellt einerseits einen individuellen Lernprozeß dar, andererseits führt es zu einem berufsqualifizierenden Examen. Für beides ist die Fähigkeit, historische Probleme in angemessener Form mündlich und schriftlich darstellen zu können, unentbehrlich. Diese Fähigkeit wird in den Prüfungen und als Voraussetzung für den Erhalt eines ,,Scheines'' über die erfolgreiche Teilnahme an einer Veranstaltung gefordert und daher oft nur unter dem Aspekt des Leistungsdruckes gesehen. Doch diese Tatsache darf nicht darüber hinwegtäuschen, daß es sich um legitime Anforderungen handelt, die geeignet sind, als Richtschnur für die Organisation des Lernprozesses und des Studiums zu dienen. Die Studienplanung sollte sich auf einen Abschluß einstellen, der nicht nur schriftliche, sondern auch mündliche Leistung fordert.

Als praktische Folgerung ergibt sich daraus, daß sich die Auswahl der Veranstaltungen nicht nur nach dem Thema richten darf, sondern auch berücksichtigen muß, ob Arbeitsformen angeboten werden, die es erlauben, Fähigkeiten mündlicher und schriftlicher Darstellung einzuüben. Veranstaltungen mit kleiner Teilnehmerzahl sind in der Regel besser geeignet, Diskussionsbeiträge zu ermutigen: dabei ist nicht nur an „Antworten" auf gestellte Fragen zu denken, sondern ebenso an argumentative Auseinandersetzungen und längere zusammenhängende Ausführungen zu einem Sachkomplex (5–10 Minuten). Bei den schriftlichen Arbeitsformen (s. o., S. 177–195), die in großen Veranstaltungen oft von Arbeitsgruppen übernommen werden, sollte beachtet werden, wieweit auch der Einzelne – ohne Gruppe – in der Lage ist, die entsprechenden Arbeitsschritte zu tun und seine Kenntnisse anderen mitzuteilen.

Es empfiehlt sich, für das *Examen* solche Themen zu wählen, über die man während des Studiums in seminaristischen Veranstaltungen gearbeitet hat oder in denen man durch die Kombination von Seminar und Vorlesung vertiefte Kenntnisse erwerben konnte. Zwar ist es möglich, sich durch Lektüre ein neues Arbeitsgebiet anzueignen, doch sollte man dann nach einem Gesprächspartner suchen, mit dem die Thesen der Fachliteratur kontrovers diskutiert werden können. Oft macht erst der Versuch, anderen einen historischen Tatbestand oder Zusammenhang zu erklären, auf die damit verbundenen Probleme aufmerksam und ermöglicht es, sich kritisch und mit Distanz, d. h. selbständig, gegenüber der Fachliteratur zu verhalten.

Ziel des Geschichtsstudiums ist es, Grundkenntnisse und schwerpunktmäßig vertiefte Kenntnisse in Geschichte zu erwerben. Erreichbar ist dieses Ziel über den Weg des *exemplarischen Lernens.* Exemplarisches Lernen heißt, in ausgewählten Beispielen historische Prozesse, Interaktionen, Interdependenzen, Strukturen zu erkennen und die bei der Erarbeitung eines Falles erworbenen Fähigkeiten bei der Erforschung anderer Themen zu benutzen. Es geht also nicht so sehr um die Aneignung von Kenntnissen als vielmehr um die Aneignung der Fähigkeiten, die zur Erarbeitung immer neuer Kenntnisse und Erkenntnisse instand setzen.

Exemplarisches Lernen kann daher nicht bedeuten, daß man sich auf ein einziges, und sei es noch so breit angelegtes Exempel beschränkt. Wer sich sein ganzes Studium hindurch etwa auf die Geschichte der Französischen Revolution konzentriert, wird zwar auf diesem Gebiet über imponierendes Spezialwissen verfügen, aber kaum in der Lage sein, über die englische oder russische Revolution etwas auszusagen, geschweige denn, sich in andere historische Probleme selbständig einzuarbeiten.

Das andere Extrem einer verfehlten Studienplanung wäre die Beschäftigung mit einer Vielzahl isoliert nebeneinander stehender Themen. Hier besteht die Gefahr, daß man sich mehr oder minder zufällig eine Reihe von „Wissensinseln" aneignet, ohne diese miteinander verbinden zu können. Man verfügt dann zwar über weitgestreute Kenntnisse, nicht jedoch über konzeptionelles Grundwissen (in Form von themenspezifischen Theorien, Modellen, Hypothesen etc.), das die Einordnung der Einzelkenntnisse in einen größeren historischen Zusammenhang erlaubt. Beim Aufbau des Studiums nach dem Prinzip des exemplarischen Lernens kommt es also auf eine Auswahl unter Berücksichtigung dieser Gesichtspunkte an und nicht so sehr auf die Zahl der Exempla. So verstanden, ist exemplarisches Lernen auch geeignet, die Vorbereitung auf das Examen zu erleichtern. Aus den Prüfungsanforderungen ergibt sich, daß Studierende sich im Laufe ihres Studiums mindestens drei bis fünf Themen der modernen Geschichte gründlich erarbeiten müssen, wenn der Schwerpunkt des Examens in Neuerer Geschichte liegen soll: ein Thema für die schriftliche Hausarbeit, eines eventuell für die Klausur, zwei bis drei Themen für die mündliche Prüfung.

Es gibt keinen verbindlichen Kanon von Themen, die im Rahmen eines Geschichtsstudiums unbedingt studiert werden müssen. Aus den Anforderungen der Berufspraxis an den Lehrer, wie sie sich teilweise in den Prüfungsordnungen ausdrücken, folgt allerdings, daß der Schwerpunkt des Geschichtsstudiums in der Regel auf der deutschen und europäischen Geschichte des 19. und 20. Jahrhundert liegt. Wenn es auch keinen thematischen Kanon gibt, so lassen sich doch Kriterien nennen, nach denen Lehrveranstaltungen ausgewählt und entsprechend dem Prinzip des exemplarischen Lernens zu einem sinnvollen Studiengang zusammengestellt werden können. Diese *Auswahlkriterien* sind:

— Sektoren: soziale Geschichte, Wirtschaftsgeschichte, Geschichte der internationalen Beziehungen, Ideengeschichte etc.
— Epochen (für die Neuzeit): Geschichte der frühen Neuzeit (vor 1789), 19. Jahrhundert, 20. Jahrhundert (ab 1917), Zeitgeschichte seit 1945,
— Regionen: deutsche Geschichte, Geschichte West- und Zentraleuropas, Geschichte Osteuropas, Geschichte Nordamerikas, Südamerikas, Afrikas, Asiens,
— Zugänge: psychologisch-biographisch, organisationsgeschichtlich, begriffsgeschichtlich, sozialgeschichtlich, wirtschaftsgeschichtlich, statistisch etc.

Diese Kriterien verlangen, bei der Studienplanung darauf zu achten, daß nicht alle Veranstaltungen z. B. die Geschichte des 19. Jahrhunderts betreffen oder sich ausschließlich auf außenpolitische Beziehungen beschränken oder immer wieder denselben Zugang haben. Die Kombination dieser Kriterien stellt keine Überforderung dar, da einerseits in jeder Lehrveranstaltung Kriterien aus allen vier Gruppen gleichzeitig berücksichtigt werden, andererseits die Erforschung bestimmter Bereiche, Regionen oder Epochen bestimmte Zugänge voraussetzt und andere ausschließt.

Wer im ersten Semester ein Seminar über „Preußen zwischen Reform und Revolution 1786–1812" besucht hat, kann im nächsten Semester — vorausgesetzt, das Lehrangebot des Seminars enthält eine solche Möglichkeit! — diese Thematik vertiefen und erweitern, indem er z. B. eine Vorlesung über die sozialen Ursprünge der Revolution von 1848 besucht. Die Verknüpfung zwischen den beiden Lehrveranstaltungen erfolgt in diesem Falle über die gemeinsame Region, Epoche und den sozialgeschichtlichen Sektor. Eine Verknüpfung zweier Lehrveranstaltungen, die zeitlich und regional weit auseinanderliegen, kann über gemeinsamen Sektor und Zugang erfolgen, wenn man sich z. B. entschließt, ein Seminar über „Probleme der sowjetischen Wirtschaftsgeschichte 1930–1941" zu besuchen. Man kann einerseits an die im ersten Semester benutzten sozialgeschichtlichen und solzialwissenschaftlichen Methoden anknüpfen, andererseits seine methodischen Kenntnisse weiter entwickeln und ergänzen durch spezifisch wirtschaftsgeschichtliche und wirtschaftswissenschaftliche Methoden, wie sie für die Erarbeitung dieses Themas notwendig sind, und zugleich eindringen in eine ganz andere Region, Epoche und Gesellschaft. Dieses Seminar zur sowjetischen Wirtschaftsgeschichte wiederum kann zum Ausgangspunkt gemacht werden für die Einarbeitung in den Bereich der internationalen Beziehungen durch Kombination mit einer Vorlesung über den Zweiten Weltkrieg oder — spezieller — durch Kombination mit einer Übung zum Hitler-Stalin-Pakt von 1939 bis 1941.

Das Prinzip der Verknüpfung verschiedener Lehrveranstaltungen über eine ihnen gemeinsame Region, eine Epoche oder einen gemeinsamen Zugang kann auch bei der Verknüpfung der verschiedenen Studienfächer sinnvoll angewandt werden. Ein Student, der Geschichte und Deutsch studiert, könnte das geschichtswissenschaftliche Seminar über „Preußen zwischen Reform und Revolution 1786–1812" sinnvoll koordinieren mit einer literaturwissenschaftlichen Lehrveranstaltung über die Romantik oder mit einem Referat über Heinrich Heines „Geschichte der Religion und Philosophie in Deutschland". Wer als zweites Fach Politische Wissenschaft studiert, wird dieselbe geschichtswissenschaftliche Veranstaltung koordinieren mit einer politikwissenschaftlichen Übung über „Theorien der Industriegesellschaft".

Wie diese Beispiele zeigen, ist die Kombination von Geschichte und Soziologie oder Politischer Wissenschaft besonders sinnvoll, da sich diese Fächer in ihren Erkenntnismitteln und Erkenntniszielen gegenseitig ergänzen. Dies kann ähnlich aber auch für die nach wie vor beliebte und von staatlichen Prüfungsordnungen abgestützte Verbindung des Fachs Geschichte mit deutscher oder fremdsprachiger Literaturwissenschaft gelten, da die Literaturwissenschaft in immer stärkerem Maße den sozialgeschichtlichen Hintergrund der Literatur in ihre Interpretationen einbeziehen oder umgekehrt durch Literatur-Analyse einen Beitrag zur Erhellung der jeweiligen sozialen Wirklichkeit leisten will.

In jedem Falle gilt, daß die Auswahl der Lehrveranstaltungen in der gewählten Fächerkombination unter übergreifenden inhaltlichen oder konzeptionellen Gesichtspunkten bewußt geplant wird. Das kann so aussehen, daß zwei sich ergänzende Lehrveranstaltungen in Geschichte und deutscher Literaturwissenschaft oder Soziologie im selben Semester besucht werden, oder so, daß z. B. im Sommersemester eine Veranstaltung in deutscher Literaturwissenschaft gewählt wird, die auf einer historischen Veranstaltung des voraufgegangenen Wintersemesters aufbaut – oder umgekehrt.

Die Forderung nach einer Verknüpfung der Lehrveranstaltungen verschiedener Studienfächer gilt erst recht bei der Auswahl der Lehrveranstaltungen in den Fächern, die innerhalb der Lehrerausbildung als Begleitstudien vorgeschrieben sind, insbesondere also für Philosophie und die systematischen Sozialwissenschaften (Soziologie, Politische Wissenschaft, Volkswirtschaftslehre), wenn diese nicht als „Sozialkunde" ohnehin das zweite Fach des Studenten sind. Angesichts der knappen Zeit, die für das Studium dieser Fächer zur Verfügung steht, ist es unmöglich, sie entsprechend ihrer immanenten Systematik zu studieren. Geschichtsstudenten sollten sich daher auf solche Lehrveranstaltungen des Begleitstudiums konzentrieren, die geeignet sind, Grundlagen der Geschichtswissenschaft zu klären oder die Erkenntnismöglichkeiten des Historikers zu erweitern, d. h. auf Lehrveranstaltungen zur Geschichtsphilosophie, zu Theorieproblemen der Sozialwissenschaften oder zu themenspezifischen Theorien (z. B. „Theorien der Industriegesellschaft").

Unter dem Gesichtspunkt, daß das Studium auf die spätere Berufspraxis vorbereiten soll, wäre die Koordination von Fachwissenschaft und Fachdidaktik am wichtigsten. In der Realität jedoch kommt eine Zusammenarbeit zwischen Fachwissenschaft und Fachdidaktik z. B. durch gemeinsame Planung der Lehrveranstaltungen kaum vor. Daher stehen die Studierenden meist allein vor der schwierigen Aufgabe, diese beiden entscheidenden Bereiche ihrer Berufsausbildung für sich und in jedem Semester neu miteinander zu verbinden. In dieser Situation empfiehlt es sich, die fachdidaktischen Lehrveranstaltungen, die zu einem bestimmten Thema der Geschichte angeboten werden, möglichst erst nach einer entsprechenden Lehrveranstaltung in Geschichte zu besuchen, um ausreichend Zeit für die spezifischen Probleme der Fachdidaktik und die Umsetzung des fachwissenschaftlich erarbeiteten Themas in ein Unterrichtsmodell zu haben.

Der Grundsatz des „exemplarischen Lernens" gilt auch für die das Studium begleitende, jedoch nicht unmittelbar der Vorbereitung auf eine Lehrveranstaltung dienende Lektüre von historischen, soziologischen und geschichtstheoretischen Werken. Die *eigene Lektüre* zu selbst gestellten oder gewählten Themen sollte auf jeden Fall einen angemessenen Platz im Studium einnehmen, weil man erst dadurch die Konsumentenrolle („Lehr*angebot*") seinem Studium gegenüber überwindet, in die man nicht zuletzt infolge der relativ kurzen Studiendauer und der großen Zahl an pflichtgemäß oder zusätzlich belegten Lehrveranstaltungen gerät.

Die Auswahl der Lektüre sollte dabei durch die spezifischen Interessen des Einzelnen sowie durch die forschungsgeschichtliche Relevanz eines Werkes bestimmt sein.

Allerdings ist es in der Geschichtswissenschaft, wie in den meisten anderen Wissenschaften auch, heute nicht mehr möglich, einen allgemein-verbindlichen und -akzeptablen Kanon von Standardwerken aufzustellen, dessen Kenntnis Grundlage und Voraussetzung für jeden Historiker, also auch für jeden Geschichtsstudenten sein kann. Die Spezialisierung und Differenzierung von Inhalten und Methoden der Wissenschaft hat vielmehr dazu geführt, daß sich in jedem Forschungsbereich und für jede Forschungsrichtung ein eigener Kanon von zentralen Werken herausgebildet hat. Deshalb empfiehlt es sich, am Anfang vielleicht nur einen oder zwei Forschungsbereiche auszuwählen, um dort umfassende Informationen zu erlangen und um durch weiterführende Lektüre den Themenkreis ständig besser zu überblicken und auszuweiten. Anregungen zu dieser systematischen Lektüre werden — besonders für den Studienanfänger — nicht selten aus außeruniversitären Bereichen kommen: z. B. kann eine aktuelle Diskussion über gesellschaftliche oder politische Probleme der Gegenwart oder eine Fernsehsendung über ein historisches Thema oder ein populär-wissenschaftliches historisches

Werk das Interesse nach gründlicherer Information wecken. Oft wird der Anstoß zu eigener „privater" Lektüre durch eine Lehrveranstaltung gegeben: Entweder interessiert eine bestimmte Fragestellung, die im Seminar nicht zufriedenstellend behandelt wird, oder in der Seminardiskussion sind kontroverse Positonen deutlich geworden oder in der für das Seminar herangezogenen Fachliteratur wird immer wieder ein bestimmter Titel als besonders wichtig und grundlegend genannt.

Die auf diese Weise angeregte, aber über den Rahmen der einen Lehrveranstaltung hinausführende Lektüre dient zwar auch dem besseren Verständnis des Seminarthemas, vor allem aber erweitert sie den allgemeinen Horizont der Fragen und Kenntnisse, stellt größere Zusammenhänge her und zeigt Perspektiven für neue Arbeitsgebiete oder Fragestellungen auf. So kann z. B. das Buch des amerikanischen Soziologen Barrington Moore über „Soziale Ursprünge von Diktatur und Demokratie" (s. o., S. 131, Anm. 6) als ein zentrales Werk zur modernen Sozialgeschichte angesehen werden. Bei der Auswertung der neuesten Fachliteratur zu den preußischen Reformen, zu den Anfängen und dem Verlauf der Industrialisierung in Preußen wird man häufig auf Moore verwiesen. Die Lektüre des Buches kann zum Ausgangspunkt eines neuen Forschungsinteresses werden, das sich der Sozialgeschichte außereuropäischer Länder zuwendet oder für die Geschichte der europäischen Staaten zu neuen Arbeitshypothesen führt. Konkret heißt das: die durch die Beschäftigung mit den preußischen Reformen angeregte Lektüre des Buches von Moore schafft bessere Voraussetzungen für eine historische Untersuchung des Nationalsozialismus, aber auch der chinesischen Revolution.

Zu der das Studium begleitenden Lektüre gehört die Durchsicht der jeweils neuesten Hefte einiger *Fachzeitschriften.* Auch hier wird die Auswahl durch die Interessen und die Schwerpunktsetzung des Einzelnen bestimmt (Liste der Fachzeitschriften, s. o., S. 74 f.). Es kostet monatlich ein bis zwei Stunden Zeit, die in den Seminarbibliotheken ausgelegten Hefte der abonnierten Zeitschriften durchzublättern, um über wissenschaftliche Neuerscheinungen auf dem laufenden zu bleiben. Eine regelmäßige Durchsicht von Fachzeitschriften macht sich bald durch einen guten Überblick über die Schwerpunkte der Forschung sowie durch genauere Kenntnisse zum Forschungsstand in den eigenen Interessengebieten bezahlt.

„Private" Lektüre, Zeitschriften-Überblick, regelmäßige Durchsicht von Verlagsprospekten, Stöbern in Buchläden und Antiquariaten gehören in den Bereich der Eigeninitiative und fördern die

Selbständigkeit und Kritikfähigkeit. Eine andere Form studentischer Eigeninitiative hat in viele Lehrveranstaltungen Eingang gefunden: die *studentische Arbeitsgemeinschaft*. Jedoch ist die als Arbeitsform eines Seminars oder einer Übung institutionalisierte Gruppenarbeit kein Ersatz für „private" studentische Arbeitsgemeinschaften, da die Arbeitsaufträge und die Arbeitsmotivation in der seminaristischen Gruppenarbeit sehr stark von außen, d. h. von dem betreffenden Seminar oder der Übung, bestimmt sind. Damit Arbeitsgemeinschaften dazu beitragen können, die Selbständigkeit und die Selbstbestimmung der Studenten zu entwickeln, sollten sie nicht immer an eine bestimmte Lehrveranstaltung gekoppelt sein, in der Thema, Programm und Konzeption in der Regel vorgegeben sind. Sinnvoll ist es, z. B. die Auswertung der „privaten" Lektüre, soweit es sich um grundlegende Werke zu inhaltlichen, vor allem aber zu methodischen und theoretischen Problemen handelt, in Arbeitsgemeinschaften zu betreiben. Der Meinungsaustausch zwischen Teilnehmern mit unterschiedlichen Kenntnissen und Interessen erleichtert es, Fragen zu klären und den Einzelnen auf bisher nicht beachtete wichtige oder schwierige Argumente aufmerksam zu machen. Oft läßt erst eine am Text geführte Diskussion, in der das Gelesene kapitel-, abschnitt- oder gar satzweise besprochen wird, deutlich werden, worin die zentralen Aussagen des betreffenden Werks bestehen und welche Bedeutung sie für die „praktische" Arbeit haben können. Wichtiges Hilfsmittel für solche Diskussionen in kleinen Arbeitsgemeinschaften sind einschlägige Lexika und Nachschlagewerke, die immer bereit liegen sollten, damit unverständliche oder unklare Fachausdrücke und Begriffe sofort überprüft werden können.

Eine wichtige Funktion kann die Arbeitsgemeinschaft bei der *Examensvorbereitung* übernehmen. Der Zweck sollte nicht darin bestehen, sich gegenseitig „Wissen" abzufragen — obwohl auch das in der letzten Phase vor dem Examen nützlich sein kann — und auch nicht darin, die Lektüre der Fachliteratur säuberlich unter sich aufzuteilen — diese Form der Arbeitsteilung führt meistens zu Unsicherheit im Examen, weil die komprimierte Form, in der die Lesefrüchte ausgetauscht werden, meistens als Informationsbasis nicht ausreicht. Vielmehr ist eine gemeinsame Examensvorbereitung dann sinnvoll, wenn in arbeitsgleichen Schritten der Forschungsstand zu den anliegenden Themen besprochen, die Fachliteratur ausgewertet und zentrale Quellen ausgewählt und interpretiert werden. So kann sich der Einzelne in der Fähigkeit üben, sich zu einem Thema oder einem Problem im Zusammenhang zu äußern und zu Zwischenfragen Stellung zu nehmen.

Grundsätzlich stehen in Seminar- und Universitätsbibliotheken alle erforderlichen Hilfsmittel (Fachliteratur, Quelleneditionen Nachschlagewerke) zur Verfügung, trotzdem wird man sich im Laufe des Studiums auch eine Reihe von Büchern kaufen. Diese Bücherkäufe richten sich meist nach persönlichen Interessen, nach den jeweils ausgewählten Lehrveranstaltungen und nach „aktuellen" Themen, zu denen es ständig Neuerscheinungen auf dem Taschenbuchmarkt gibt. Es empfiehlt sich, dabei die Anlage einer *Handbibliothek* ins Auge zu fassen. Die Bücherkäufe sollen einerseits die häusliche Arbeit im Semester oder in den Semesterferien erleichtern und andererseits berücksichtigen, daß der spätere Beruf meist nicht in einer Universitätsstadt mit den entsprechenden Bibliotheken ausgeübt werden wird:

- Vorrangig sollten Handbücher, Nachschlagewerke und ein historischer Atlas erworben werden. Ein großer Teil dieser Werke ist in preiswerten Taschenbuchausgaben erhältlich. (Diese Werke sind auf den Listen S. 60–64 mit einem Sternchen gekennzeichnet.) Das Auswahlprinzip sollte dabei nicht zu eng gefaßt werden, sondern den gesamten Bereich Gesellschaft – Wirtschaft – Recht – Politik umfassen.

- Beim Aufstocken dieses Grundbestandes sollte bei jedem Kauf überlegt werden, ob das jeweilige Buch voraussichtlich mehr als einmal gelesen werden wird. „Eintagsfliegen" der Taschenbuchliteratur und Spezialuntersuchungen zu einem Fachproblem sollten nicht angeschafft werden. Monographien, die zumeist sehr kostspielig sind, sind erst dann anschaffenswert, wenn abzusehen ist, daß sie für eine längere Arbeit ständig herangezogen werden müssen.

- Dagegen ist eine inhaltliche Schwerpunktbildung mit Sammelbänden ("Reader"), die vorher in der Bibliothek auf ihre Brauchbarkeit überprüft worden sind, auch im Hinblick auf die spätere Berufstätigkeit durchaus sinnvoll (s. S. 95 f.).

- Wenn es die Bücherkasse erlaubt, ist auch zu überlegen, ob man sich eine Fachzeitschrift halten soll. Für Studium und Beruf eignen sich vor allem Rezensionsorgane, die über wichtige neuere Forschungen unterrichten: z. B. *Neue Politische Literatur, Sozialwissenschaftliche Informationen für Unterricht und Studium.*

- Unter dem Aspekt der späteren Berufspraxis als Lehrer ist ein weiterer Schwerpunkt der Handbibliothek wünschenswert: nämlich eine Auswahl von Quellensammlungen und erzählenden Darstellungen als Grundlage für die Ausgestaltung des Geschichts- und Gemeinschaftskundeunterrichts. Diese Werke können allerdings erst dann ausgewählt werden, wenn man sich aufgrund der wissenschaftlichen Einarbeitung einen Überblick über diese Materialien verschafft hat und in der Lage ist, sie „kritisch" zu benutzen.

Abkürzungsverzeichnis

AHR	The American Historical Review
Anm.	Anmerkung
Aufl.	Auflage
Bd., Bde.	Band, Bände
bearb.	bearbeitet
begr.	begründet
bibl.	bibliographisch
Ders.	Derselbe
Diss.	Dissertation
DLG	Deutsche Landwirtschaftsgesellschaft
ebd.	ebenda
EHR	The English Historical Review
Erg.-Bd.	Ergänzungsband
erw.	erweitert
f.	folgende (Seite)
ff.	folgende (Seiten)
FBPG	Forschungen zur Brandenburgischen und Preußischen Geschichte
fortgef.	fortgeführt
GG	Geschichte und Gesellschaft
GWU	Geschichte in Wissenschaft und Unterricht
HdSW	Handwörterbuch der Sozialwissenschaften
Hg./hg.	Herausgeber, herausgegeben
HGBll	Hansische Geschichtsblätter
HJ	Historical Journal
HJb	Historisches Jahrbuch
HZ	Historische Zeitschrift
IBZ	Internationale Bibliographie der Zeitschriftenliteratur aus allen Gebieten des Wissens
JbfGOE	Jahrbücher für Geschichte Osteuropas
JbGMO	Jahrbuch für die Geschichte Mittel- und Ostdeutschlands
JbWG	Jahrbuch für Wirtschaftsgeschichte

JCH	Journal of Contemporary History
Jg.	Jahrgang
JMH	The Journal of Modern History
KZfSS	Kölner Zeitschrift für Soziologie und Sozialpsychologie
masch.	maschinenschriftlich
NF / N.F.	Neue Folge
NPL	Neue Politische Literatur
Preuß. Jbb.	Preußische Jahrbücher
PVS	Politische Vierteljahresschrift
Reg.-Bde.	Registerbände
RH	Revue Historique
SchmJb	Schmollers Jahrbuch für Gesetzgebung, Verwaltung und Volkswirtschaft
S.	Seite
s.	siehe
s. o.	siehe oben
SoWI	Sozialwissenschaftliche Informationen für Unterricht und Studium
s. u.	siehe unten
Verf.	Verfasser
VfZ	Vierteljahrshefte für Zeitgeschichte
Vgl.	vergleiche
Vol.	volume = Band
VSWG	Vierteljahresschrift für Sozial- und Wirtschaftsgeschichte
ZAA	Zeitschrift für Agrargeschichte und Agrarsoziologie
ZfG	Zeitschrift für Geschichtswissenschaft
ZfO	Zeitschrift für Ostforschung
zit.	zitiert

Register

Die ausgewählten Stichworte sollen dem Studienanfänger helfen, sich über Fachausdrücke des Historikers aus den Bereichen Arbeitstechnik, Hilfsmittel, Grundwissenschaften, Fachliteratur, Quellenarbeit und Grundprobleme der Geschichtswissenschaft zu informieren.